Bärbel Freitag

Meine Kreativwerkstatt

Zauberhaftes aus Knöpfen, Hölzern und anderen Fundstücken

Kastner

VORWORT

Sie fragen sich vielleicht, warum dieses Werkbuch keine detaillierte Anleitung zu den einzelnen Werken bietet. Die Antwort ist einfach: Sie brauchen keine!

Sie brauchen lediglich ein wenig Zeit und den Mut, Neues auszuprobieren. Bauen Sie die Werke so, wie sie abgebildet sind, bauen Sie sie ähnlich – oder einfach ganz anders. Nutzen Sie dieses Buch als Inspirationsquelle, als Ideenfundus und als Impulsgeber.

Wenn Sie Erzieher oder Lehrer sind, sehen Sie sich mit den Kindern die einzelnen Vorschläge an und entwickeln Sie ein gemeinsames Konzept: Wie könnte das funktionieren? Welches Material haben wir zur Verfügung? Wer hat eine Idee, was wir anders machen könnten? Wer bringt welches Werkzeug mit? Vorüberlegungen, Materialbeschaffung und Planung sind bereits Teil des kreativen Projekts, in das alle Beteiligten einbezogen werden sollten.

Wenn Sie nicht bereits ein kleines Materiallager haben, legen Sie sich eine „Kreativ-Schatzkiste" an. Dort haben Fundstücke aus der Natur (wie Muscheln, Wurzeln oder Steine) ebenso wie Alltagsgegenstände ihren Platz. Zerlegen Sie für Ihr Perlensortiment alten Modeschmuck, schneiden Sie für Baumwollbänder ausgediente Kleidung in Streifen und werfen Sie glitzernde Bonbonpapiere nicht weg. Auf diese Weise entsteht eine stattliche und einzigartige Materialsammlung.

So ausgestattet sind alle in diesem Buch gezeigten Vorschläge entstanden. Mit wenigen Ausnahmen ist das gesamte verwendete Material gesammelt, geschenkt oder neu verwertet worden. Alle Werke wurden ohne Schablonen oder Vorlagen gebaut. Neue Ideen entwickeln sich beim Tun – fangen Sie einfach an! Als „kleine Helfer" dienen die Kurzbeschreibungen zu Material und Techniken sowie die Tipps zu den jeweiligen Beispielen. Sollte etwas nicht gelingen, lassen Sie sich nicht entmutigen – versuchen Sie es mit einer anderen Lösung. Vertrauen Sie Ihren Fähigkeiten und Ihrer Fantasie.

Ich wünsche Ihnen und allen, die sich mit Ihnen auf diesen schöpferischen Weg machen, viel Schaffenskraft und Freude beim Entstehen Ihrer Werke – ob zu Hause, im Kindergarten, im Werkunterricht oder im Kreis von Gleichgesinnten.

Bärbel Freitag

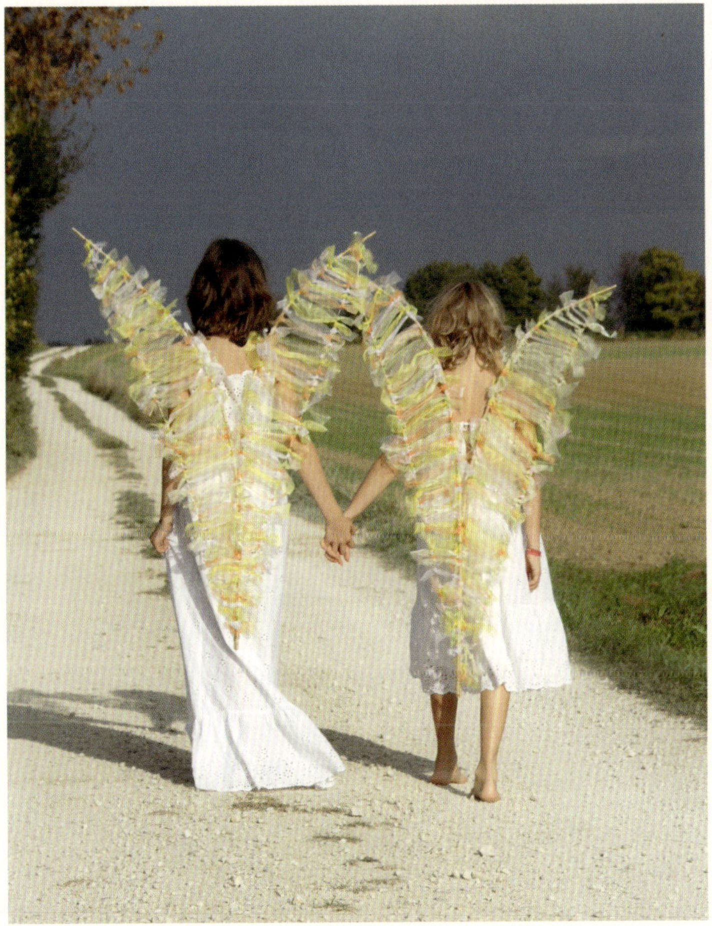

DANK

Ohne die Unterstützung meiner Familie wäre dieses Buch nicht entstanden.

Allen voran danke ich daher

meinem Mann Christian und meinen Töchtern Hannah-Rosa und Mona-Lisa –
Liebe und Freude meines Lebens,

meinen Eltern Walli und Walter und meinem Bruder Martin –
Halt und Zuversicht meines Lebens.

Ein herzliches Dankeschön meinen Ratgebern und allen, die mir in langen Gesprächen Mut zugesprochen haben, dieses Buch zu verwirklichen. Ganz besonders zu erwähnen sind Andrea, Anne, Barbara, Elke, Florian, die kleine Hannah, Katja, Lisa, Magdalena, Magdi und Margit (die aus alphabetischen Gründen hier zwar zuletzt genannt wird, aber vermutlich die meisten Nerven investierte).

Ich danke all meinen Helfern, Kursteilnehmern und ganz besonders den unzähligen Kindern, die mit mir in den letzten 20 Jahren in der Kreativwerkstatt gewerkt und gebaut haben. Außerdem möchte ich meinen Kolleginnen vom Kindergarten Sonnenblume in Kasing danken, die tagtäglich den kreativen pädagogischen Ansatz gemeinsam mit den Kindern leben.

Eduard Kastner, Sabine Kraess und Regina Stein vom verlagshaus kastner danke ich für das mir entgegengebrachte Vertrauen, die fruchtbare Zusammenarbeit und die Umsetzung meines Buches.

Nicht zuletzt möchte ich meinem ehemaligen Kunst- und Werklehrer Wolf Steigerwald für die Grundlagen der Kreativen Pädagogik danken – und Prof. Rudolf Seitz für alles, was er je über Kreativität gesagt und geschrieben hat.

INHALTSVERZEICHNIS

Vorwort 2

Dank 3

Mitbringsel

Glückskinder 9

Namensschilder 11

Baumfedern 13

Sandflaschen-Vasen 15

Herzlstecken 17

Heu- und Wiesenbällchen 19

Löwenzahnbild 21

Licht-Mandalas 23

Kupfer-Relief 25

Geschenkanhänger 26

Freudenstifter

Liebeserklärung 29

Wolkenschiff 31

Honigblumen 33

Astrahmen-Batik 35

Schmetterling und Wickelblume 37

Tanzende Hölzer 39

Perlen-Blumenwiese 41

Regenbogen-Mais 43

Baumscheiben – kunterbunt & rund 45

Maisblätter-Ketten 46

Momenten-Sammler

Perlenrahmen 49

Federn-Galerie 51

Stein-Sammelkörbchen 53

Spannrahmen 55

Erinnerungsbild 57

Naturschaukasten 59

Reiseandenken 60

Sagenumwobenes

Wundersterne 63

Wunschtafeln 64

Zauberfee 65

Spinnennetz 67
Wichtelstübchen 69
Dufthäuser 71
Engelsflügel 73
Magischer Kornkreis 75
Elfenblume 76

Geheimniskrämerei

Geheimniskugel 79
Schatzkiste 80
Künstlerrolle 81
Bierdeckerl-Versteckerl 83
Klackerbilder 85
Herbstgeschenk 87
Gute-Gedanken-Kiste 88

Traumbereiter

Traumschiffe 91
Himmelsleiter 93
Traumfischer 95
Murmel-Sonnenstern 97
Tautropfen-Fänger 99
Windtänzer 101
Kuschelkissen 102
Kuschelbär 103
Traumsand-Fläschchen 104

Verabredungen

Frohe Farbenreihe 107
Nähbilder-Mosaik 109
Patchwork-Bild 111
Sonnenstecken 113
Künstlerzaun 115
Baumzelt 117
Sonnenblumenfeld 119
Reißbrett 120

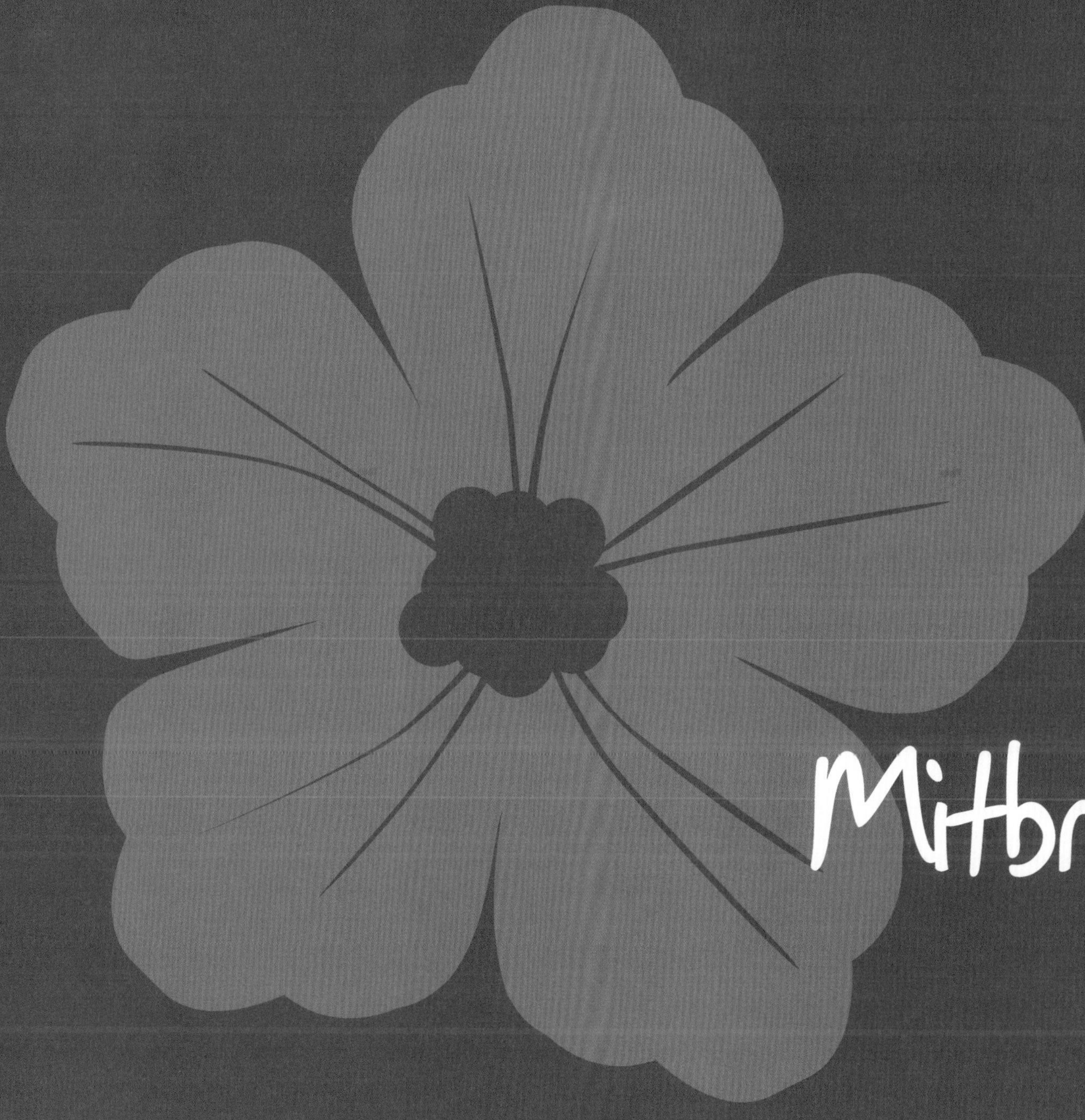

Mitbringsel

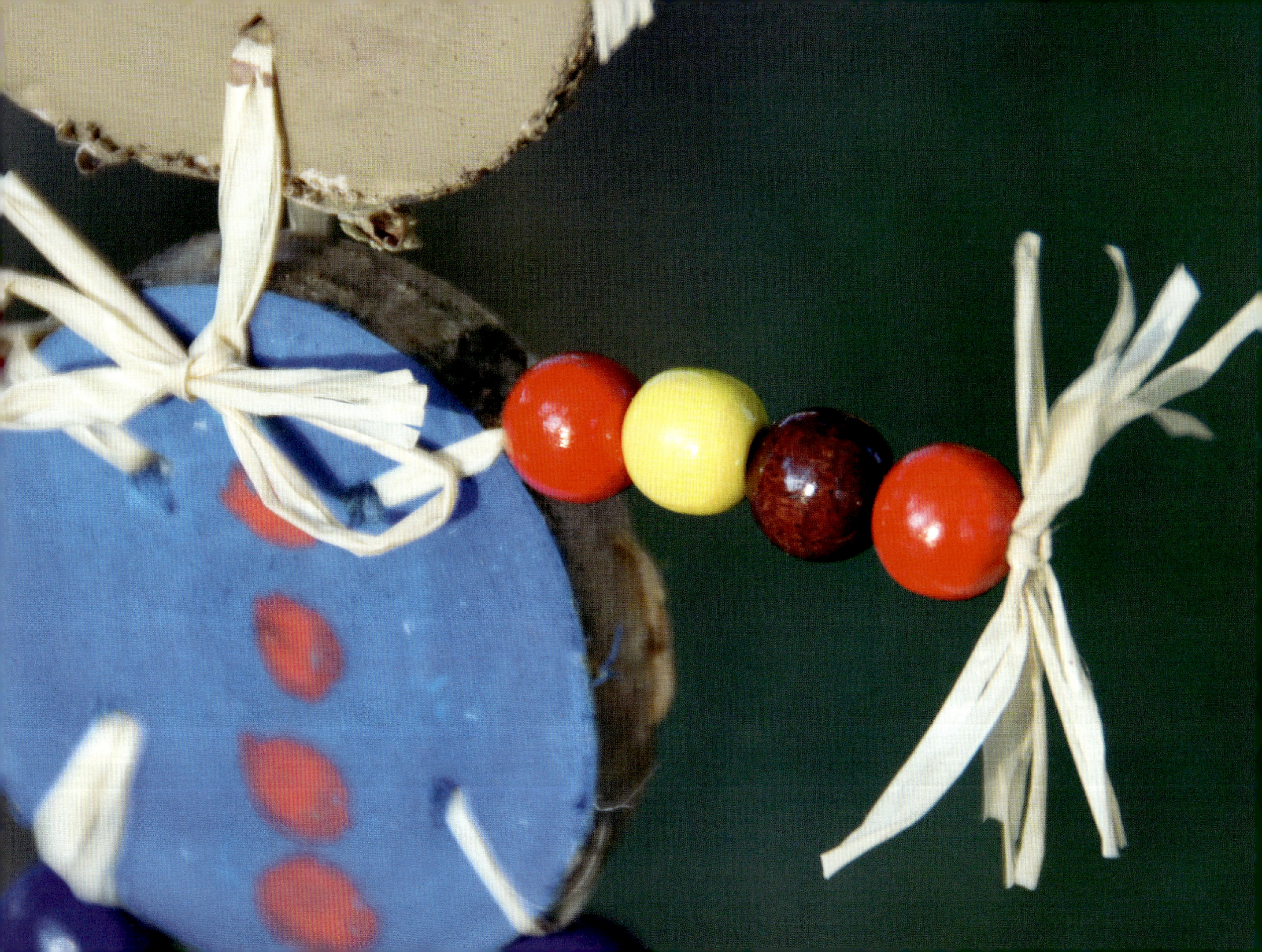

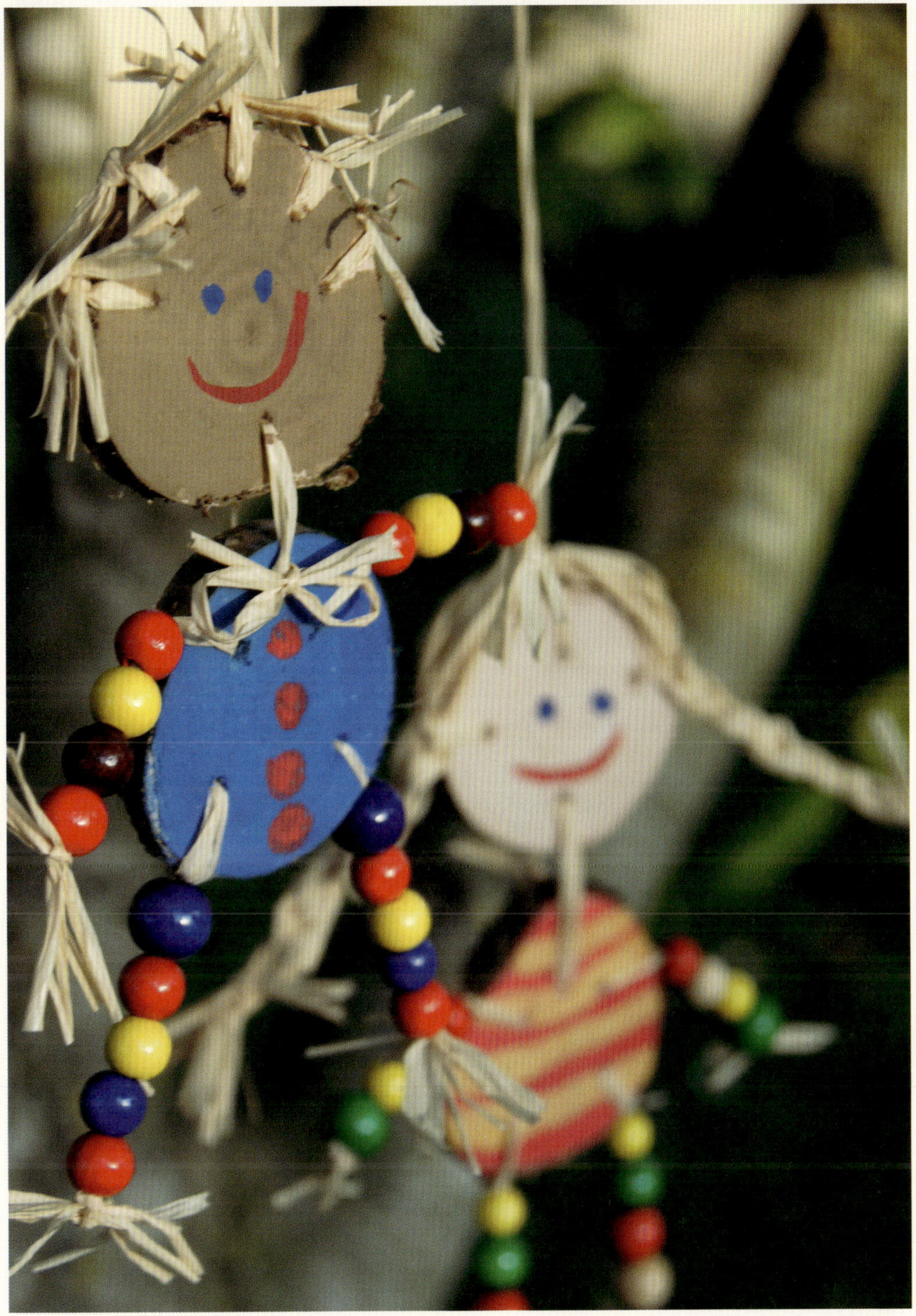

GLÜCKSKINDER

MATERIAL:

- Dünne Astscheiben
- Wasserfarben
- Bast
- Holzperlen

TECHNIKEN:

- Schleifen
- Malen
- Bohren
- Fädeln
- Knoten
- Flechten

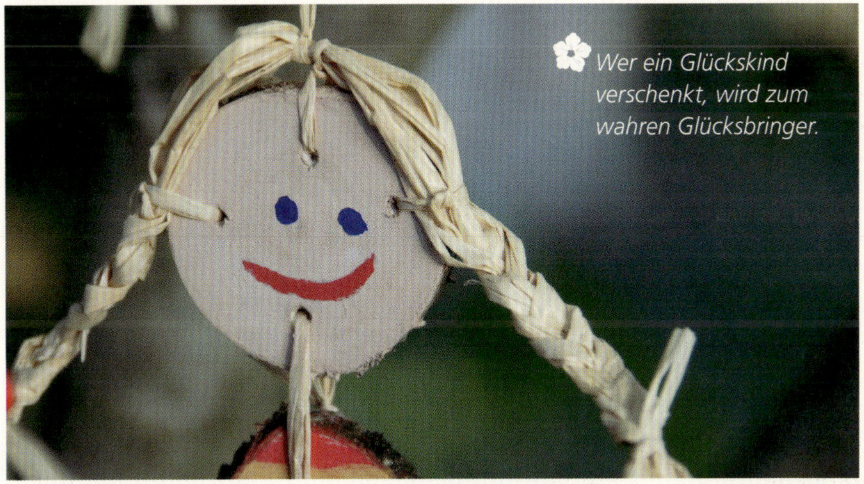

Wer ein Glückskind verschenkt, wird zum wahren Glücksbringer.

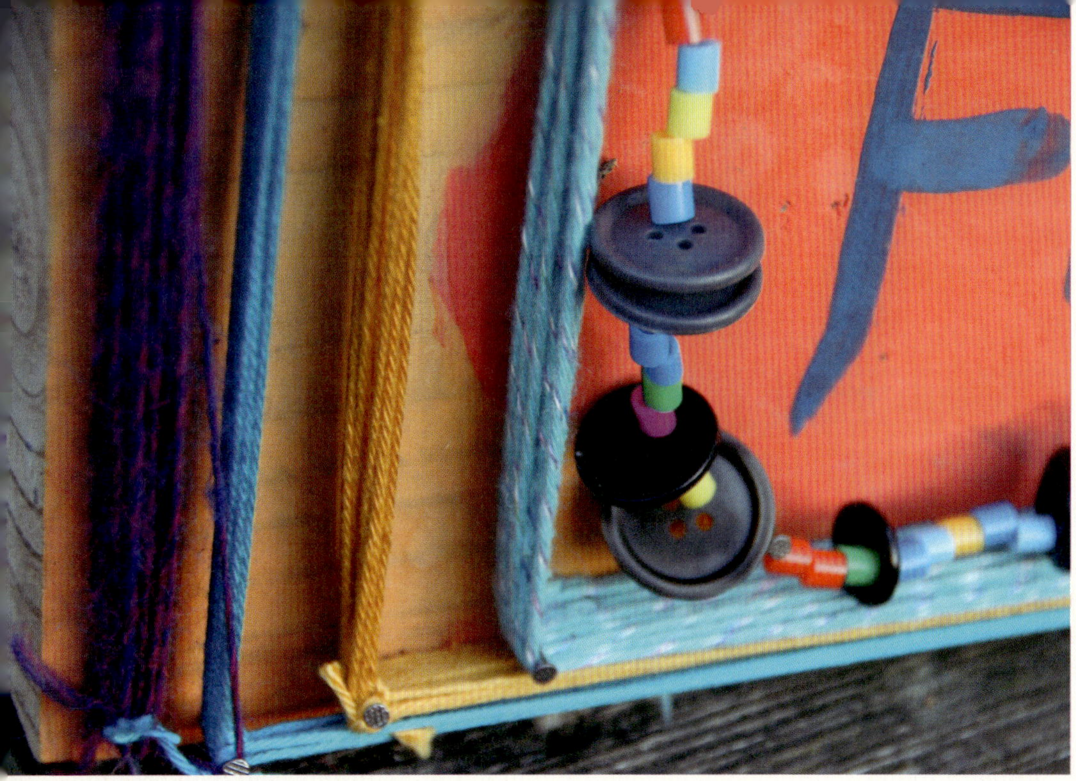

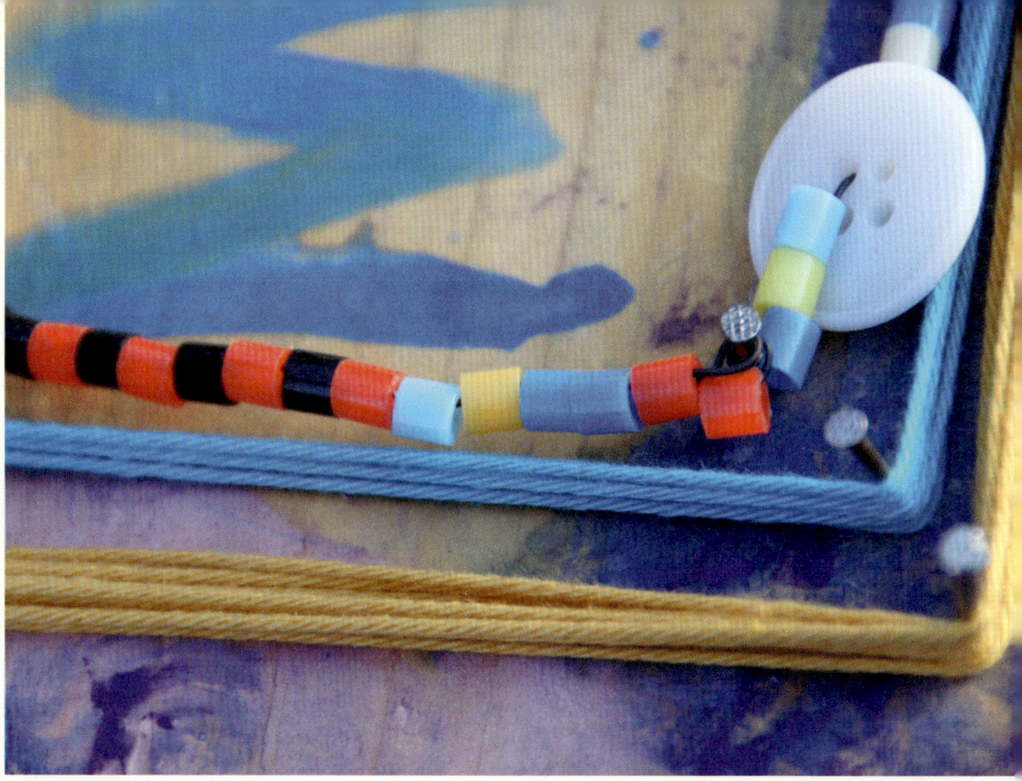

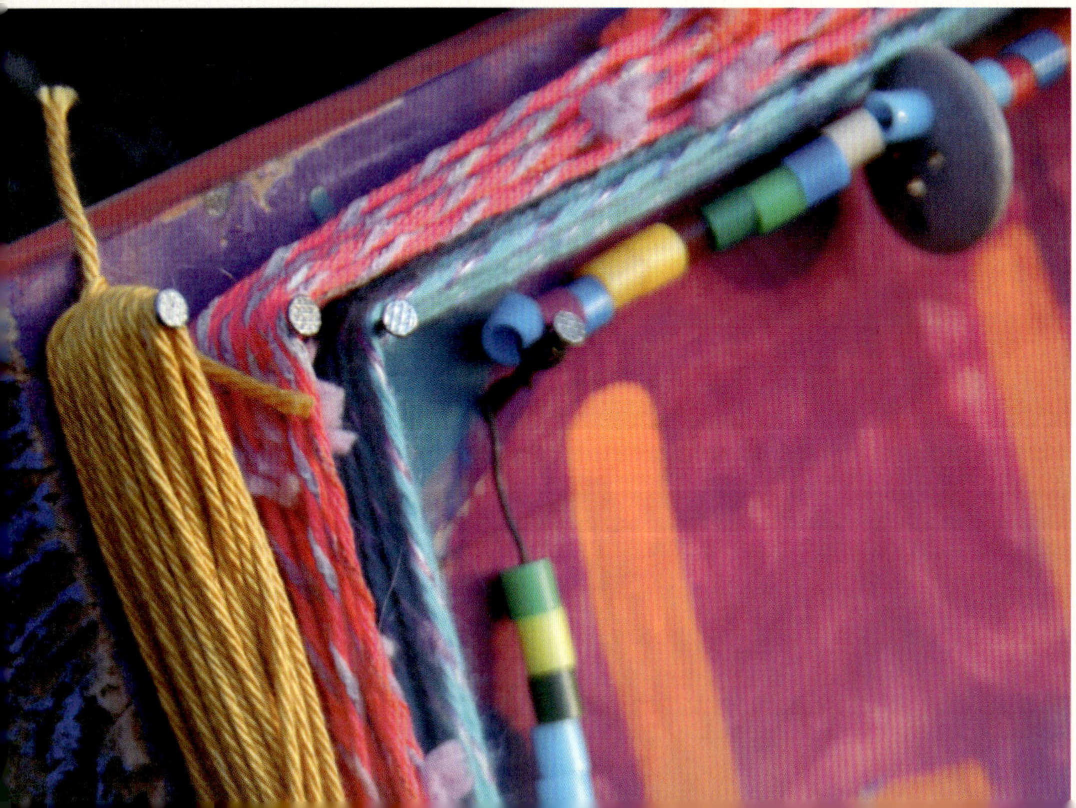

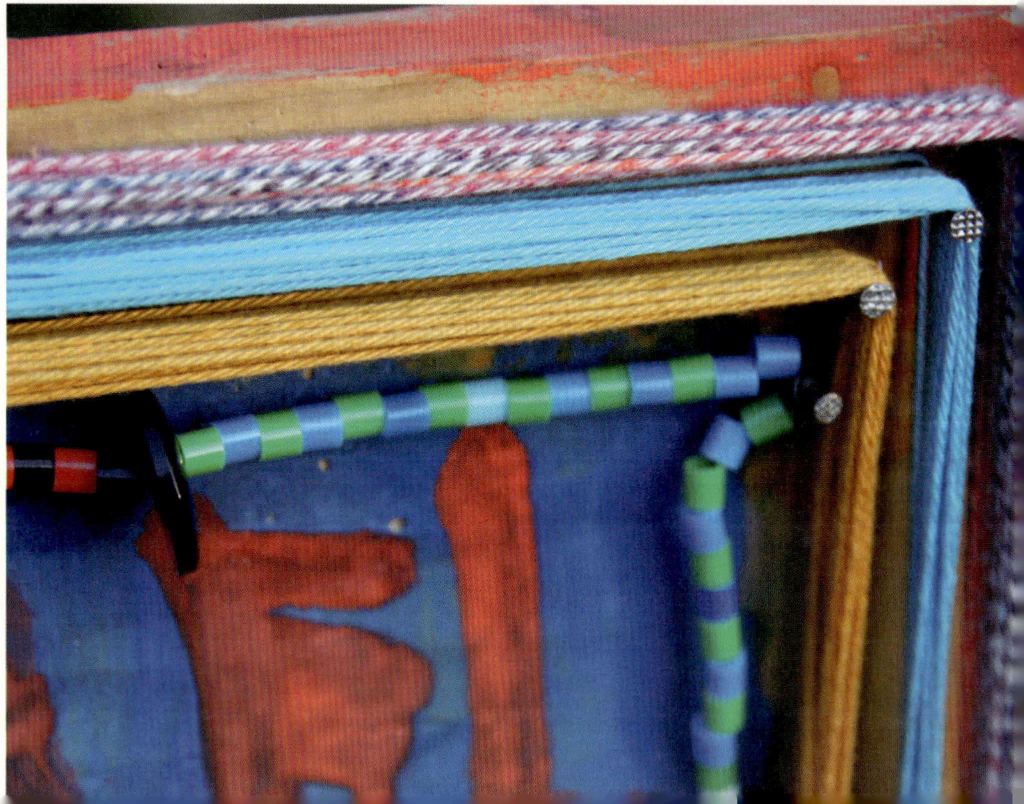

NAMENSSCHILDER

MATERIAL:

Holzbrett

Temperafarben

Nägel

Draht

Bügelperlen

Knöpfe

Wolle

TECHNIKEN:

Schleifen

Malen

Schreiben

Hämmern

Fädeln

Spannen

Ein solches Namensschild ziert jede Zimmertür. Soll jedoch das Schild für den Familiennamen an der Haustür hängen, nicht vergessen, wasserfeste Farben zu verwenden!

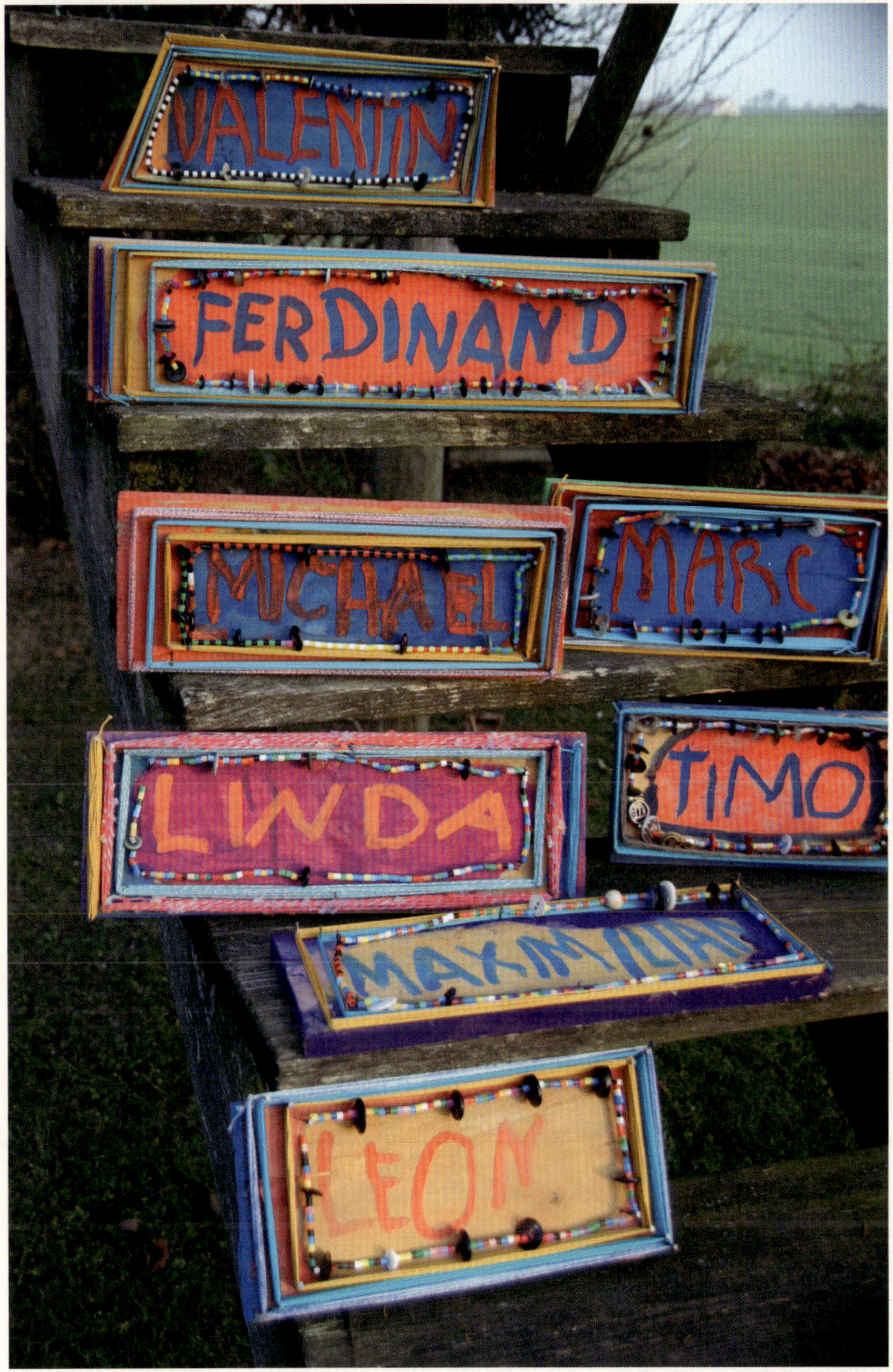

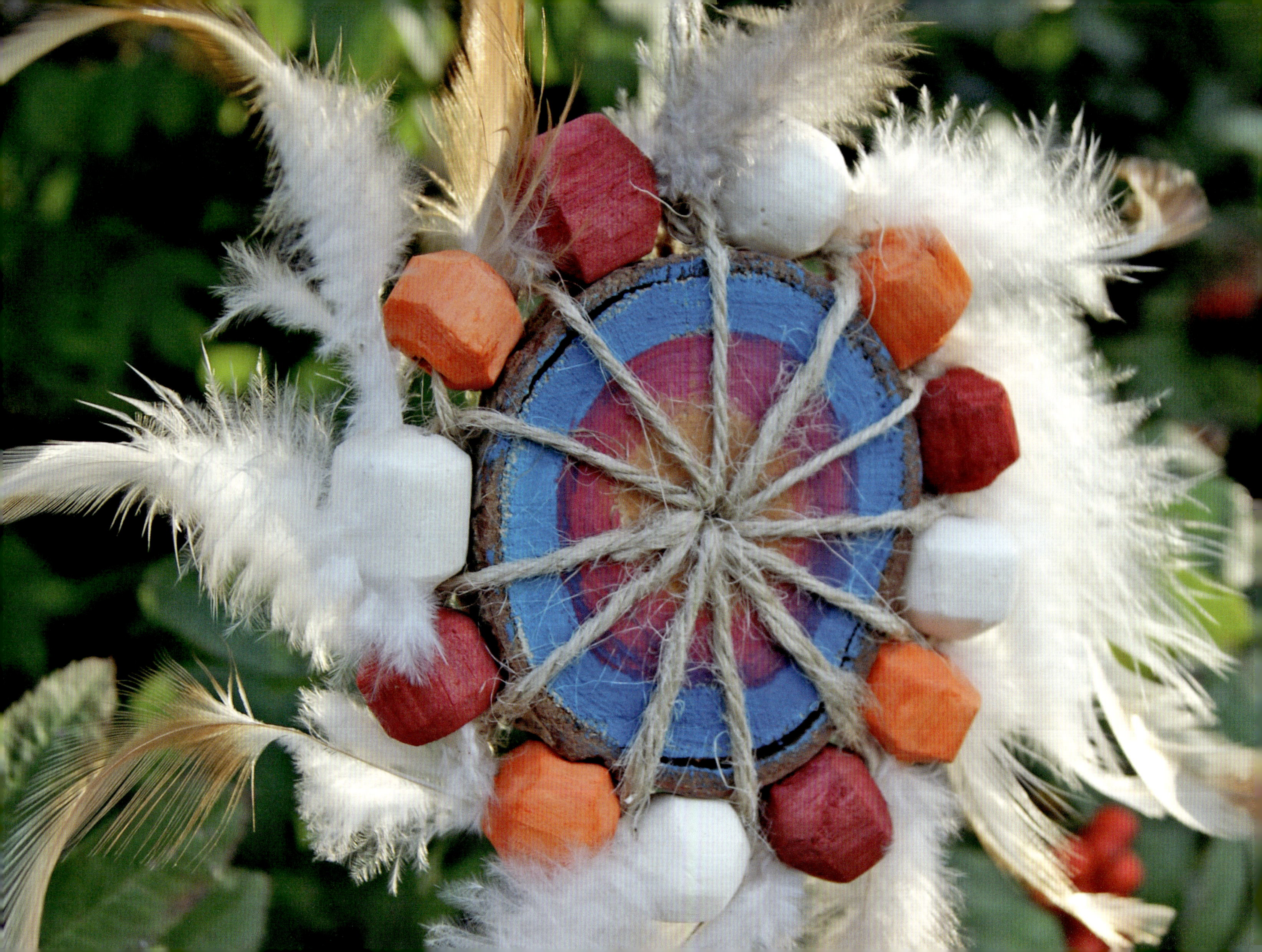

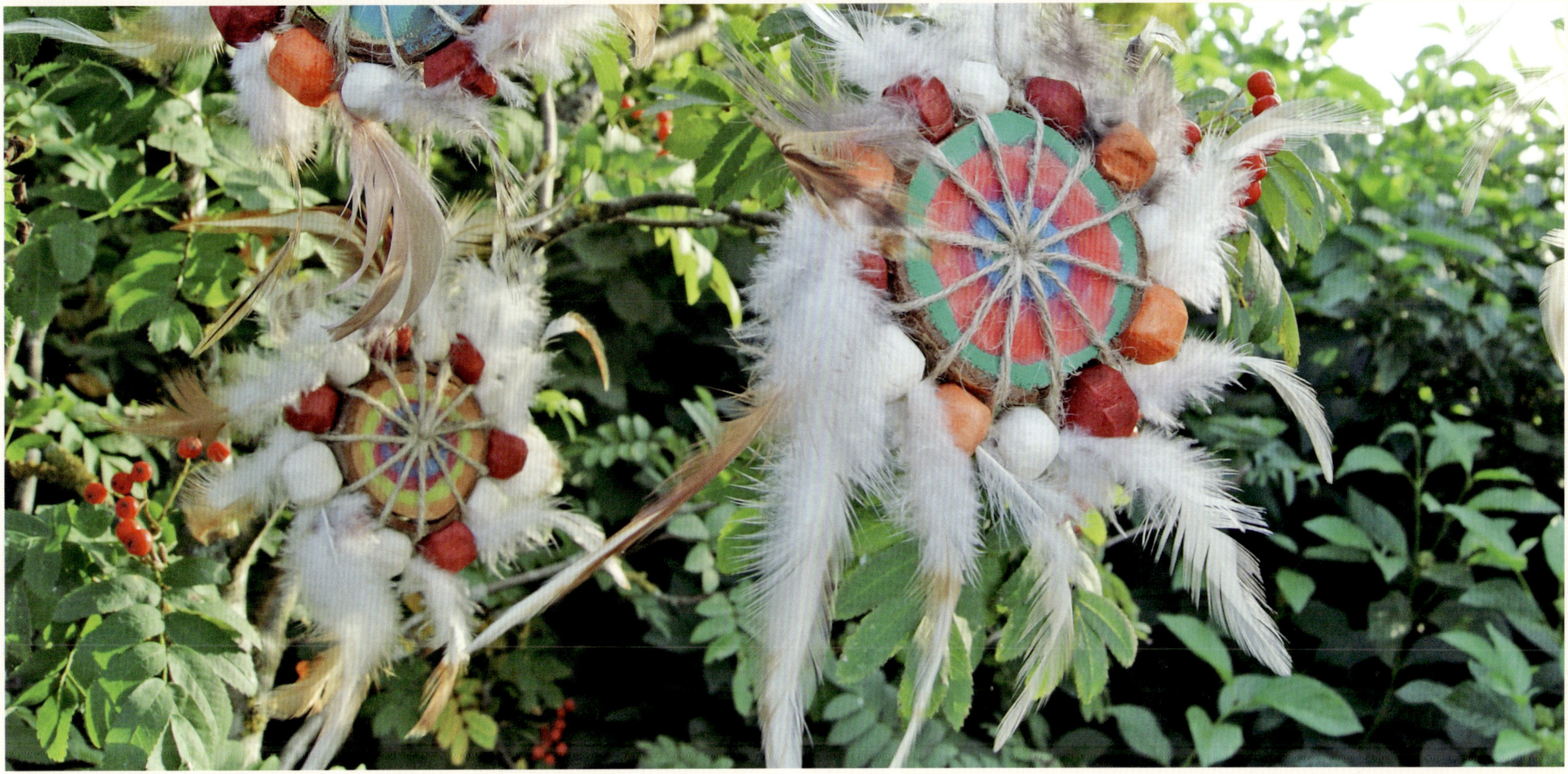

BAUMFEDERN

MATERIAL:

- Astscheiben
- Wasserfarben
- Hanfschnur
- Holzperlen
- Federn

TECHNIKEN:

- Schleifen
- Malen
- Bohren
- Fädeln
- Spannen
- Stecken

Es gibt viele Möglichkeiten, die Perlen um die Astscheibe zu spannen – einfach ausprobieren!

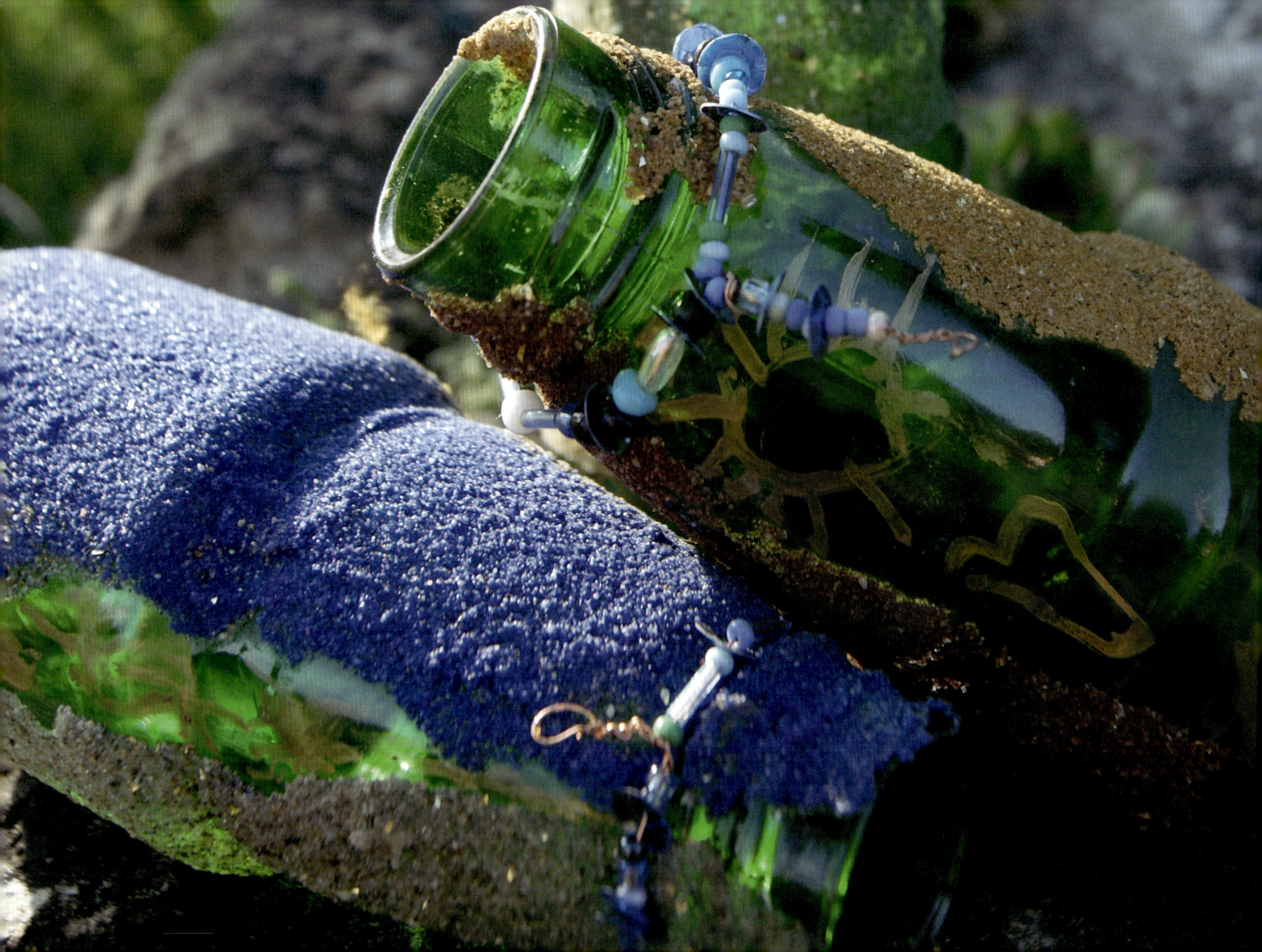

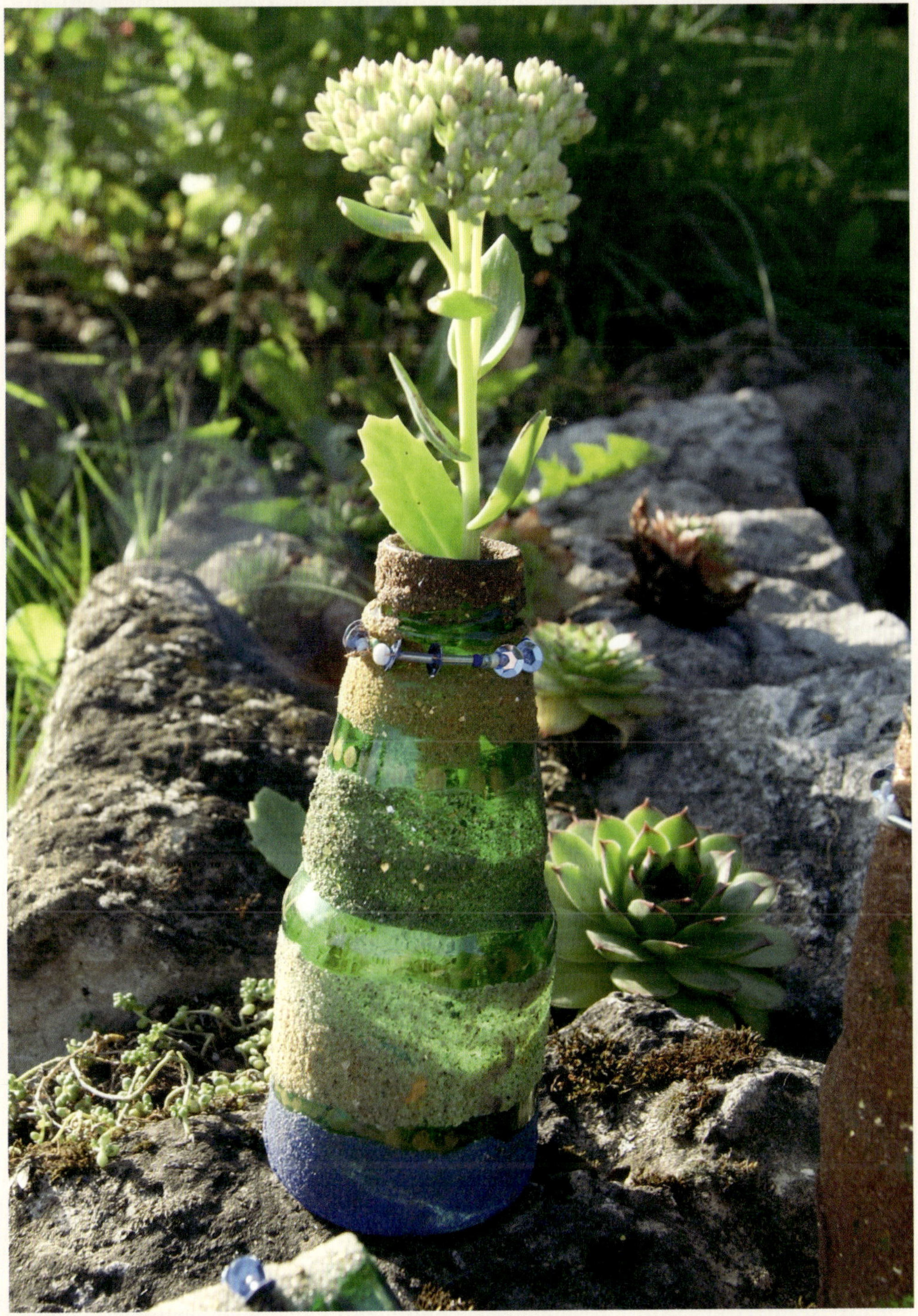

SANDFLASCHEN-VASEN

MATERIAL:

- Kleine Glasflaschen
- Sand
- Naturfarbpigmente
- Glitter
- Holzleim
- Lackstift gold
- Draht
- Kleine Glasperlen
- Pailletten

TECHNIKEN:

- Sand sieben
- Sand färben
- Kleben
- Malen
- Fädeln

Sand färben geht ganz leicht: er wird nur mit Naturfarbpigmenten gemischt – fertig. Diese gibt's im Künstlerbedarf.

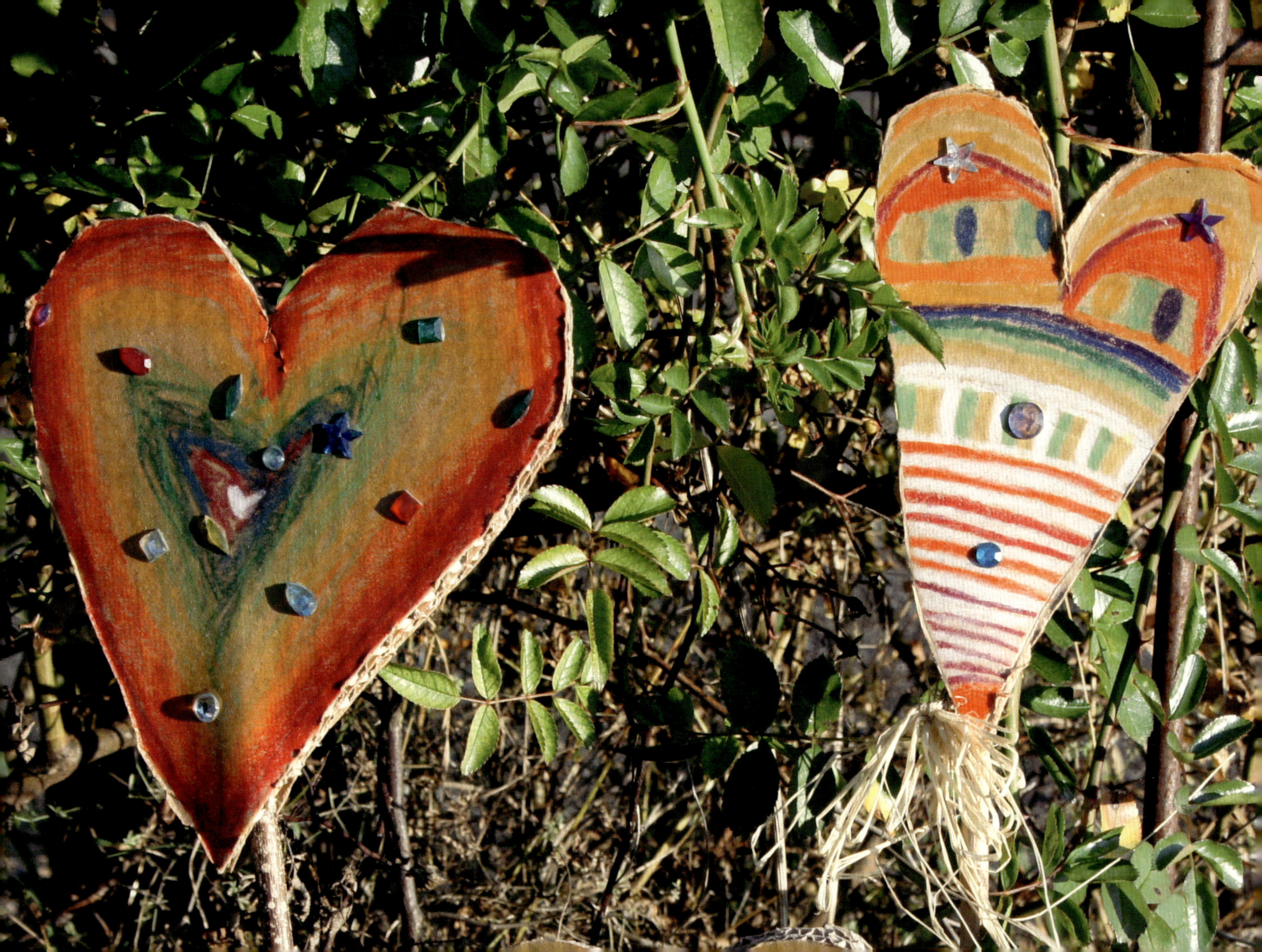

HERZLSTECKEN

MATERIAL:

Pappkarton

Buntstifte

Kleber

Dünne Holzstecken

Glitzersteine

Bast

TECHNIKEN:

Malen

Schneiden

Kleben

Stecken

Wickeln

Knoten

Die Holzstecken werden mit dem Schnitzmesser angespitzt und von unten in den Pappkarton gesteckt!

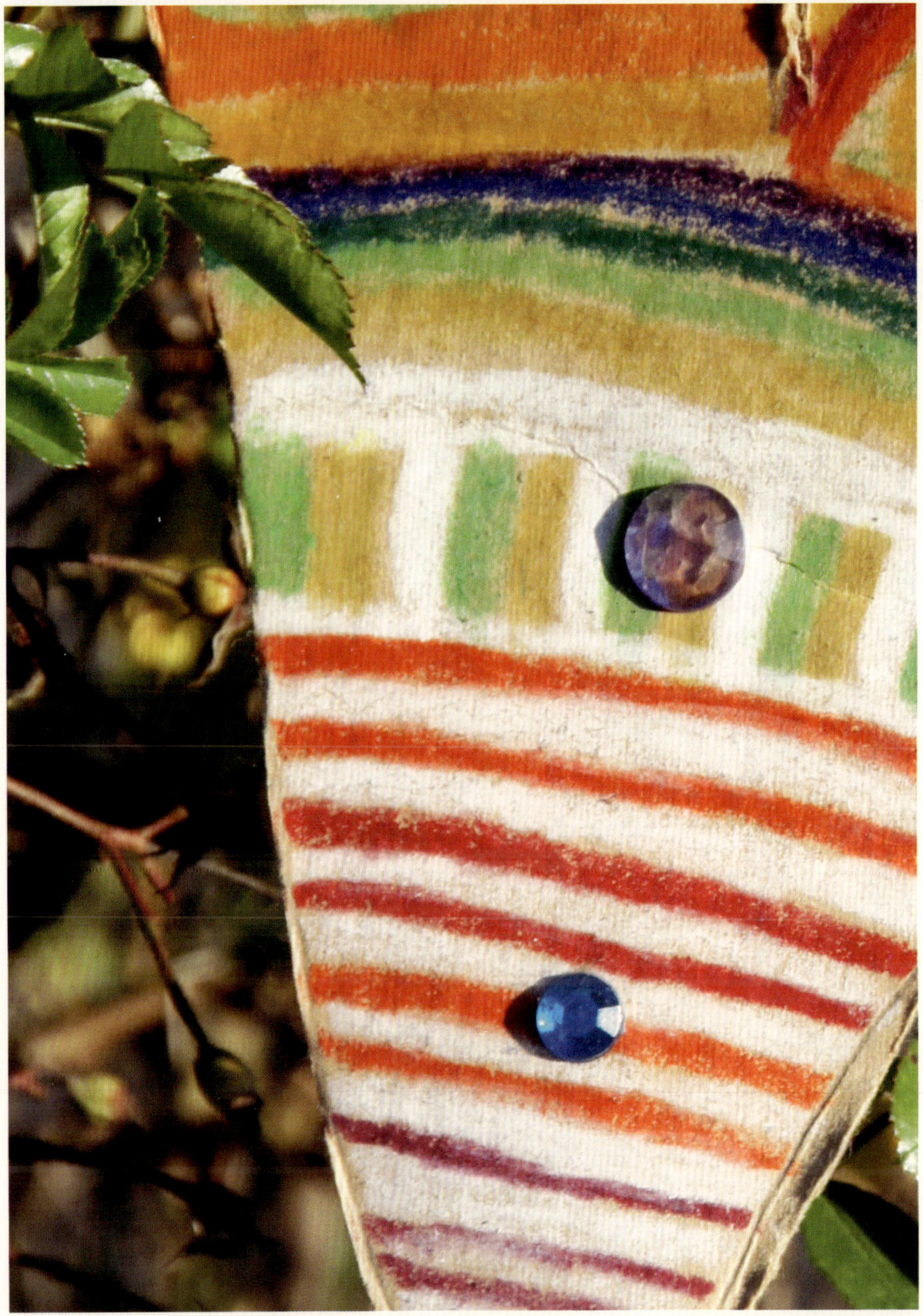

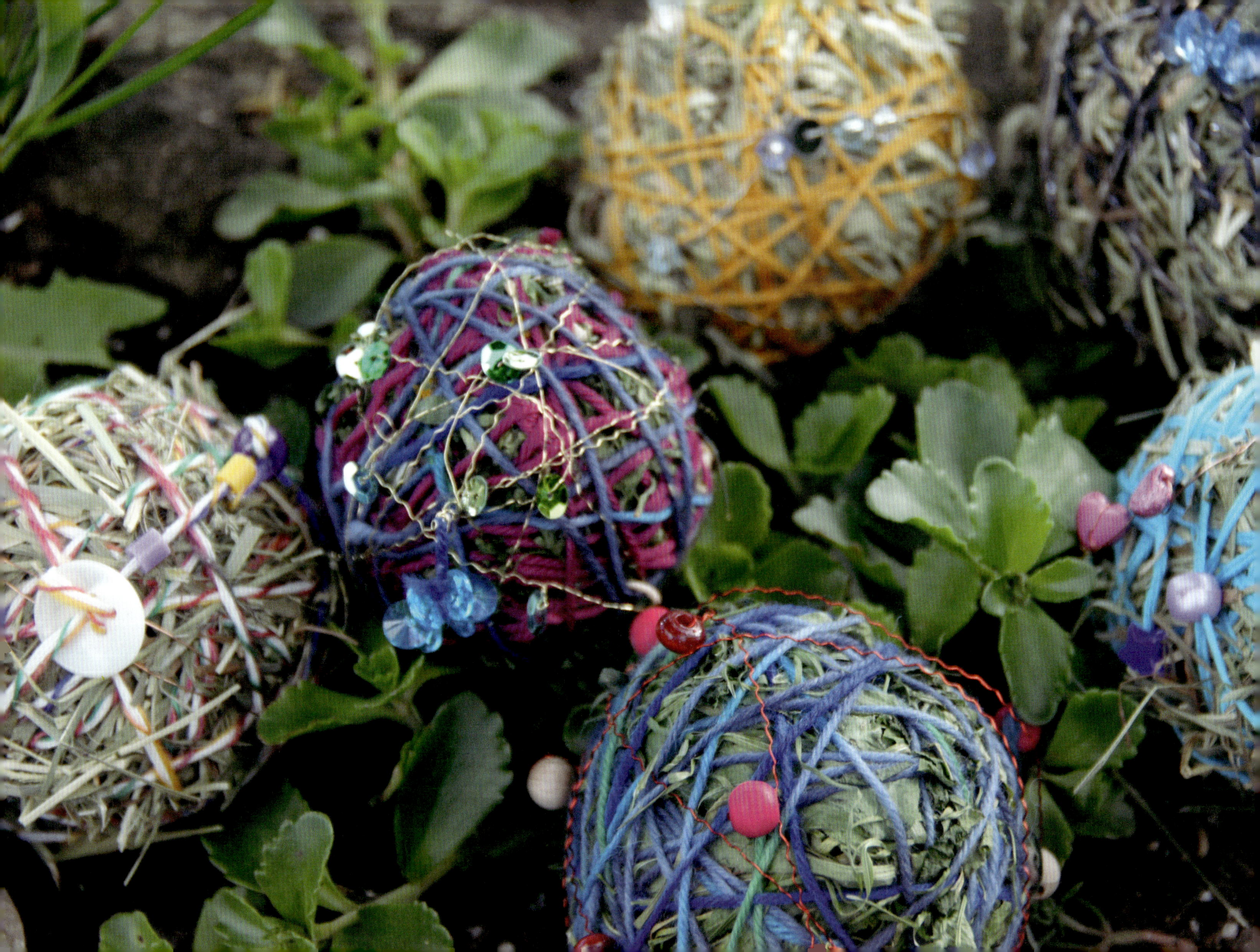

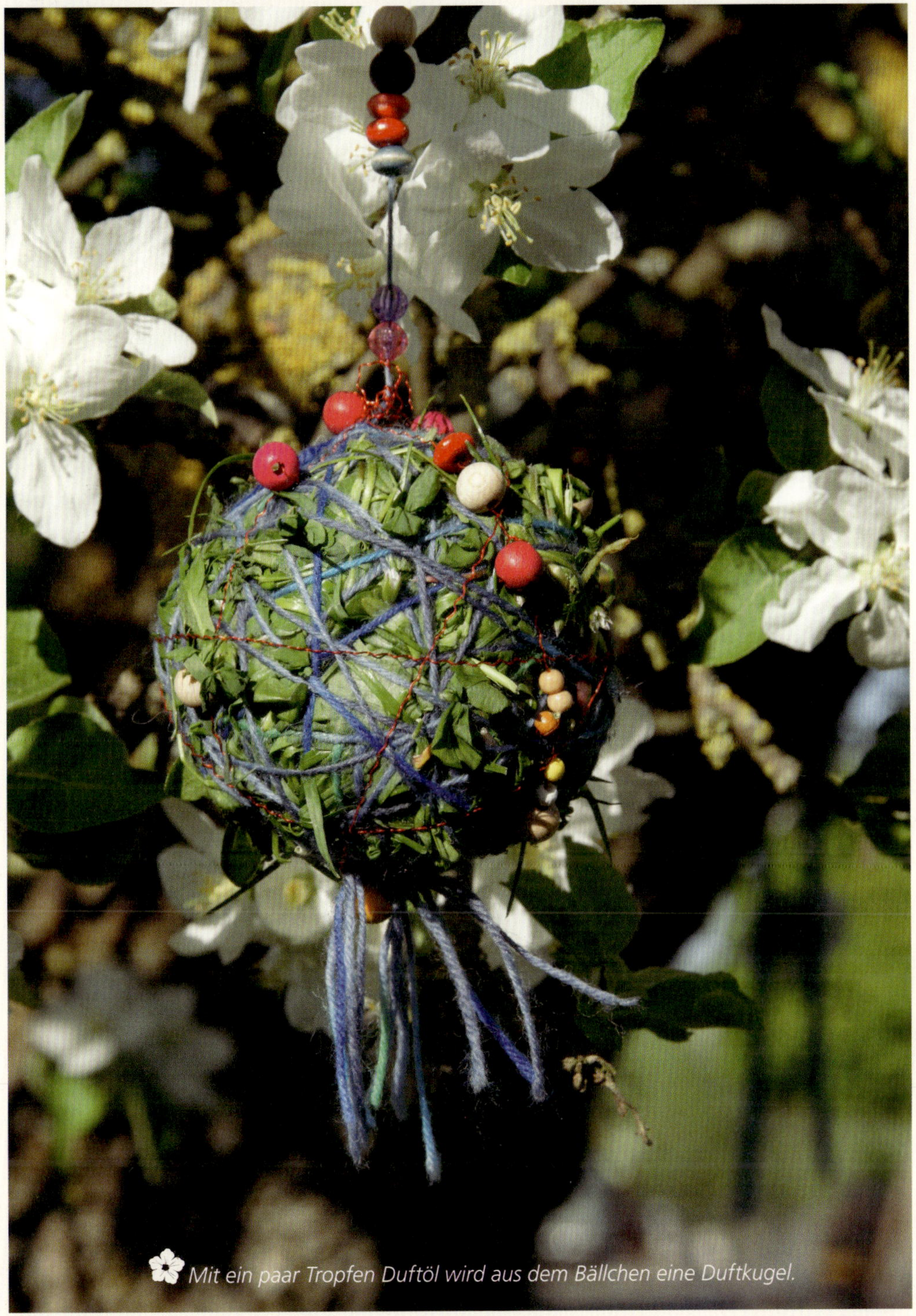

Mit ein paar Tropfen Duftöl wird aus dem Bällchen eine Duftkugel.

HEU- UND WIESENBÄLLCHEN

MATERIAL:

- Heu oder Gras
- Zeitungspapier (Füllung)
- Wolle
- Schmuckdraht
- Perlen
- Pailletten
- Knöpfe

TECHNIKEN:

- Knüllen
- Wickeln
- Fädeln
- Spannen
- Knoten

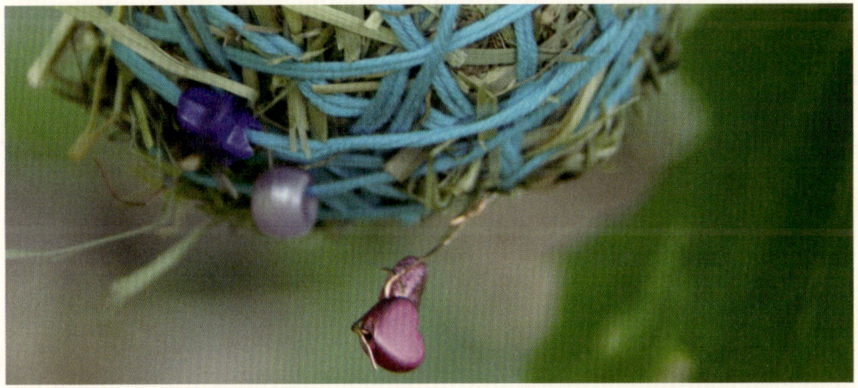

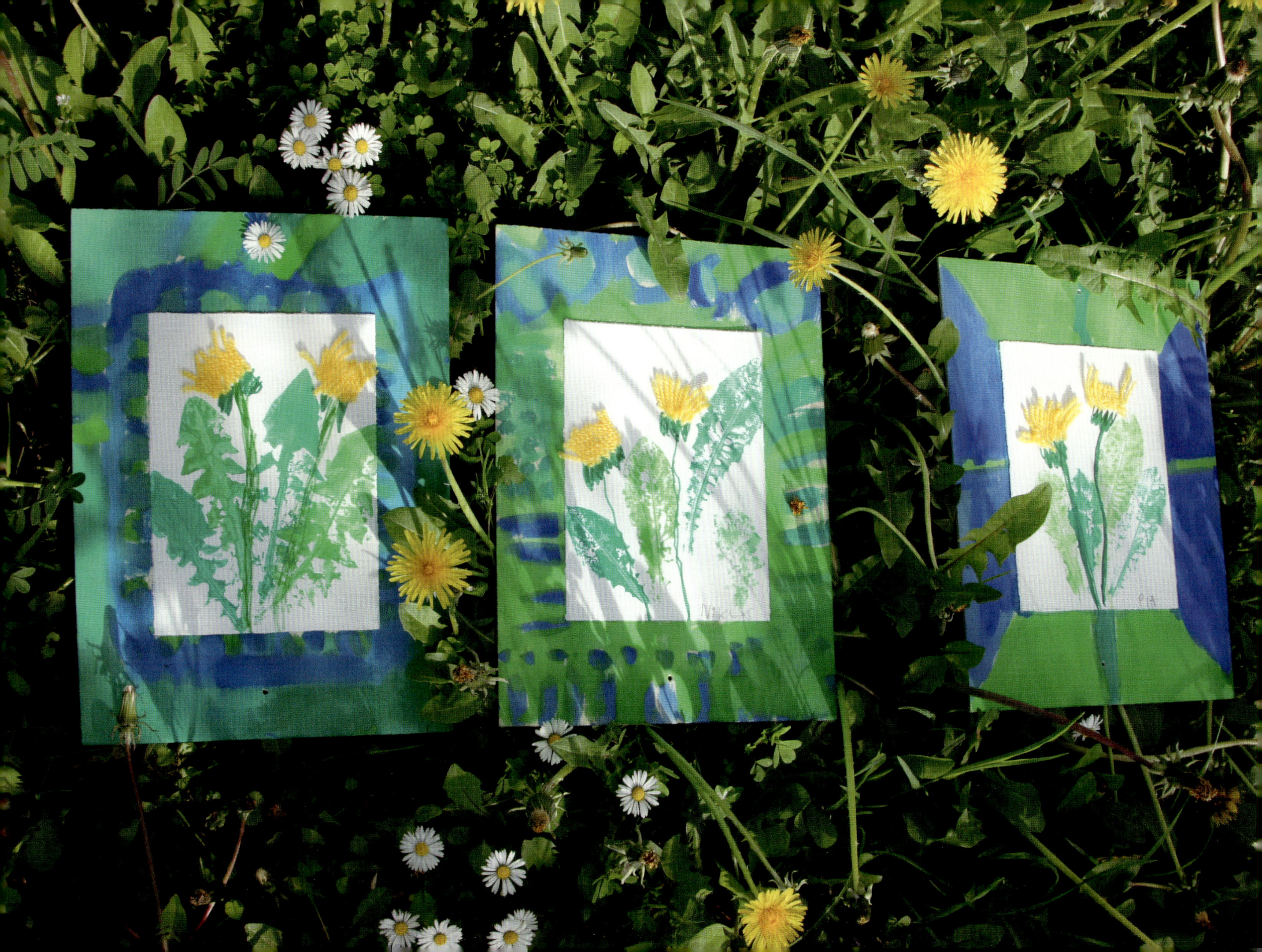

LÖWENZAHNBILD

MATERIAL:

Löwenzahnblätter

Wasserfarben

Papier

Kleber

Gelbe Wolle

Sperrholzplatten

TECHNIKEN:

Malen

Drucken

Schneiden

Kleben

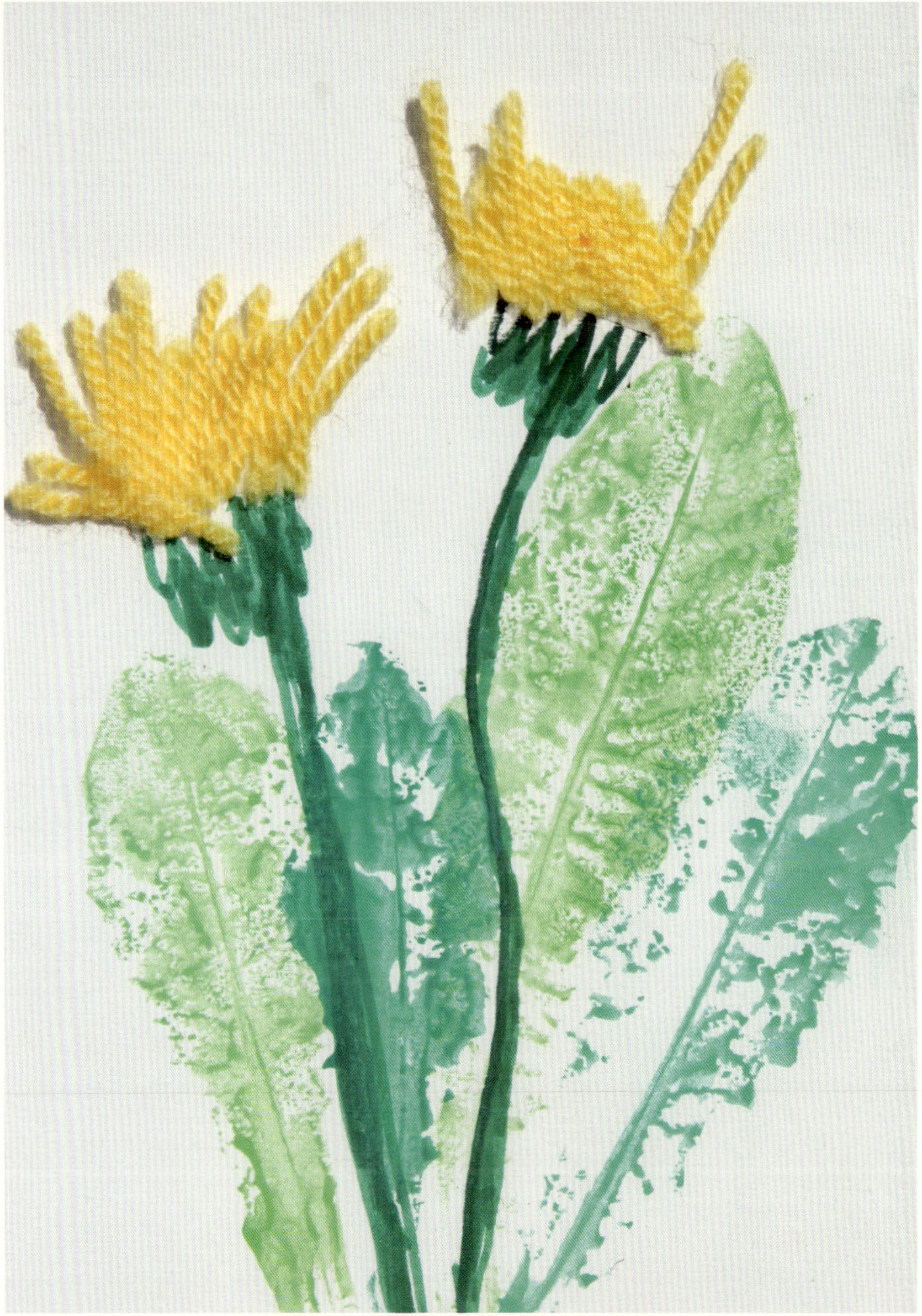

Die frischen Löwenzahnblätter werden angemalt und auf Papier gedruckt.

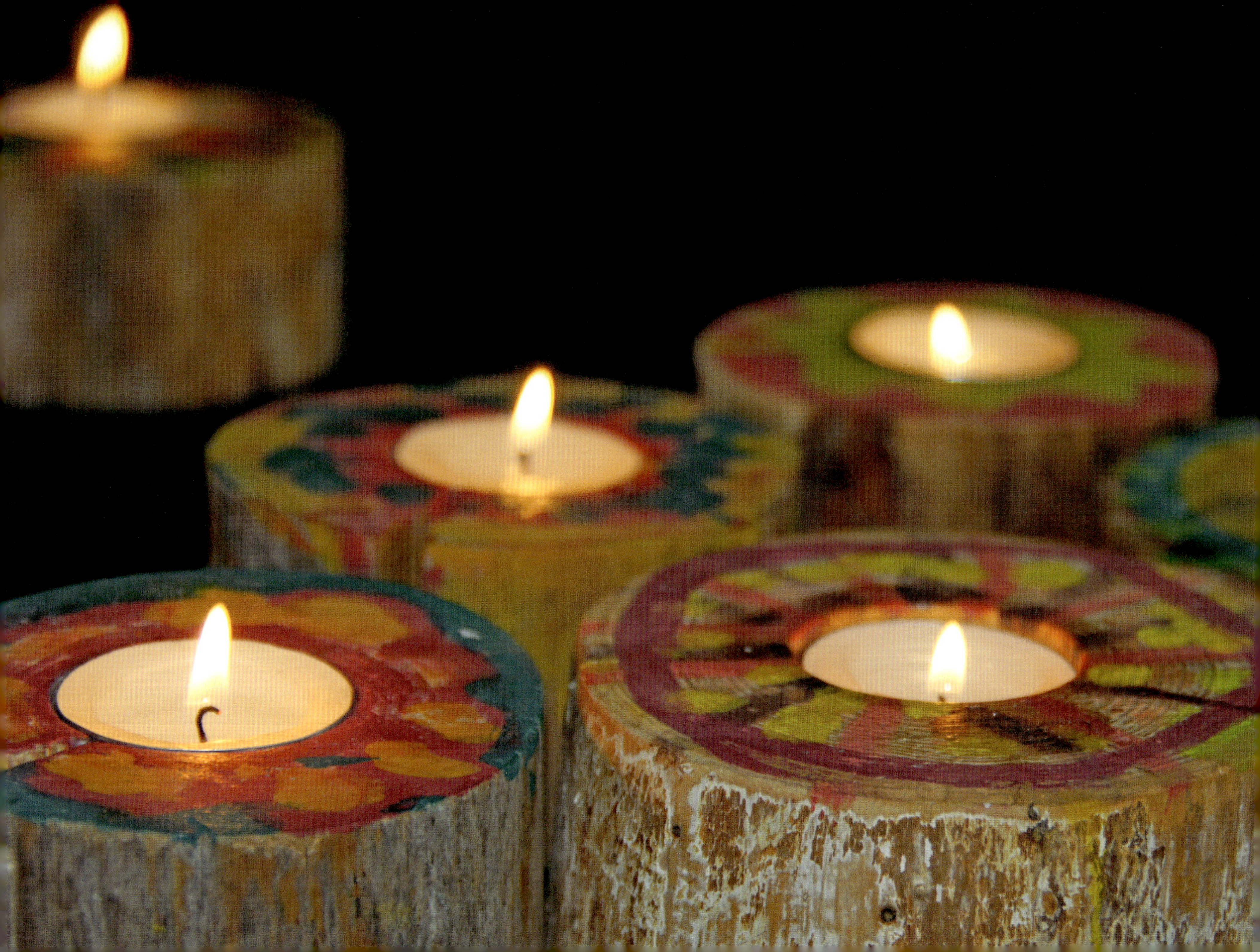

LICHT-MANDALAS

MATERIAL:

Dicke Astscheiben

Wasserfarben

Teelichte

TECHNIKEN:

Schleifen

Bohren / Fräsen

Malen

Nur Teelichte mit Aluschutzhülle in die Astscheiben stellen – Brandgefahr!

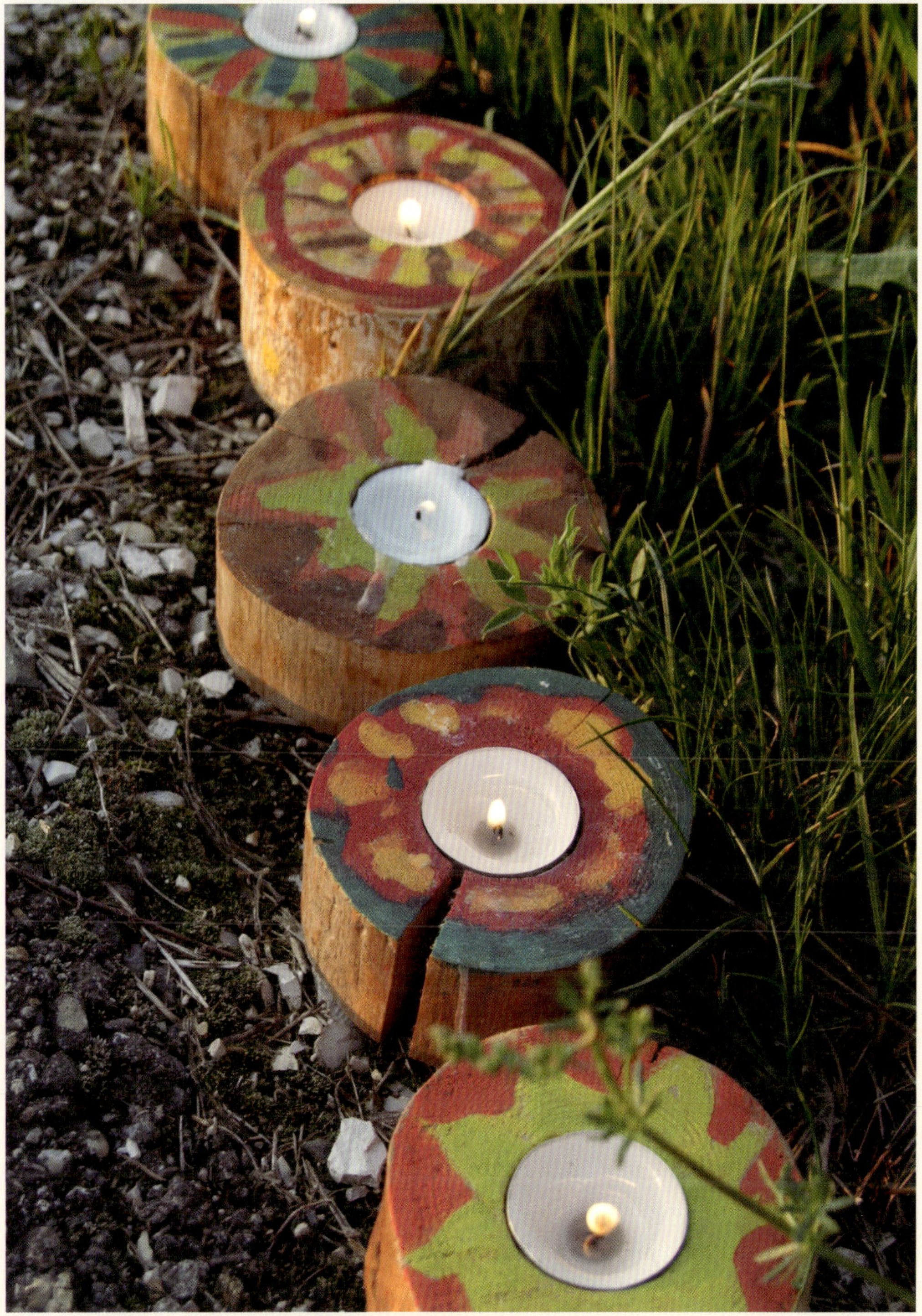

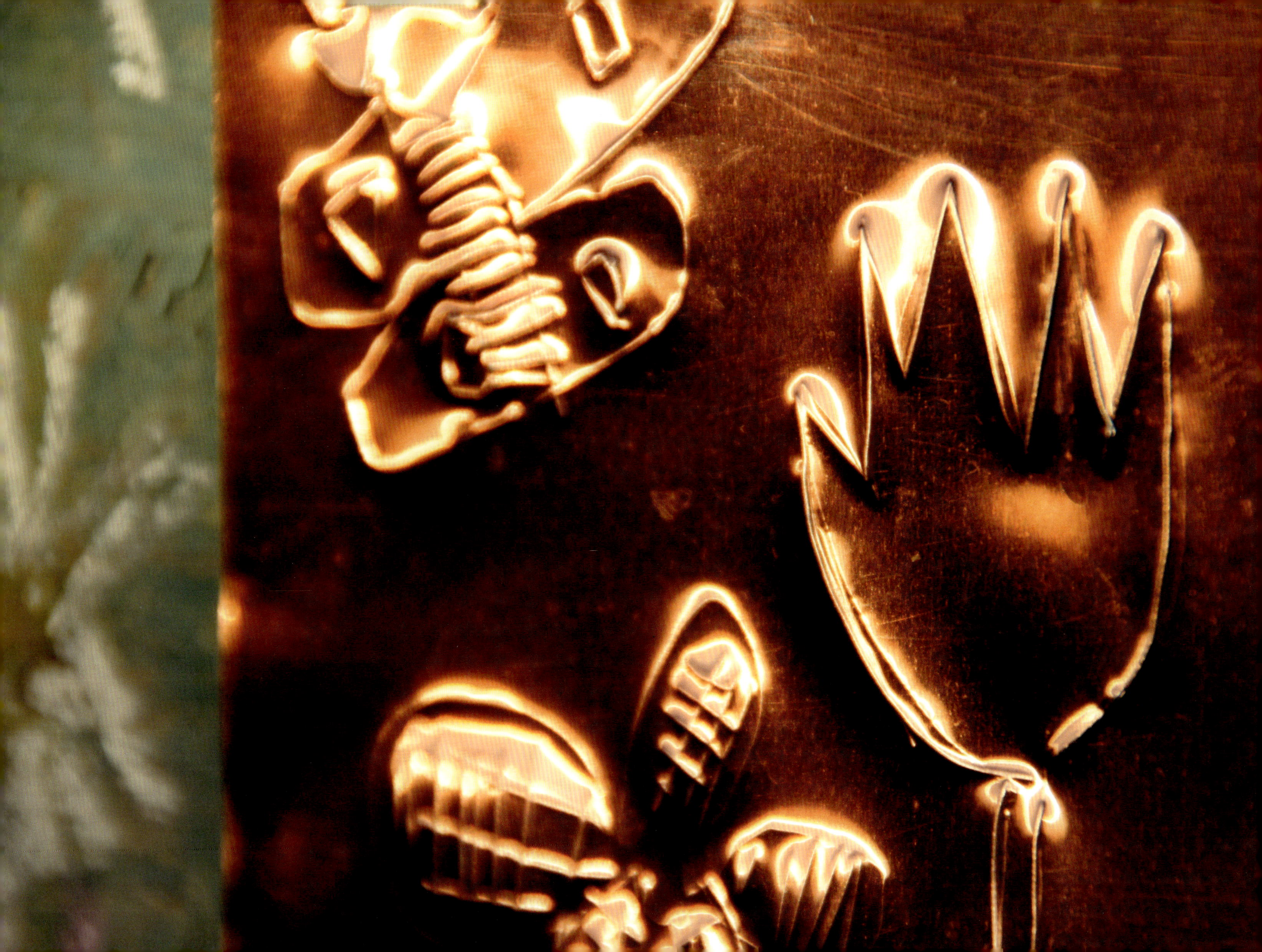

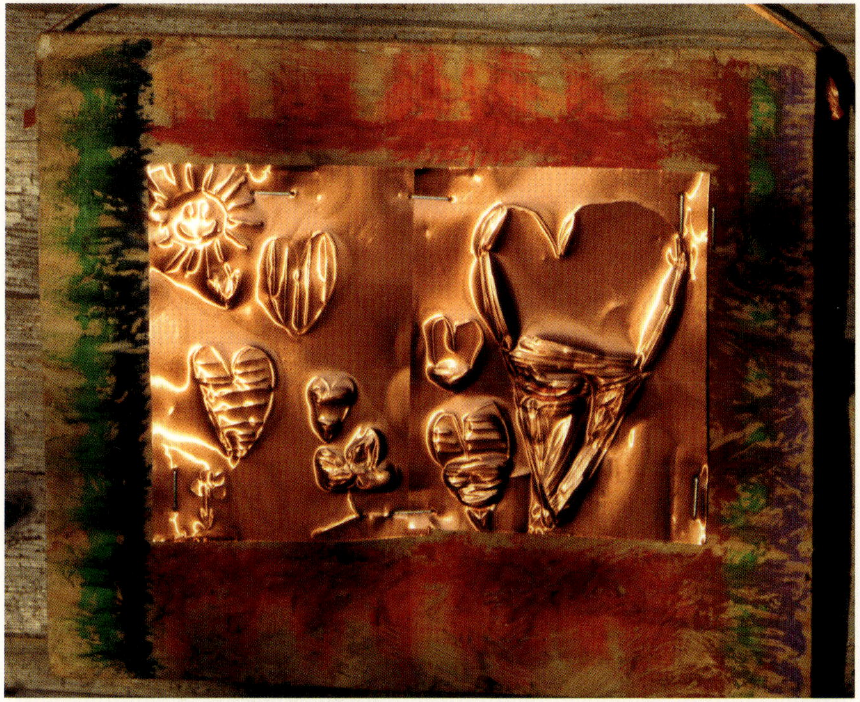

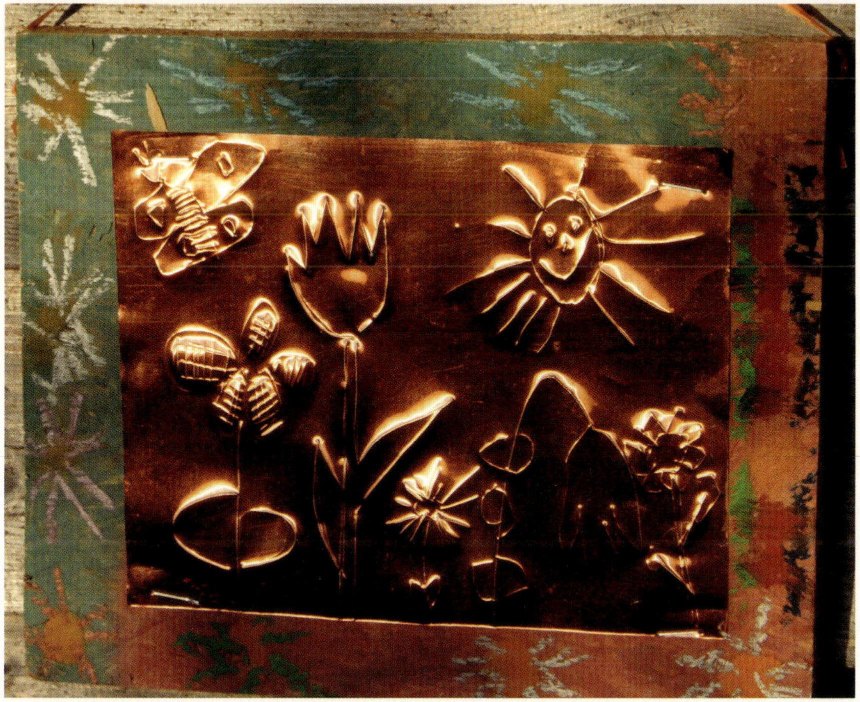

KUPFER-RELIEF

MATERIAL:

Holzplatte

Ölkreiden

Metallfolie

TECHNIKEN:

Malen

Eindrücken

Prägen

Tackern

Nach dem Prägen wird die Metallfolie umgedreht. Aufpassen, Geschriebenes wird seitenverkehrt!

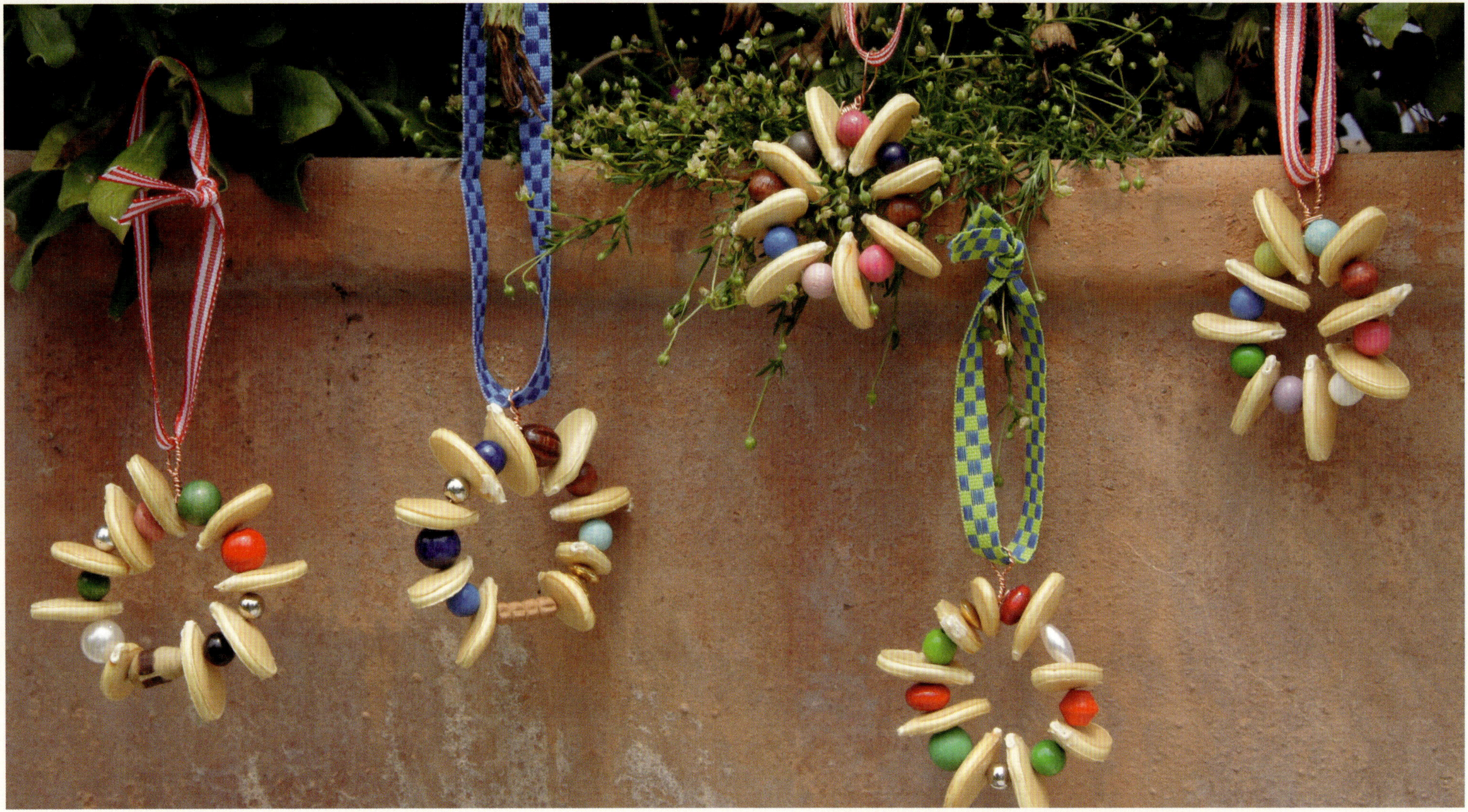

GESCHENKANHÄNGER

MATERIAL:

- Kürbiskerne
- Perlen
- Dünner Draht
- Bändchen

TECHNIKEN:

- Bohren
- Fädeln
- Verdrehen
- Knoten

Kürbiskerne vor dem Verarbeiten gut trocknen lassen!

Freudenstifter

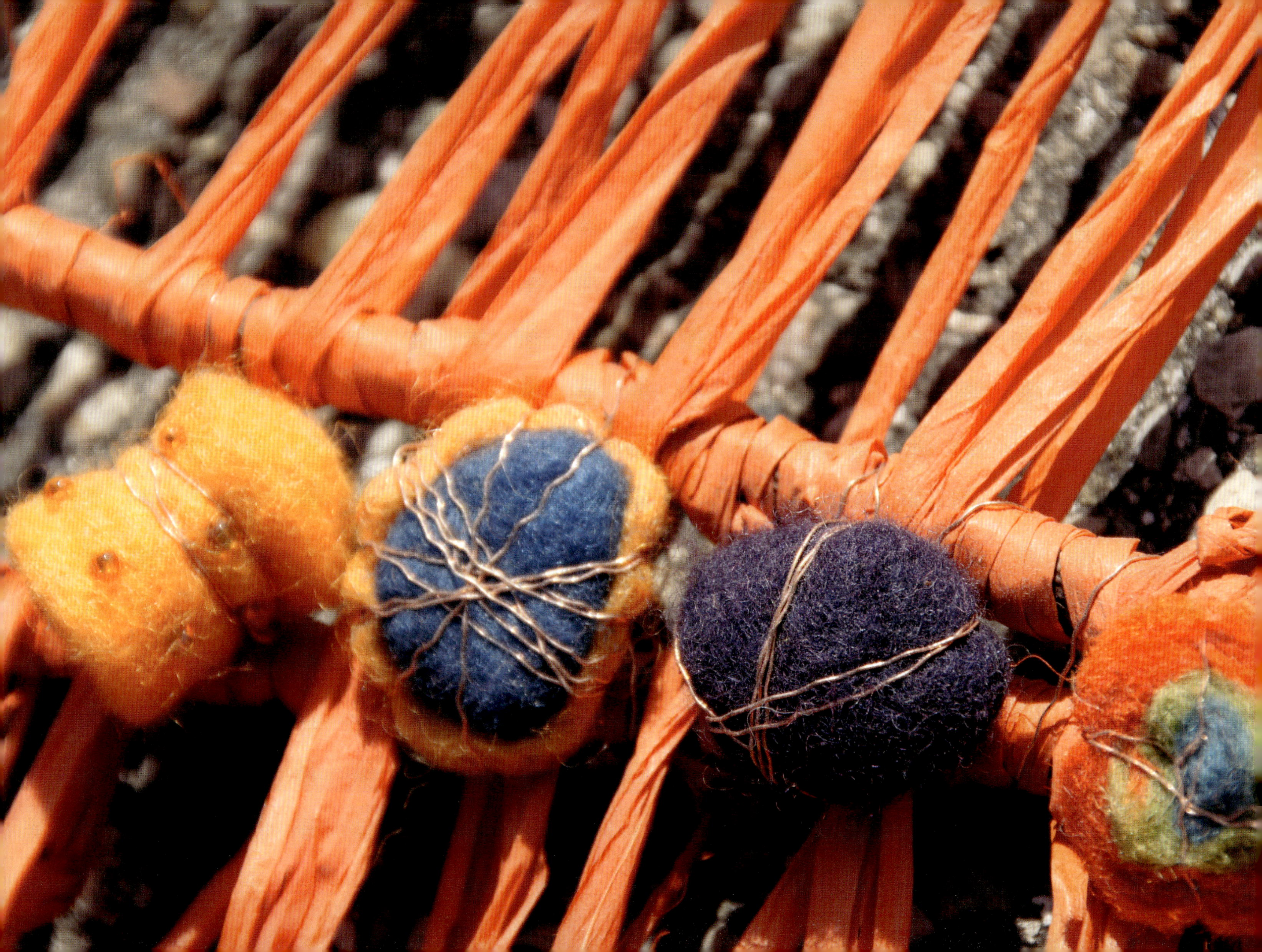

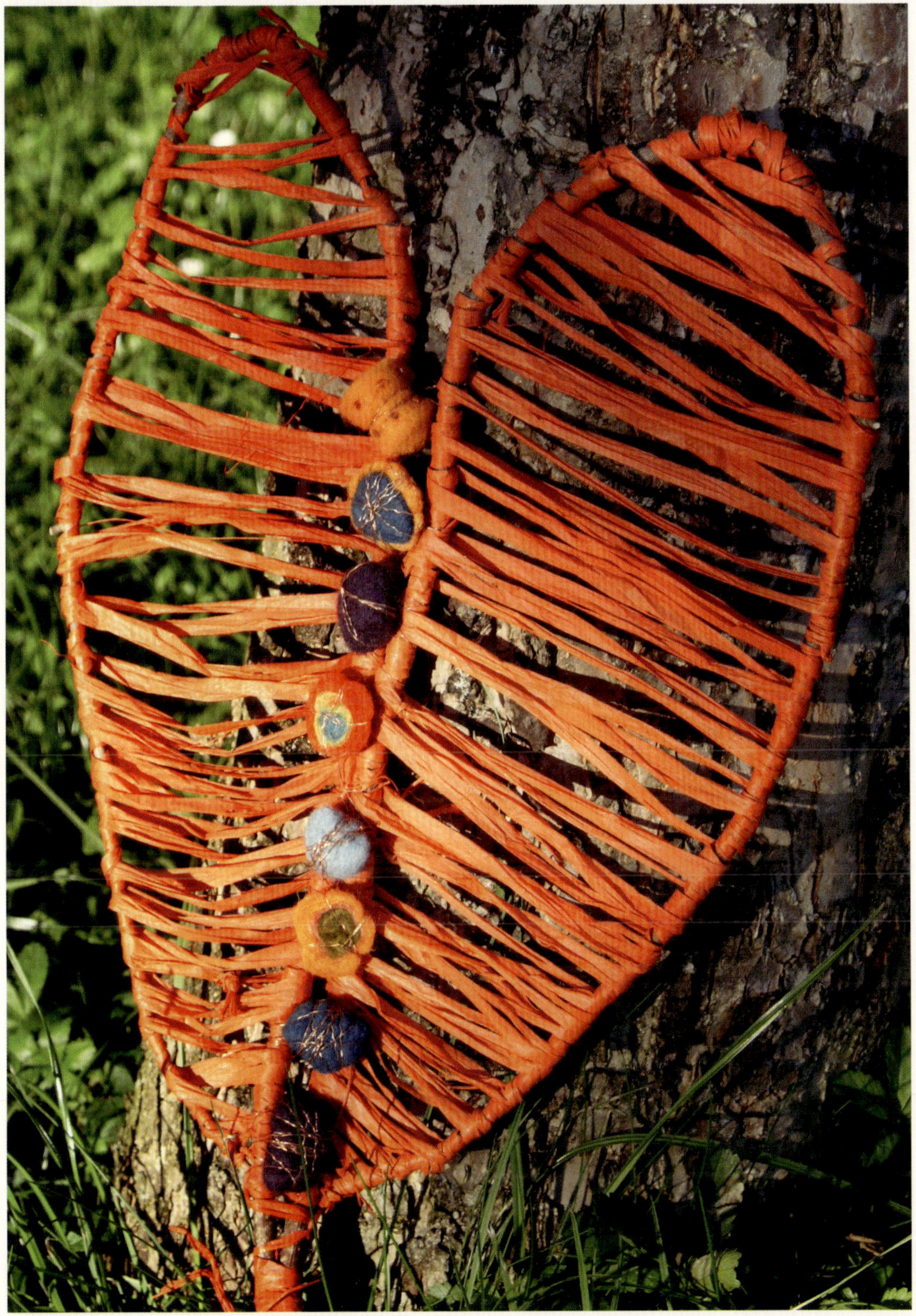

LIEBESERKLÄRUNG

MATERIAL:

Dünne Haselnuss-Äste

Farbiger Bast

Filzperlen

Draht

TECHNIKEN:

Biegen

Wickeln

Spannen

Knoten

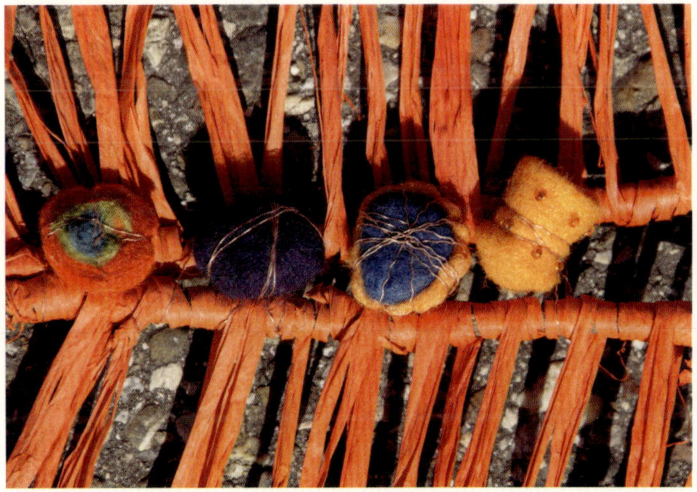

Durch das Gegenwickeln spannt sich das Herz und bleibt stabil.

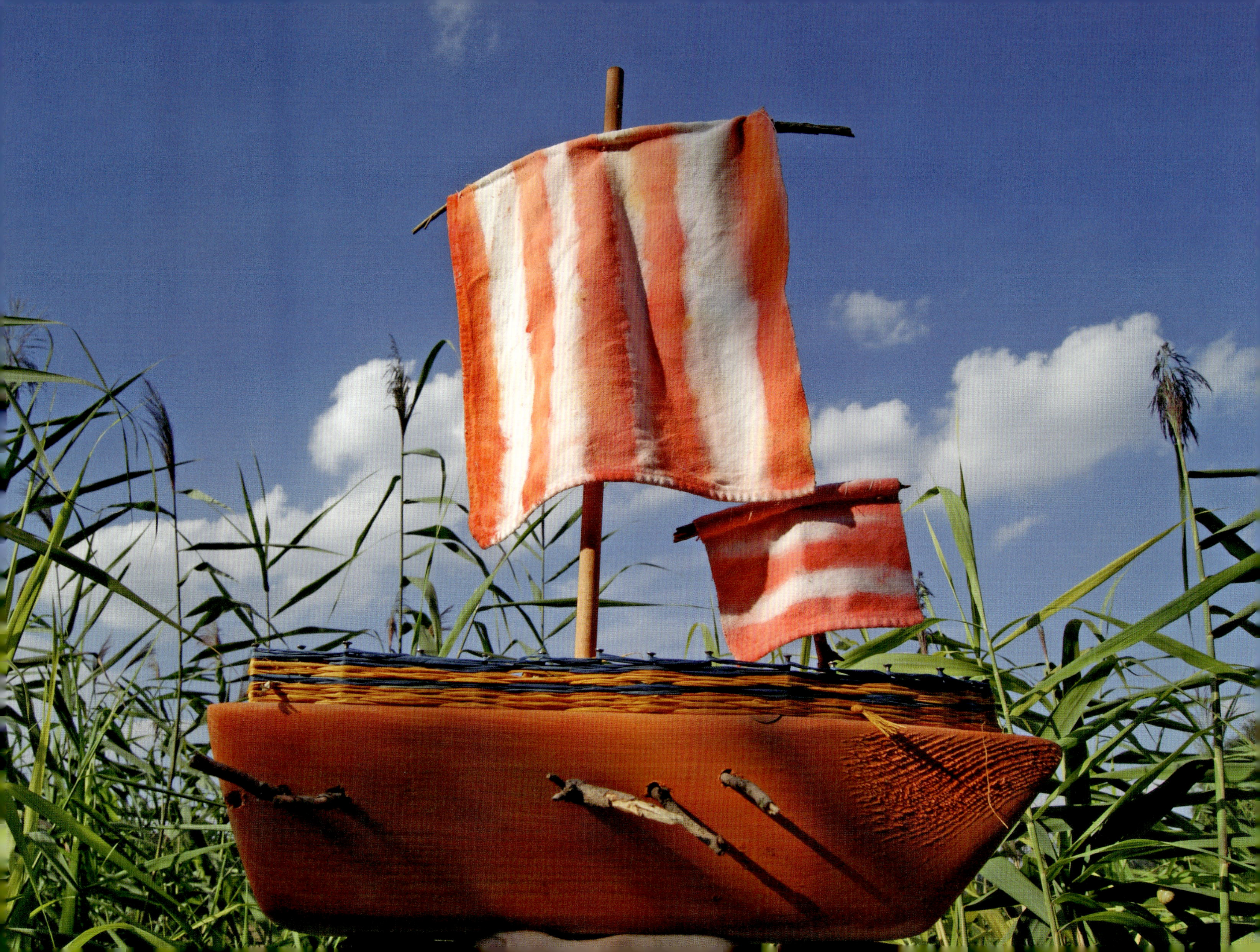

WOLKENSCHIFF

MATERIAL:

Holzbalken-Rest
Äste
Nägel
Bast
Wasserfarben
Rundhölzer
Stoff
Stofffarben
Faden

TECHNIKEN:

Sägen
Schleifen
Bohren
Hämmern
Malen
Weben
Stecken
Färben
Nähen

Reste von Holzbalken kann man in der Zimmerei bekommen.

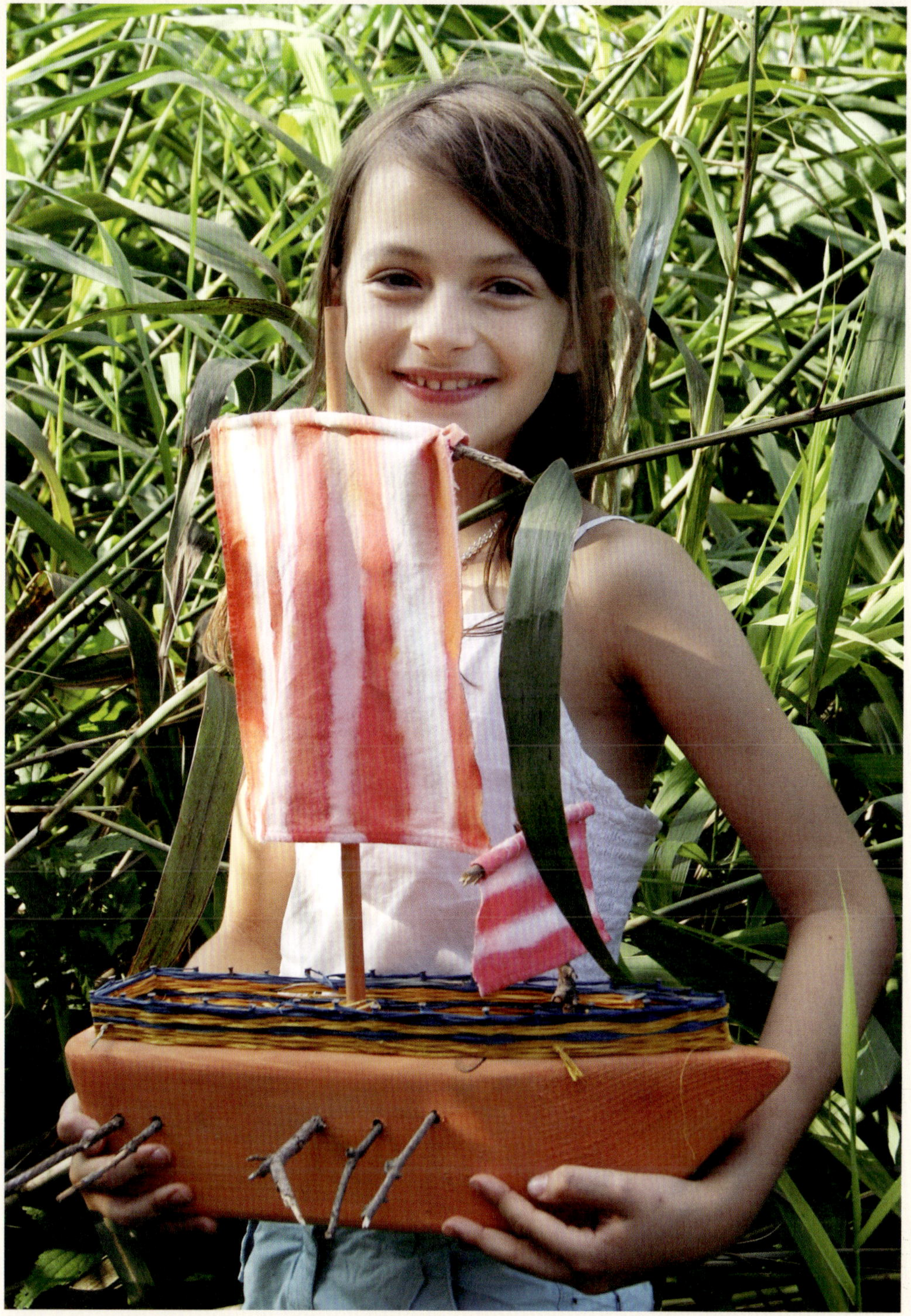

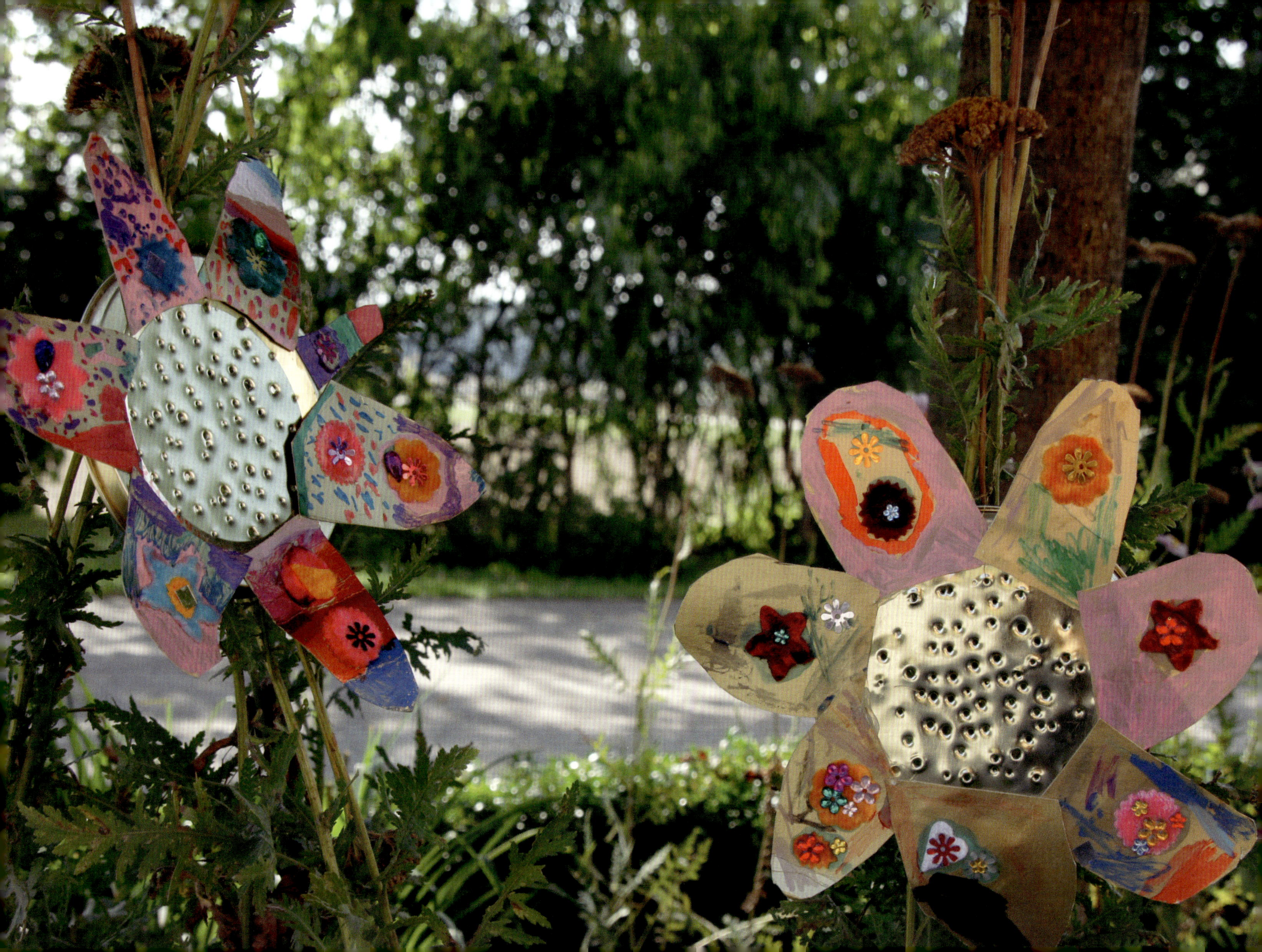

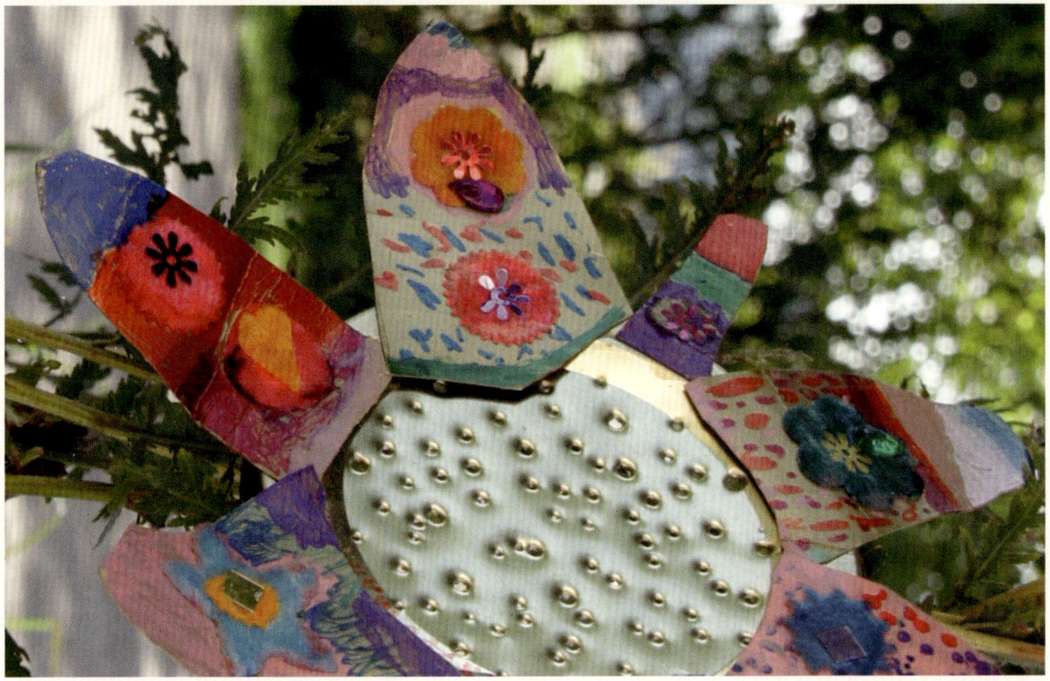

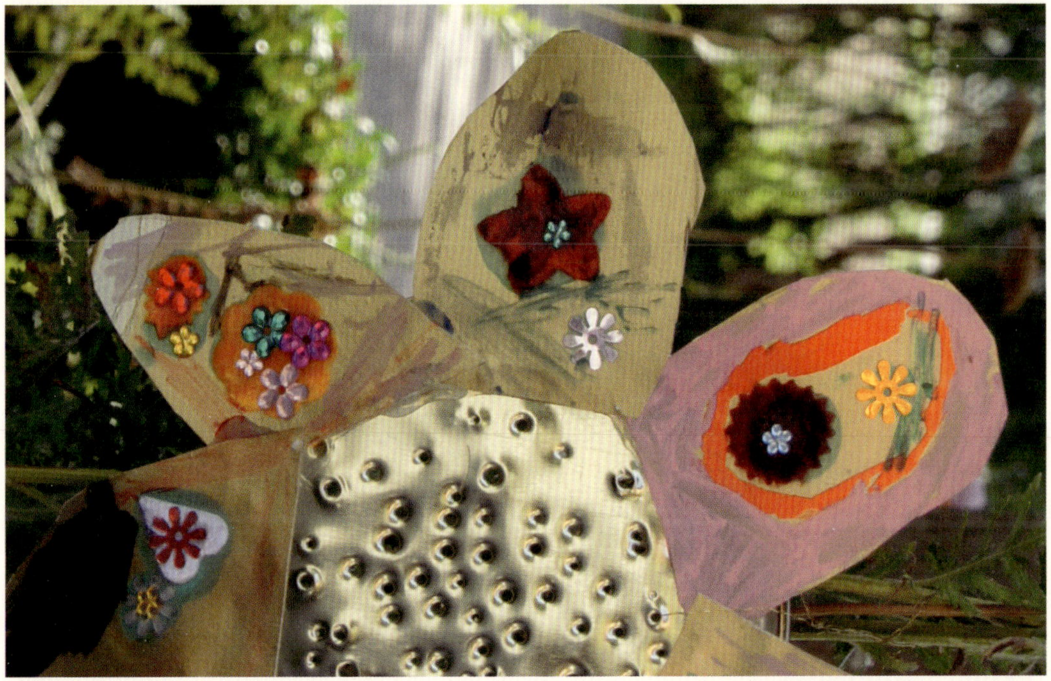

HONIGBLUMEN

MATERIAL:

- Deckel von Honiggläsern
- Pappkarton
- Filzstifte
- Kleber
- Glitzersteine
- Stoffreste

TECHNIKEN:

- Hämmern (Lochen)
- Malen
- Schneiden
- Kleben

Als Blumenmitte können auch einfarbige Schraubglas-Deckel verwendet werden.

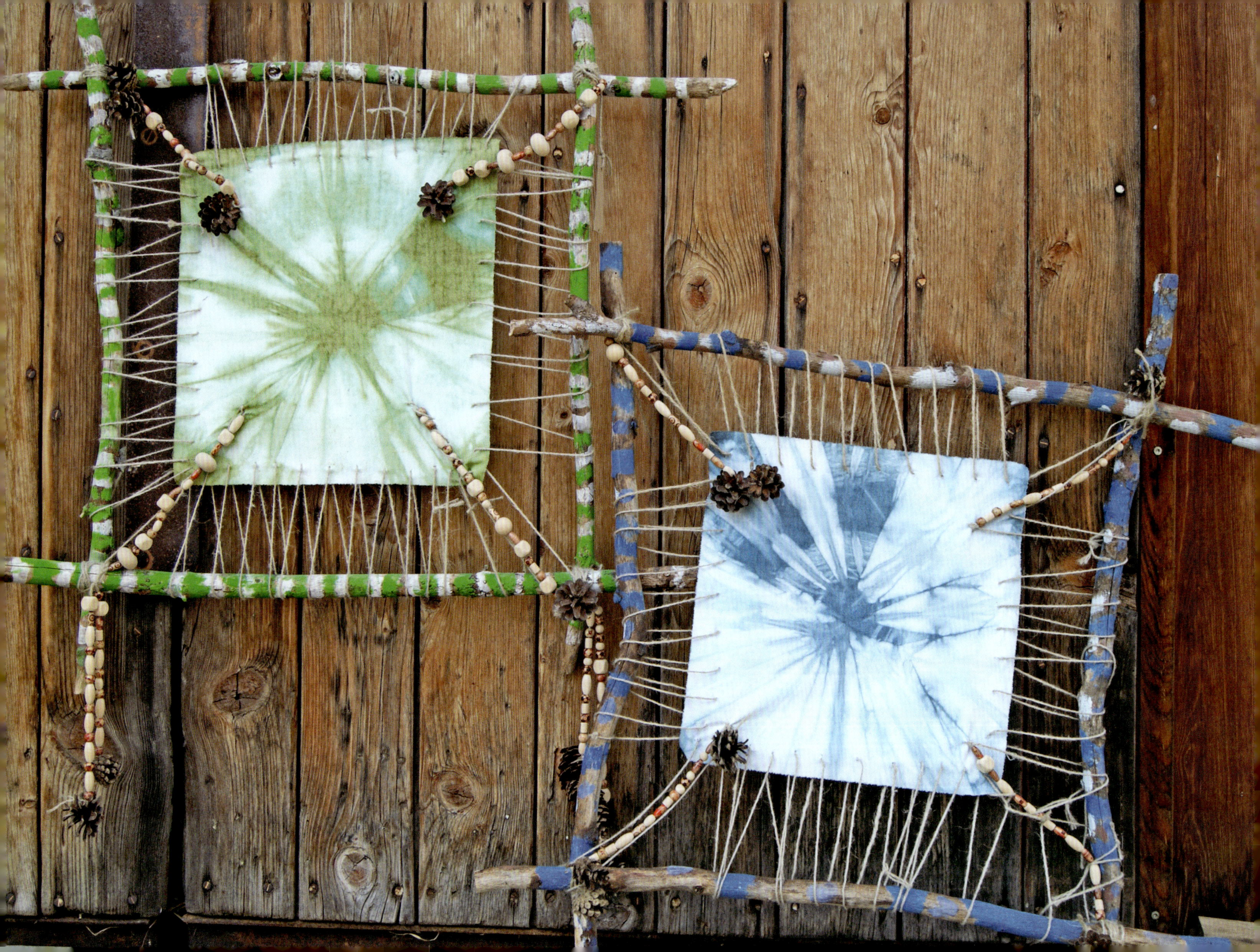

ASTRAHMEN-BATIK

MATERIAL:

Äste

Hanfschnur

Holzperlen

Baumwollstoff

Batikfarbe

Temperafarben

Kiefernzapfen

TECHNIKEN:

Wickeln

Binden

Knoten

Spannen

Batiken (Wickeltechnik)

Malen

Fädeln

Leichter geht es, wenn man beim Spannen zuerst die Ecken des Batiktuchs mit Schnüren am Rahmen befestigt.

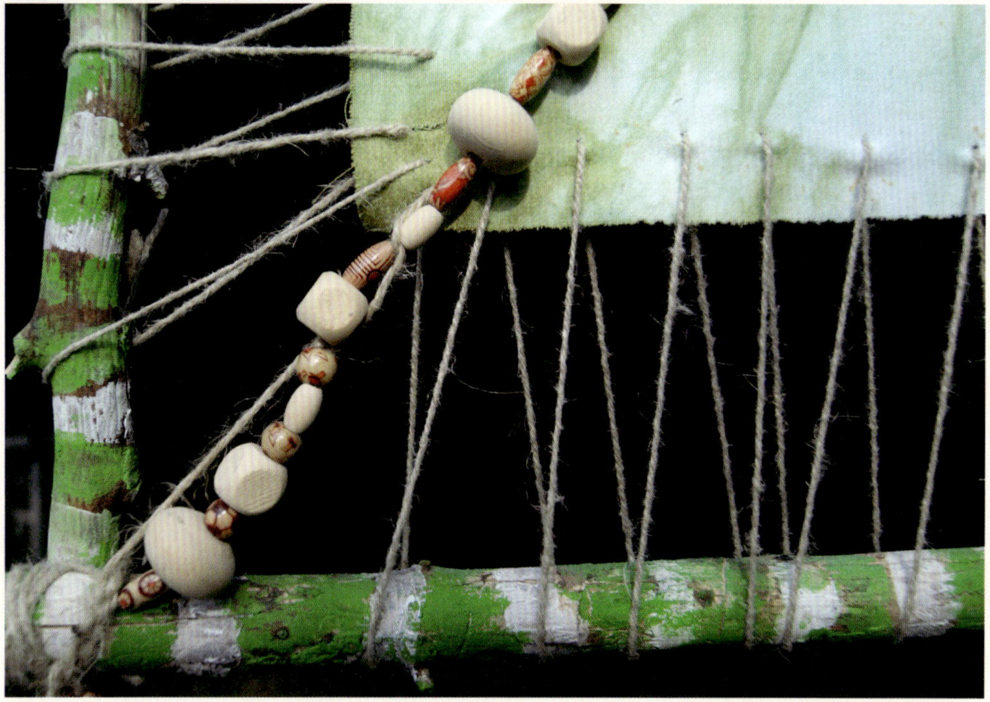

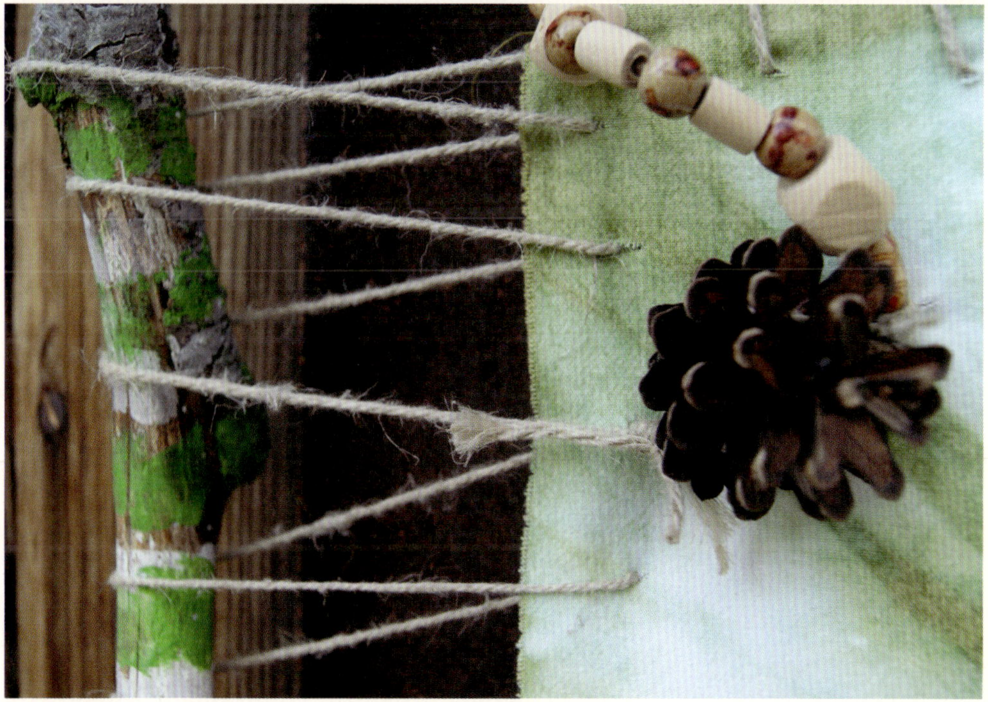

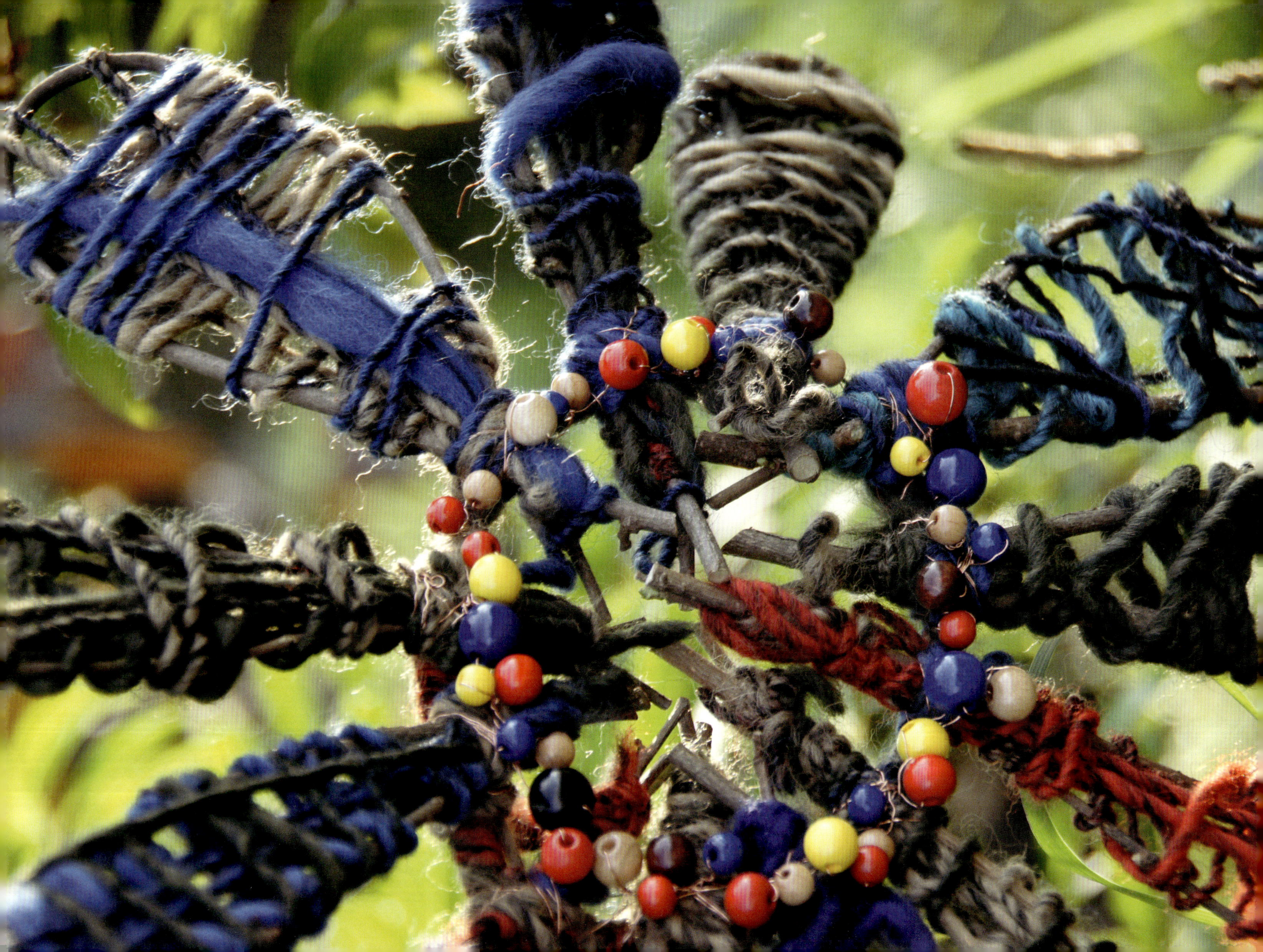

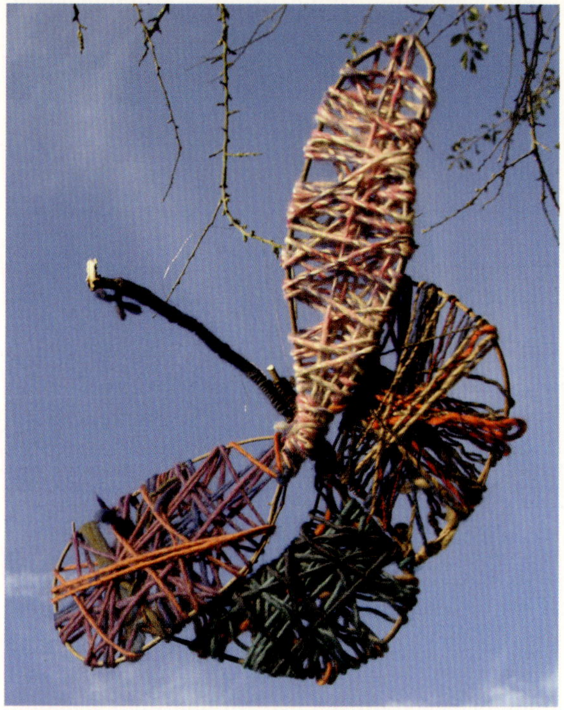

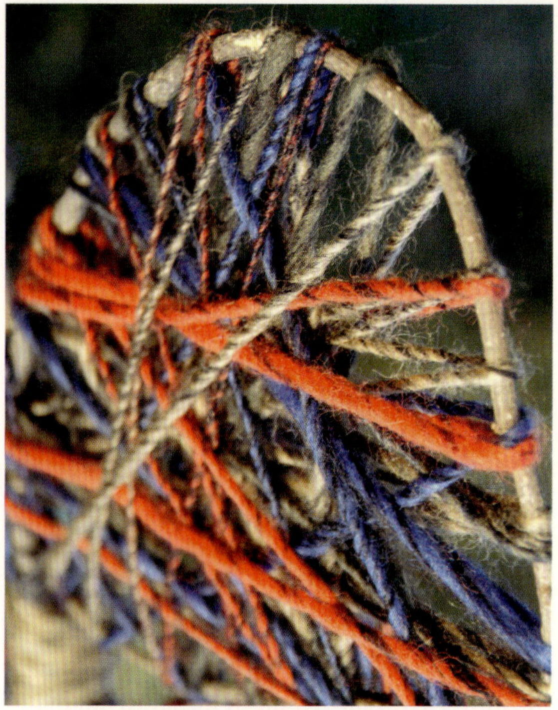

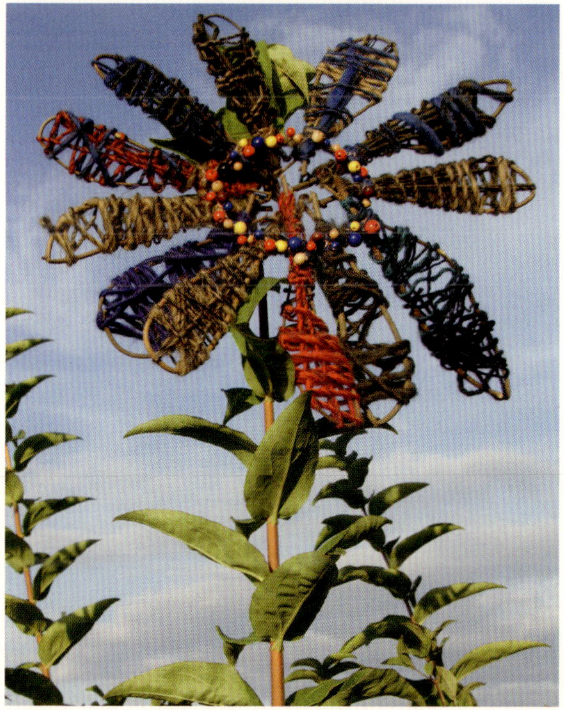

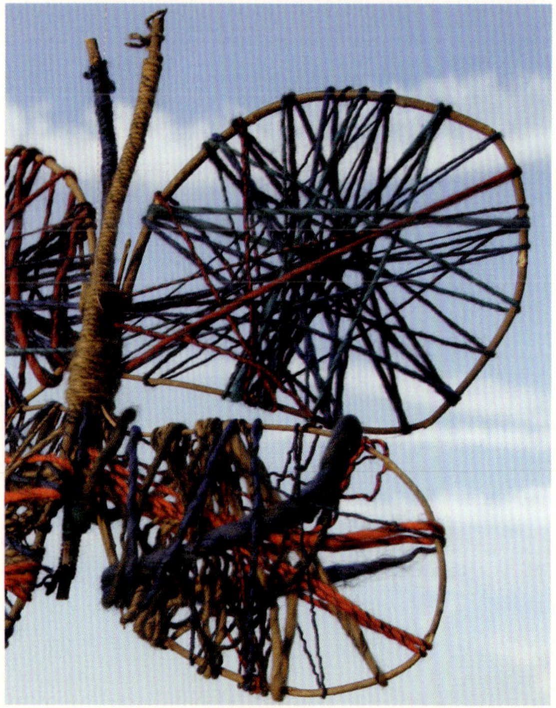

SCHMETTERLING UND WICKELBLUME

MATERIAL:

- Dünne Äste
- Wolle
- Perlen
- Draht

TECHNIKEN:

- Biegen
- Binden
- Knoten
- Wickeln
- Fädeln

Frisch geschnittene Haselnuss- und Weidenäste lassen sich besonders gut biegen.

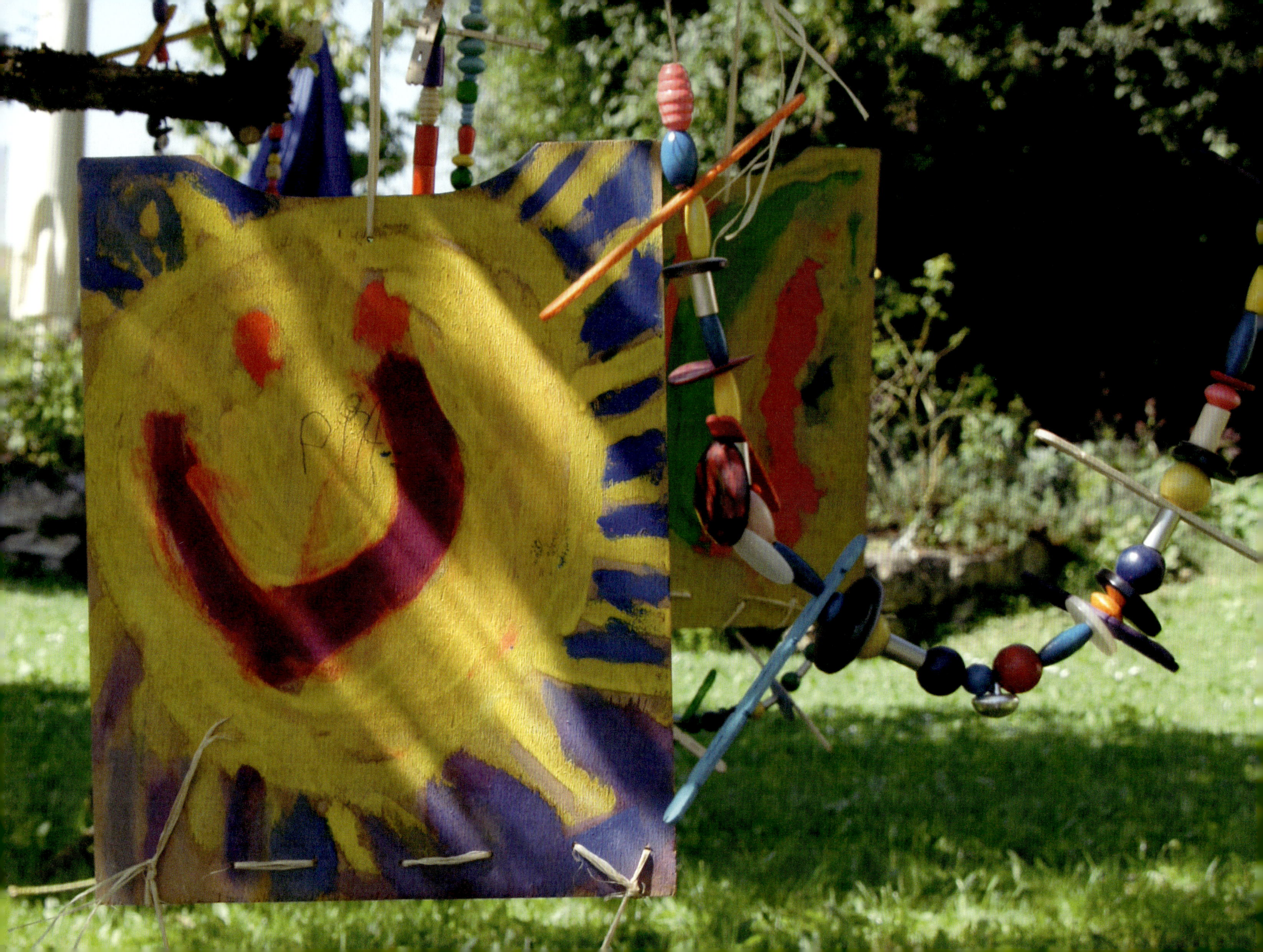

TANZENDE HÖLZER

MATERIAL:

- Sperrholzplatte
- Dispersionsfarben
- Bast
- Knöpfe
- Perlen
- Eis-Stäbchen

TECHNIKEN:

- Malen
- Bohren
- Fädeln
- Knoten

... am bunten Perlengriff drehen und die Hölzer tanzen rundherum ...

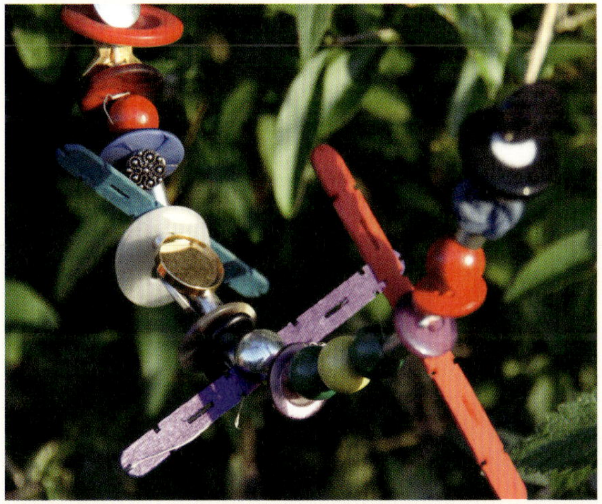

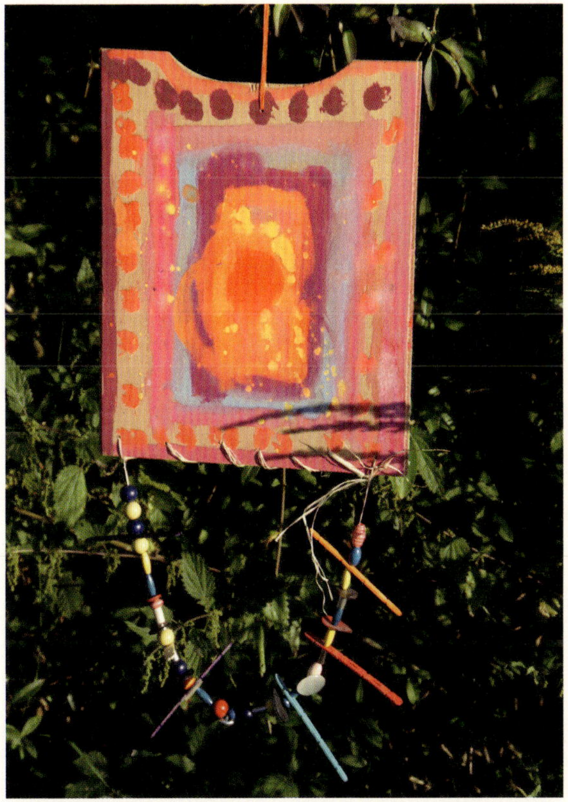

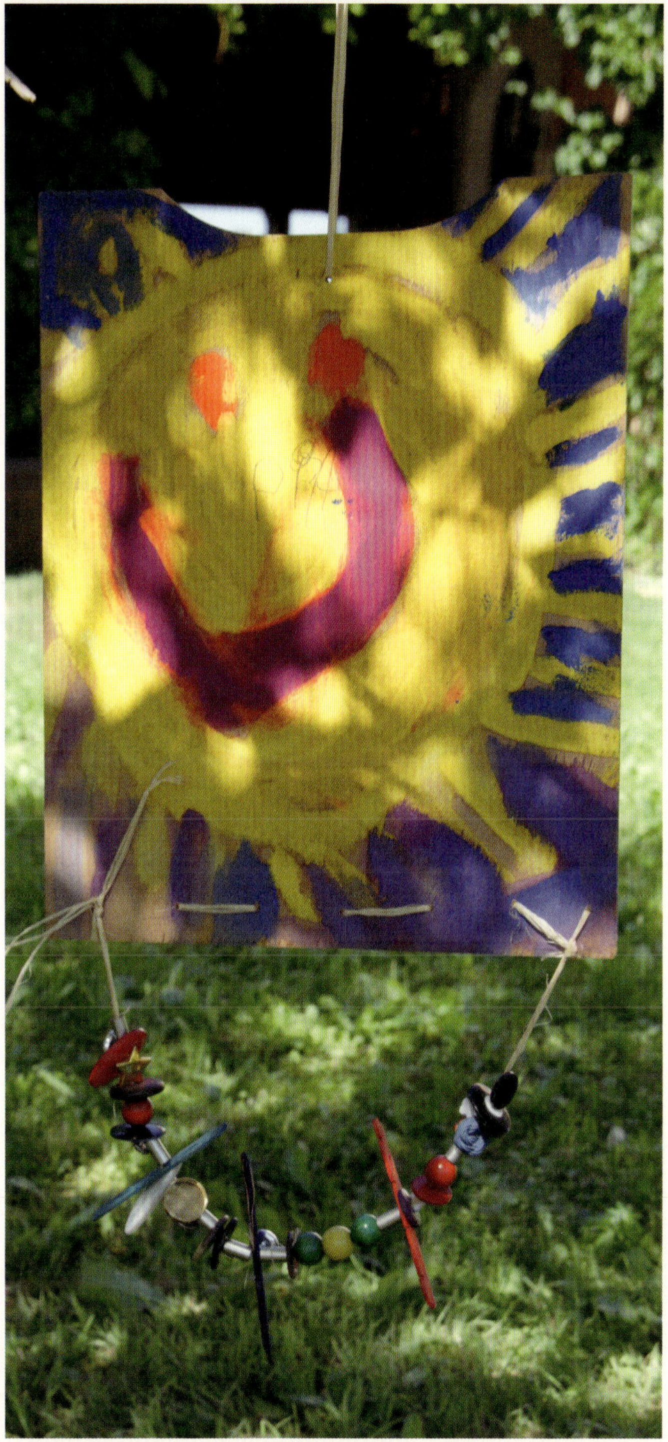

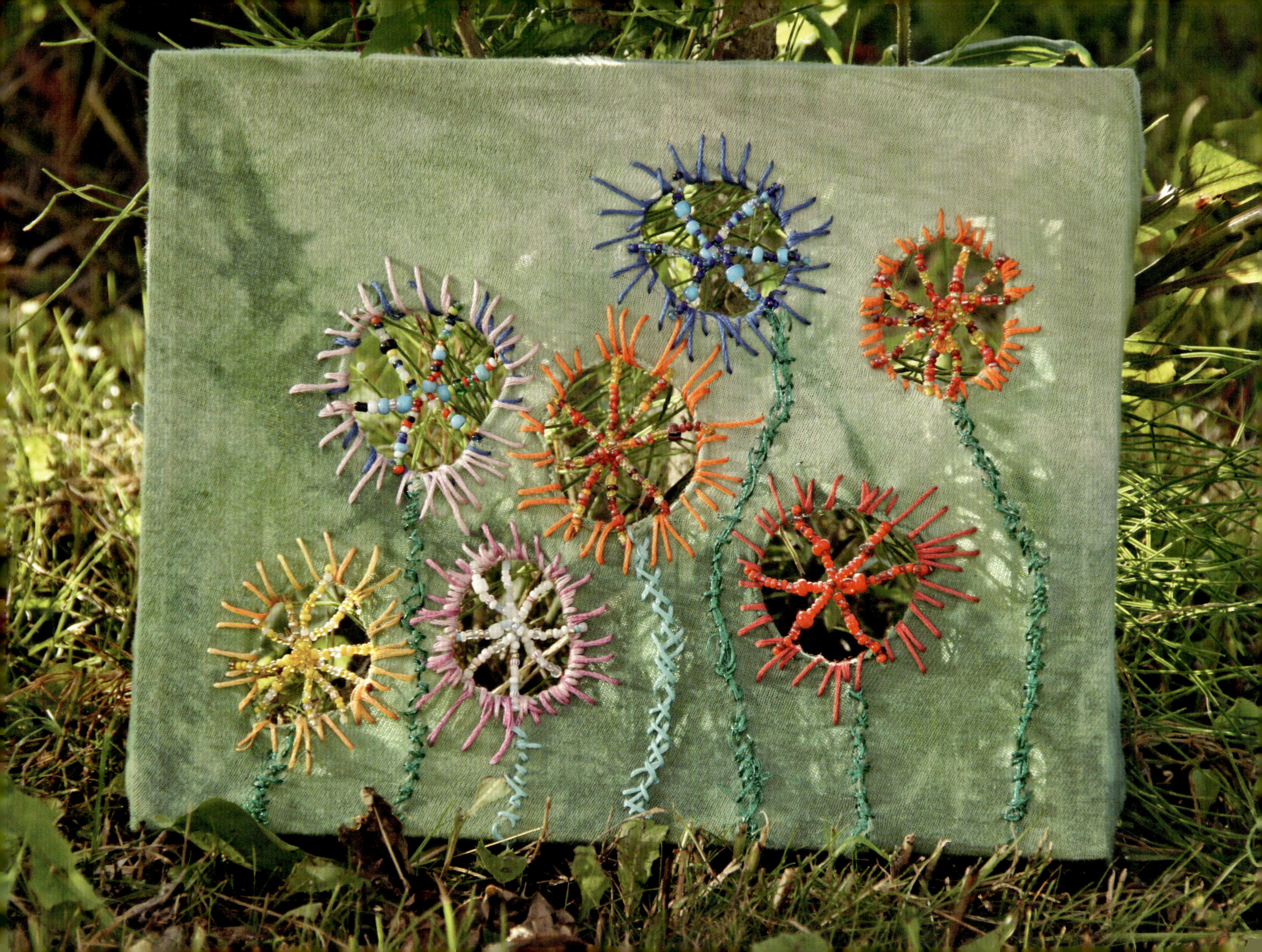

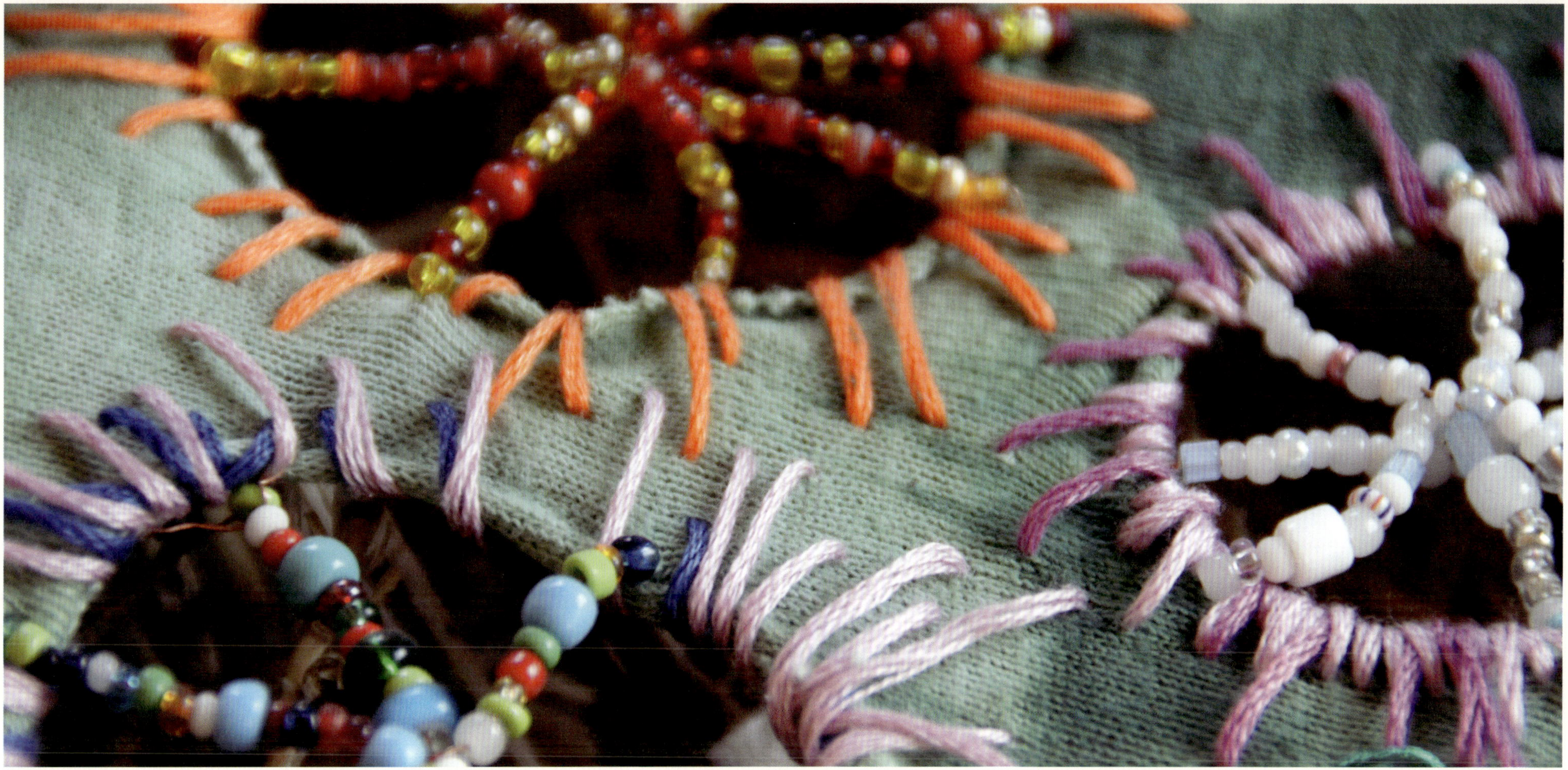

PERLEN-BLUMENWIESE

MATERIAL:

- Holzrahmen
- Stoffstück
- Stickgarn
- Kleine Glasperlen
- Draht

TECHNIKEN:

- Spannen
- Tackern
- Schneiden
- Sticken
- Fädeln

Alte T-Shirts eignen sich hervorragend zum Stoffspannen, da sie keine Falten werfen.

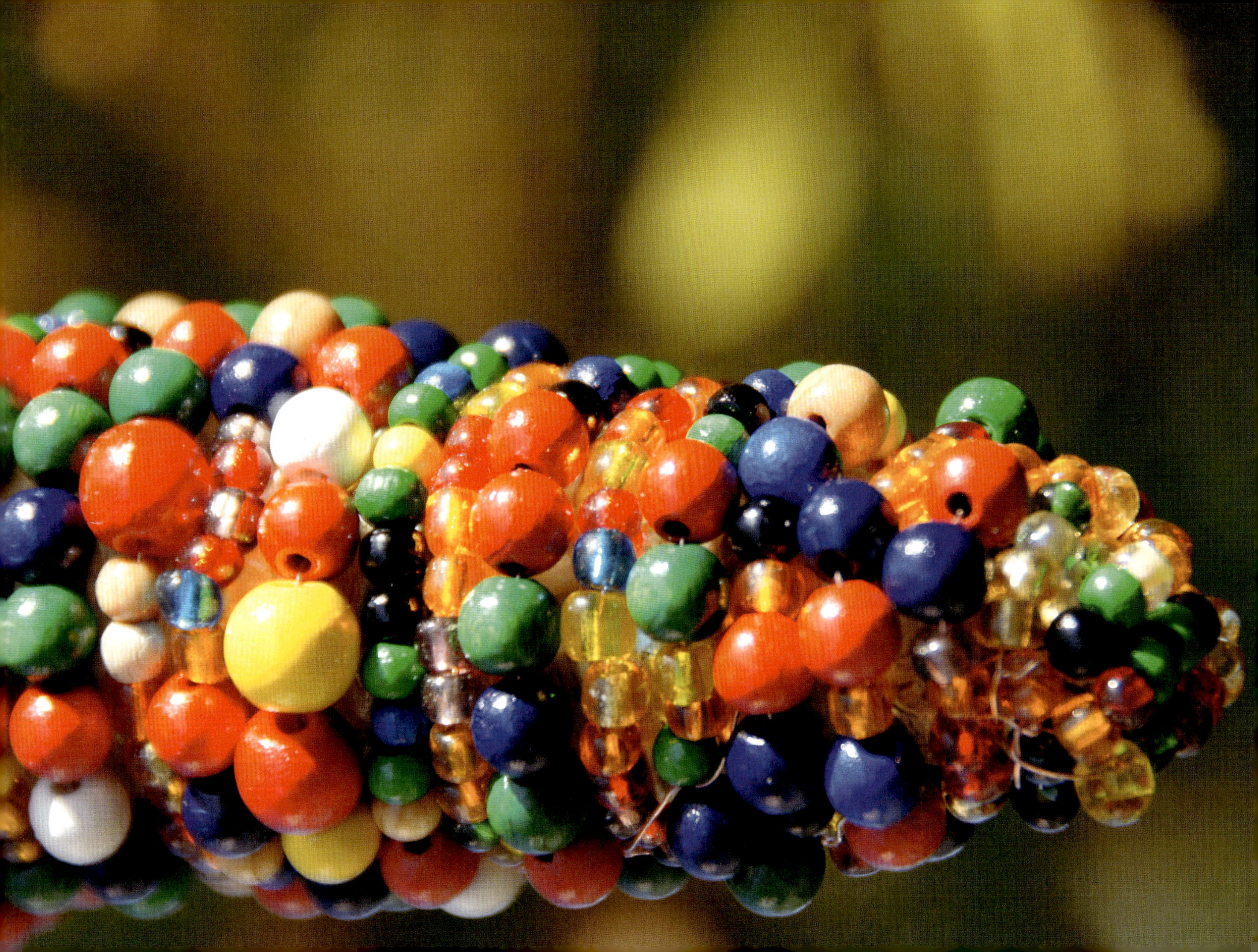

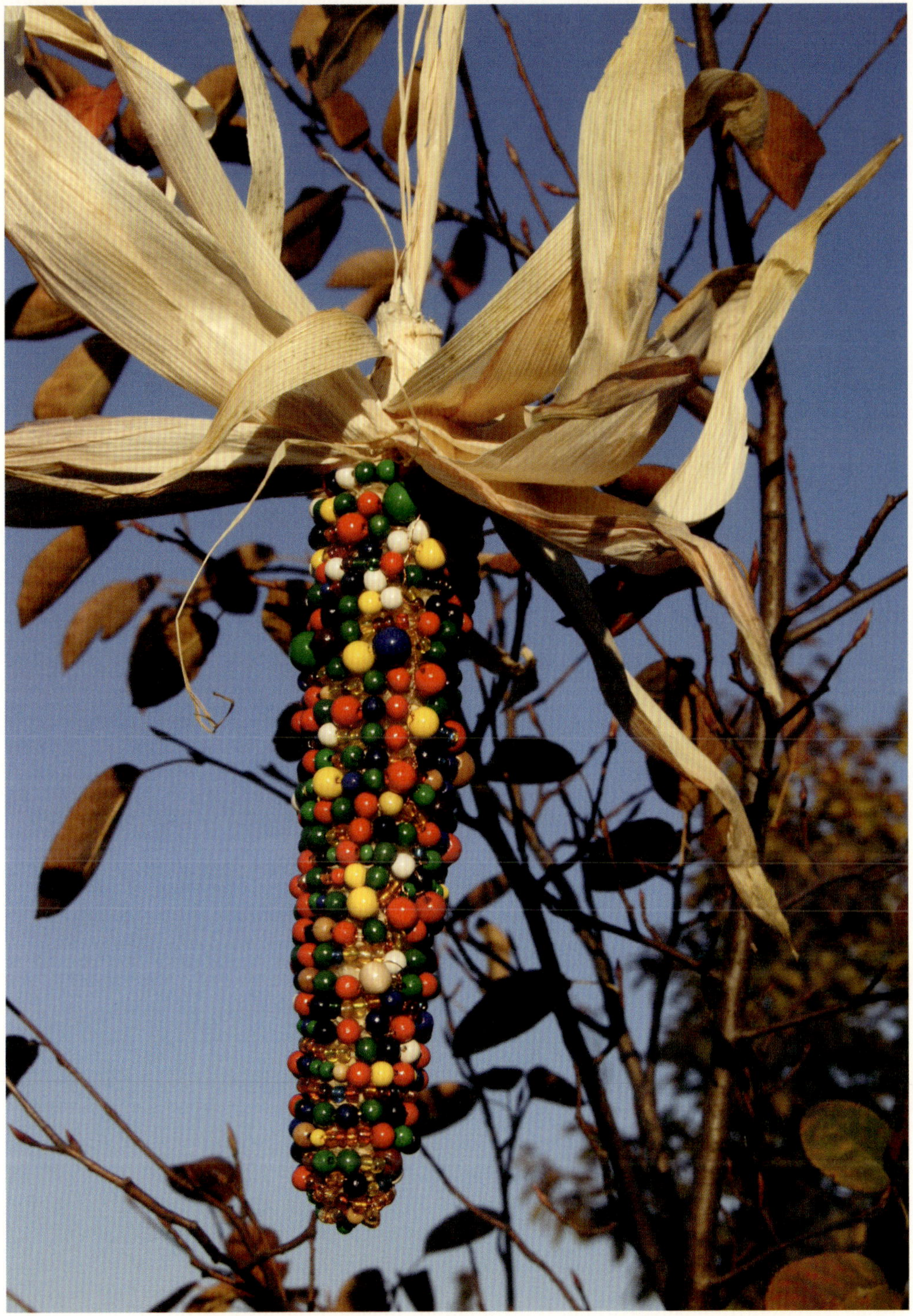

REGENBOGEN-MAIS

MATERIAL:

Maiskolben

Perlen (Holz und Glas)

Draht oder Stecknadeln

TECHNIKEN:

Maiskörner ablösen

Fädeln oder Stecken

Wickeln

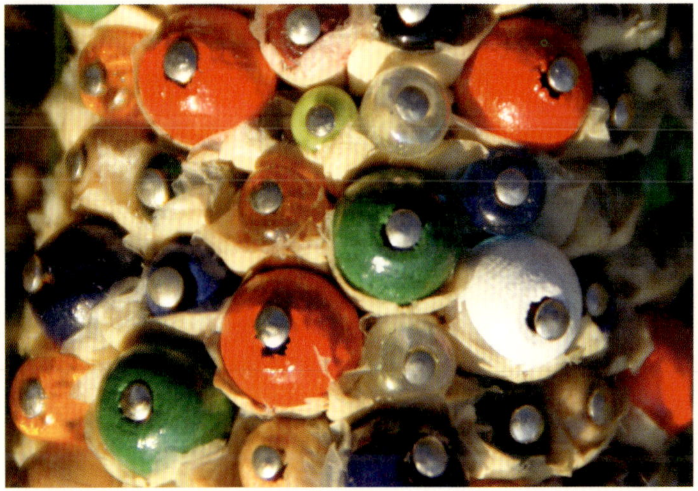

Wer die Perlen mit Stecknadeln aufstecken möchte, muss kleine Löcher vorbohren, da der Maiskolben im Innern sehr hart ist.

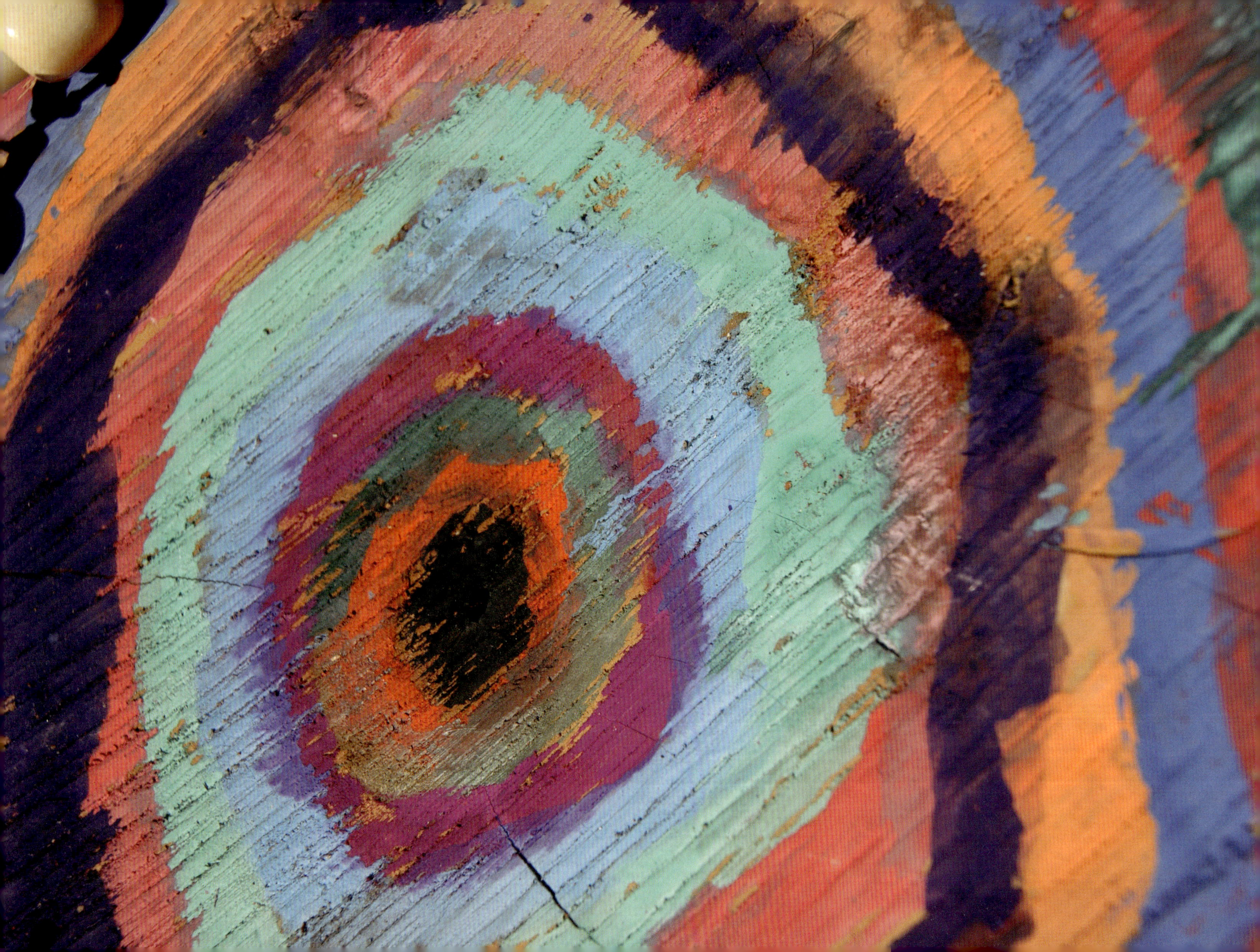

BAUMSCHEIBEN – kunterbunt & rund

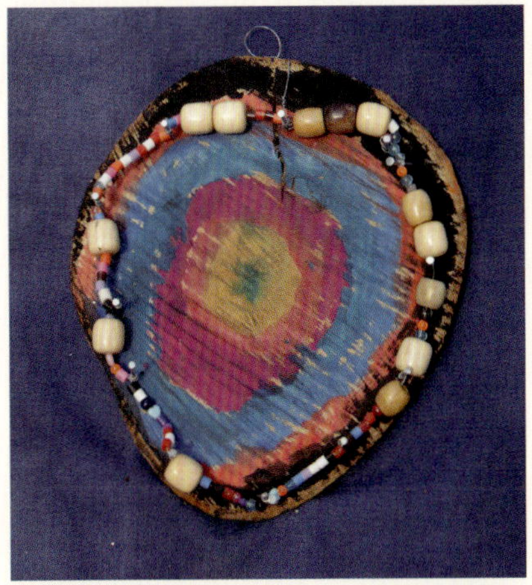
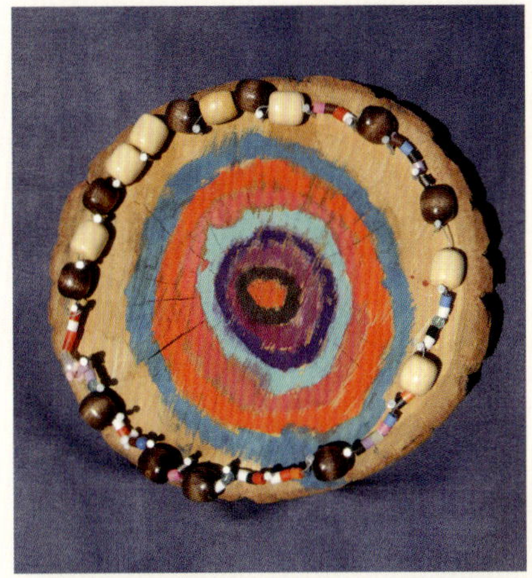
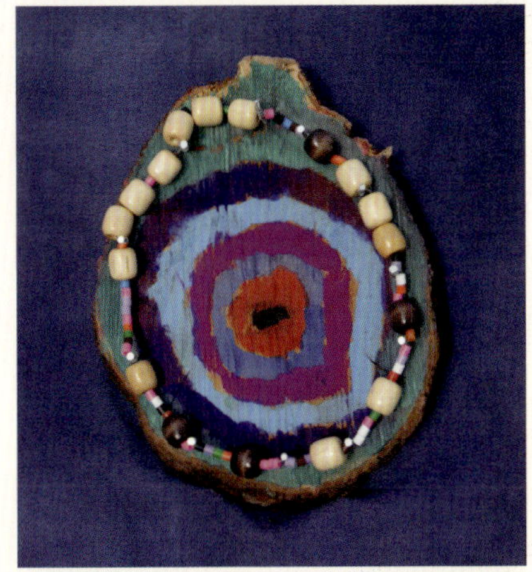

MATERIAL:

- Baumscheiben
- Wasserfarben
- Nägel
- Holz- und Kunststoffperlen
- Draht

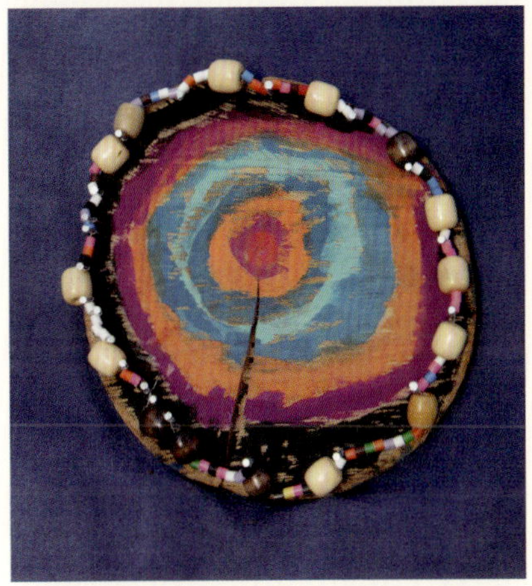
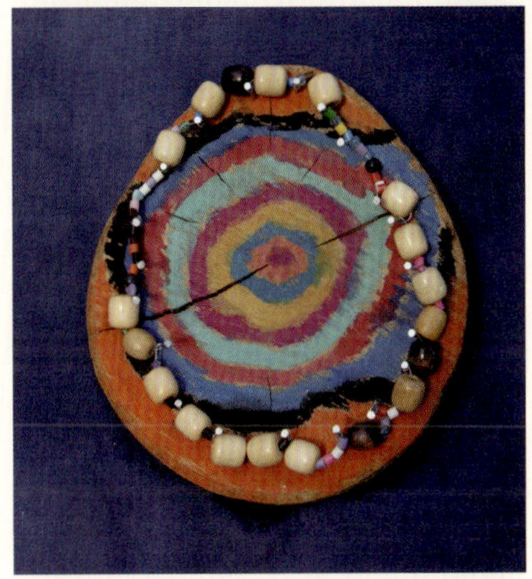
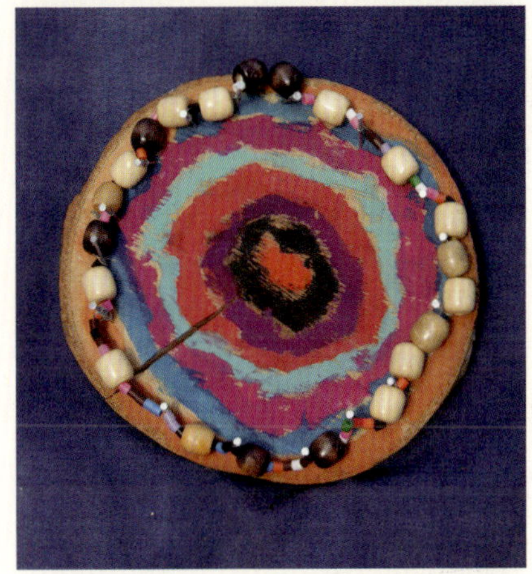

TECHNIKEN:

- Schleifen
- Malen
- Hämmern
- Fädeln
- Spannen

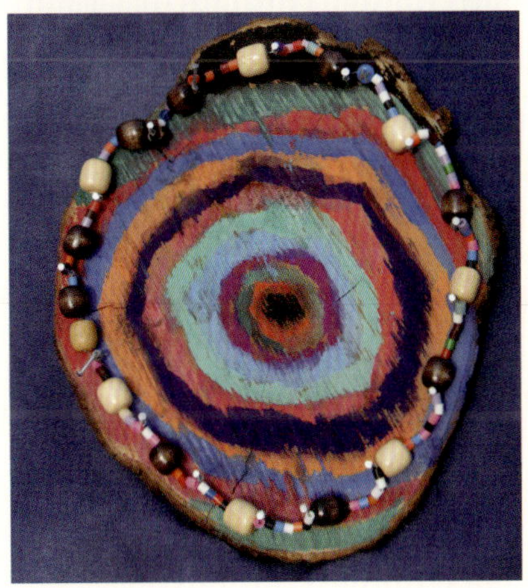
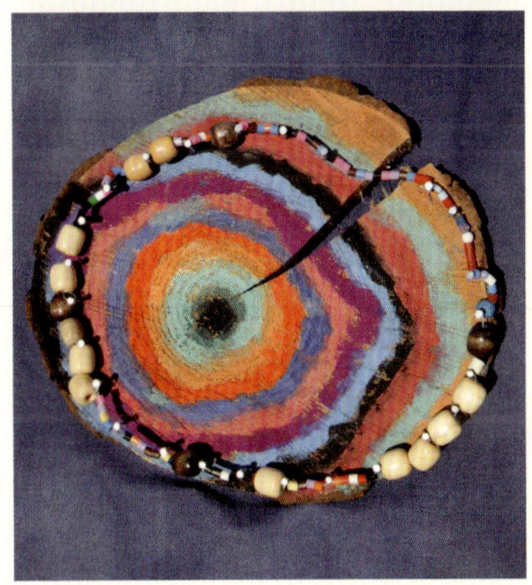
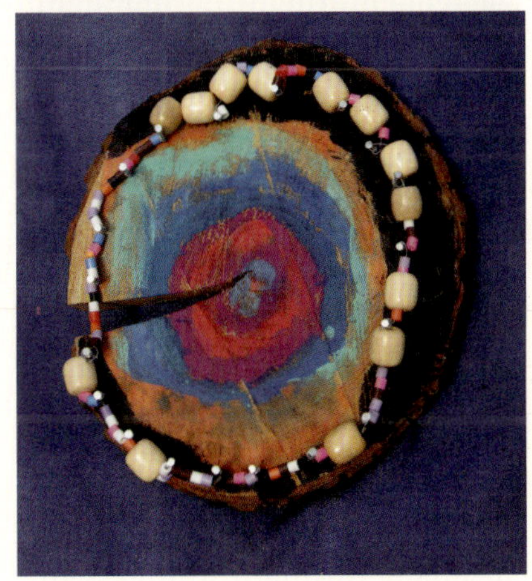

Baumscheiben vor dem Verarbeiten trocknen lassen.

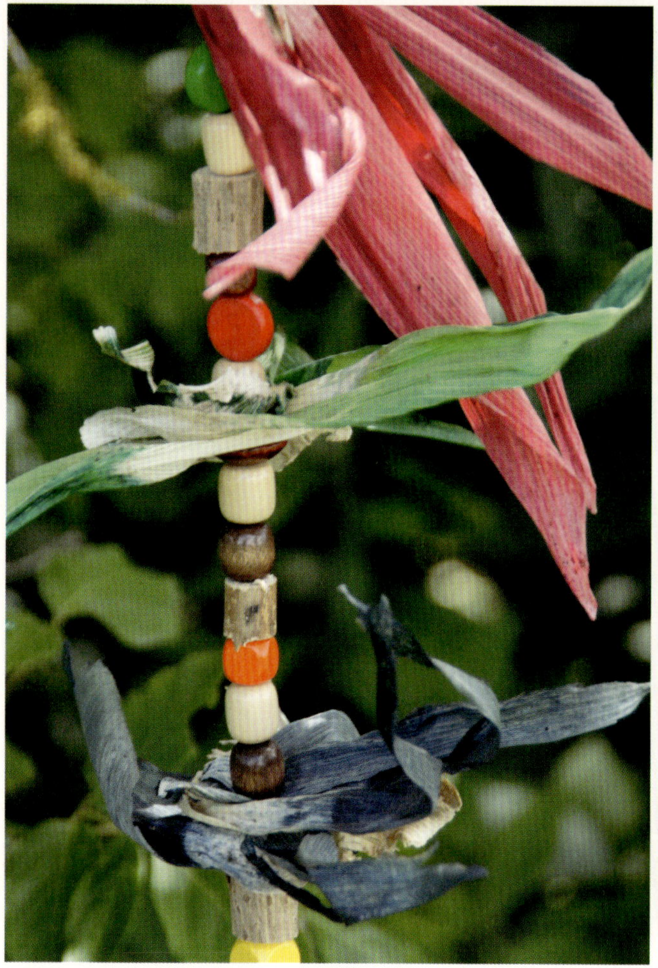

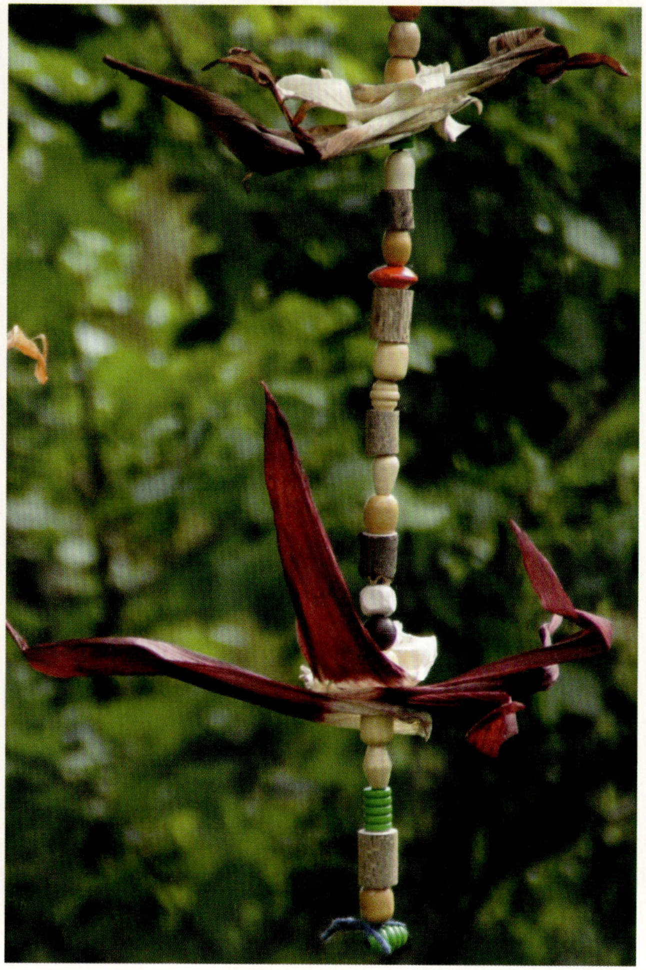

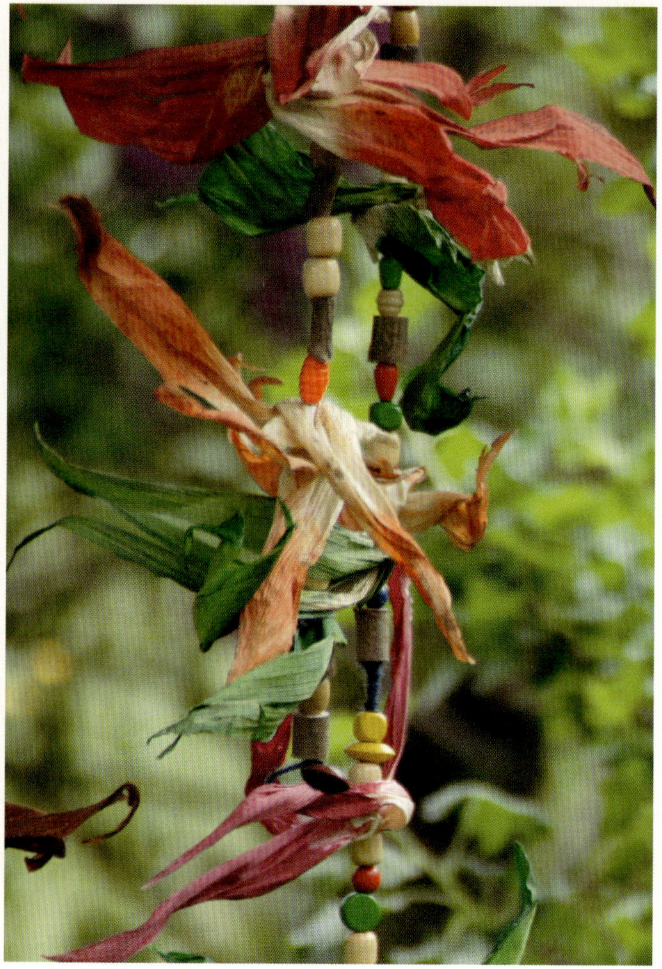

MAISBLÄTTER-KETTEN

MATERIAL:

- Maiskolbenhüllblätter
- Batikfarbe
- Hanfschnur
- Holzperlen
- Haselnussstecken

TECHNIKEN:

- Färben
- Sägen
- Bohren
- Fädeln

Die Maisblätter werden mehrere Tage in Batikfarbe getaucht, damit die Farbe gut angenommen wird. Später nicht im Regen hängen lassen – die Farbe ist nicht wasserfest!

Momenten-Sammler

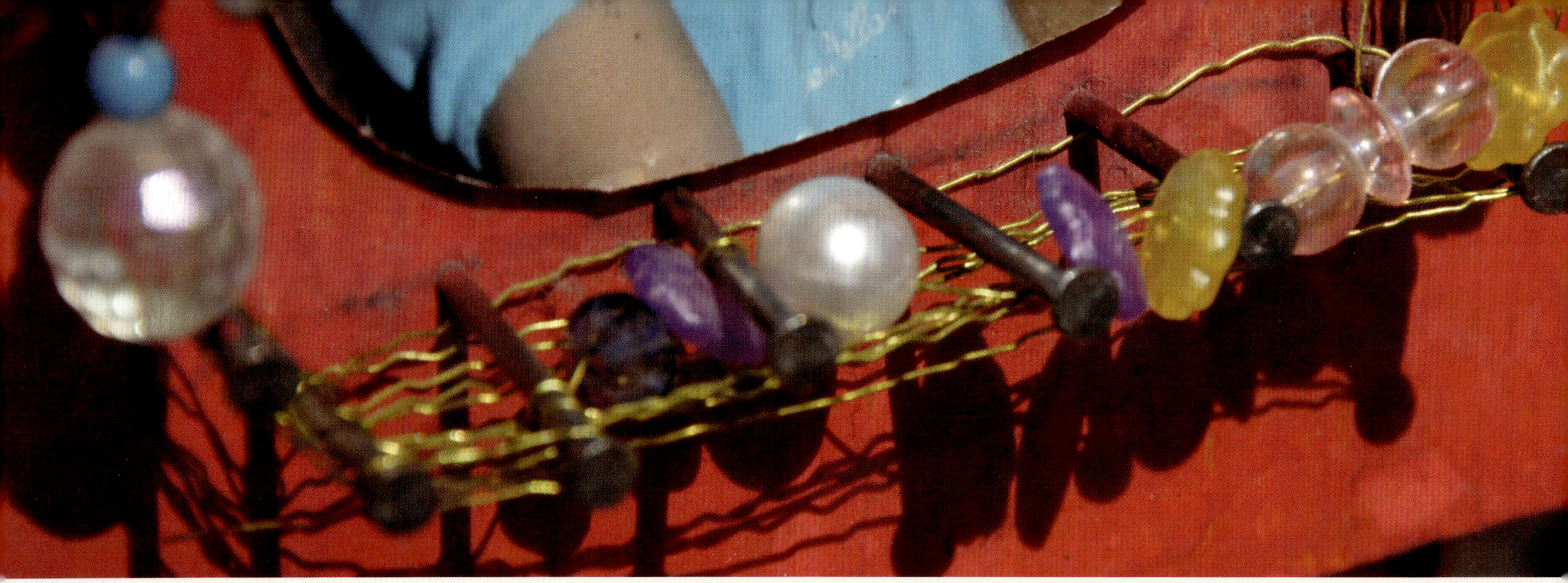

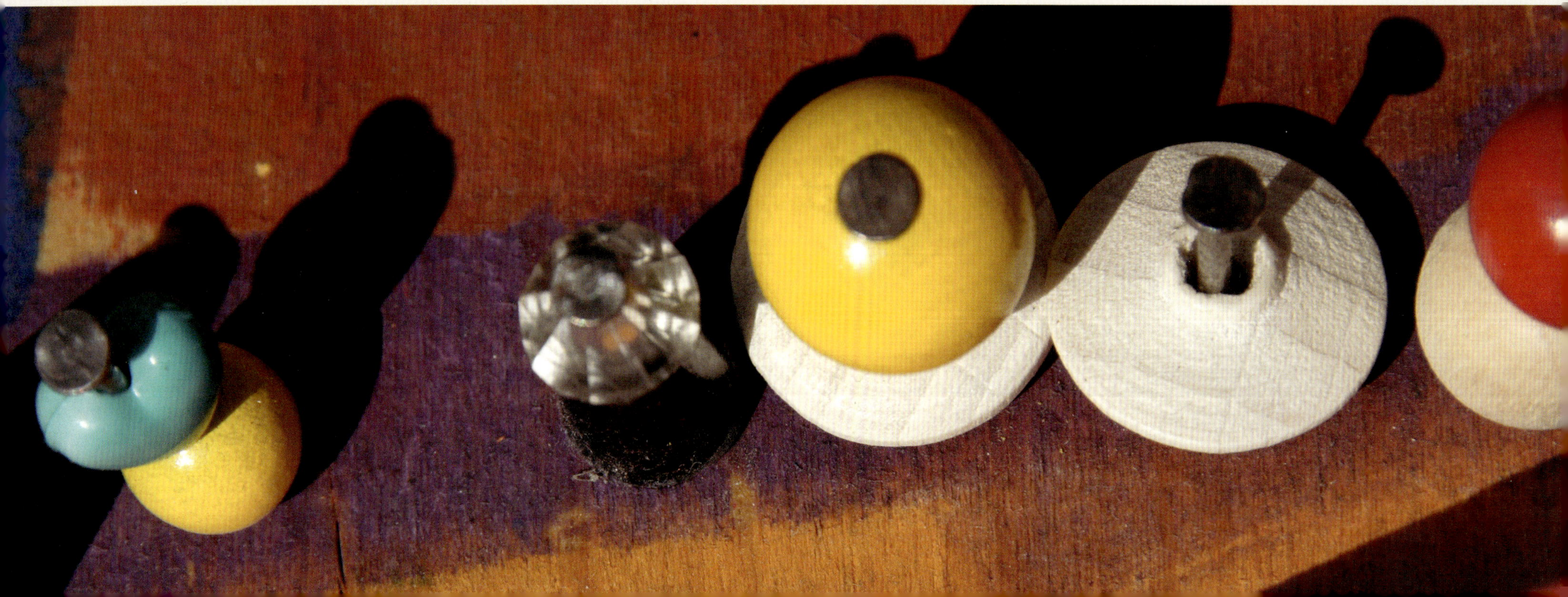

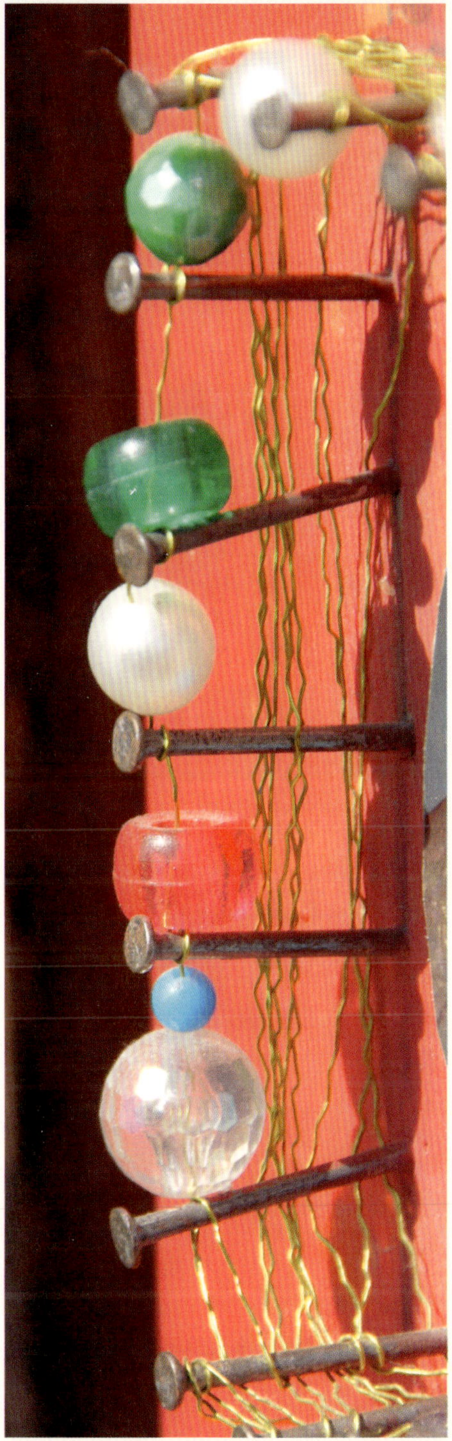

PERLENRAHMEN

MATERIAL:

- Holzbretter
- Wasserfarben
- Nägel
- Holzperlen
- Kunststoffperlen
- Draht
- Kleber

TECHNIKEN:

- Sägen
- Schleifen
- Malen
- Hämmern
- Fädeln
- Spannen
- Kleben

Kleine Perlen werden auf Draht gefädelt und um die Nägel gewickelt. Große Perlen hämmert man direkt aufs Holz.

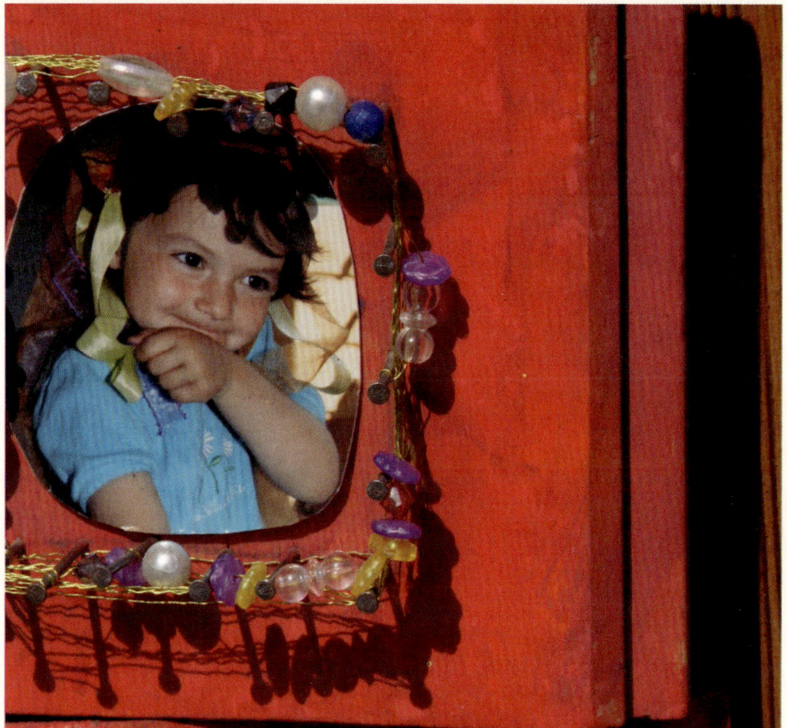

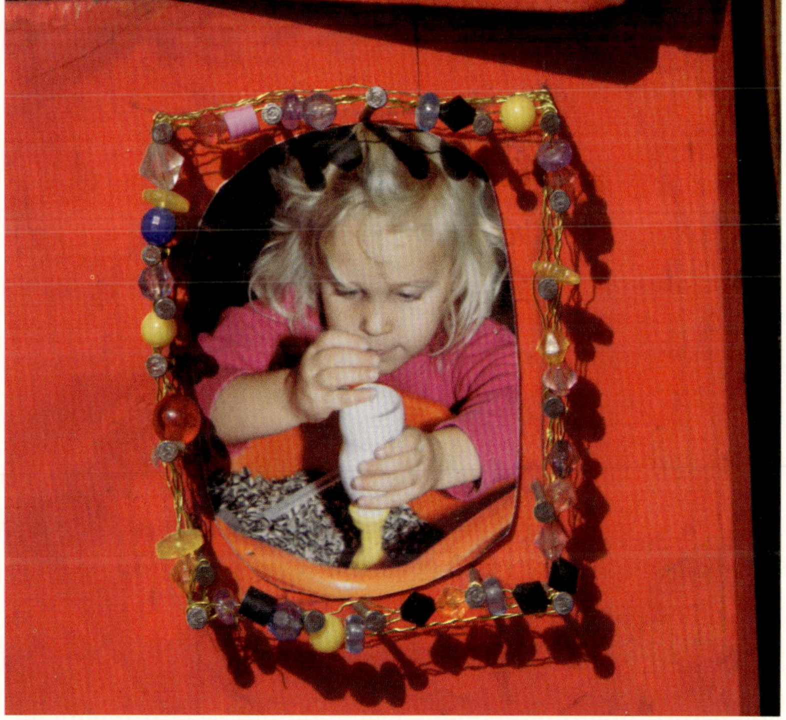

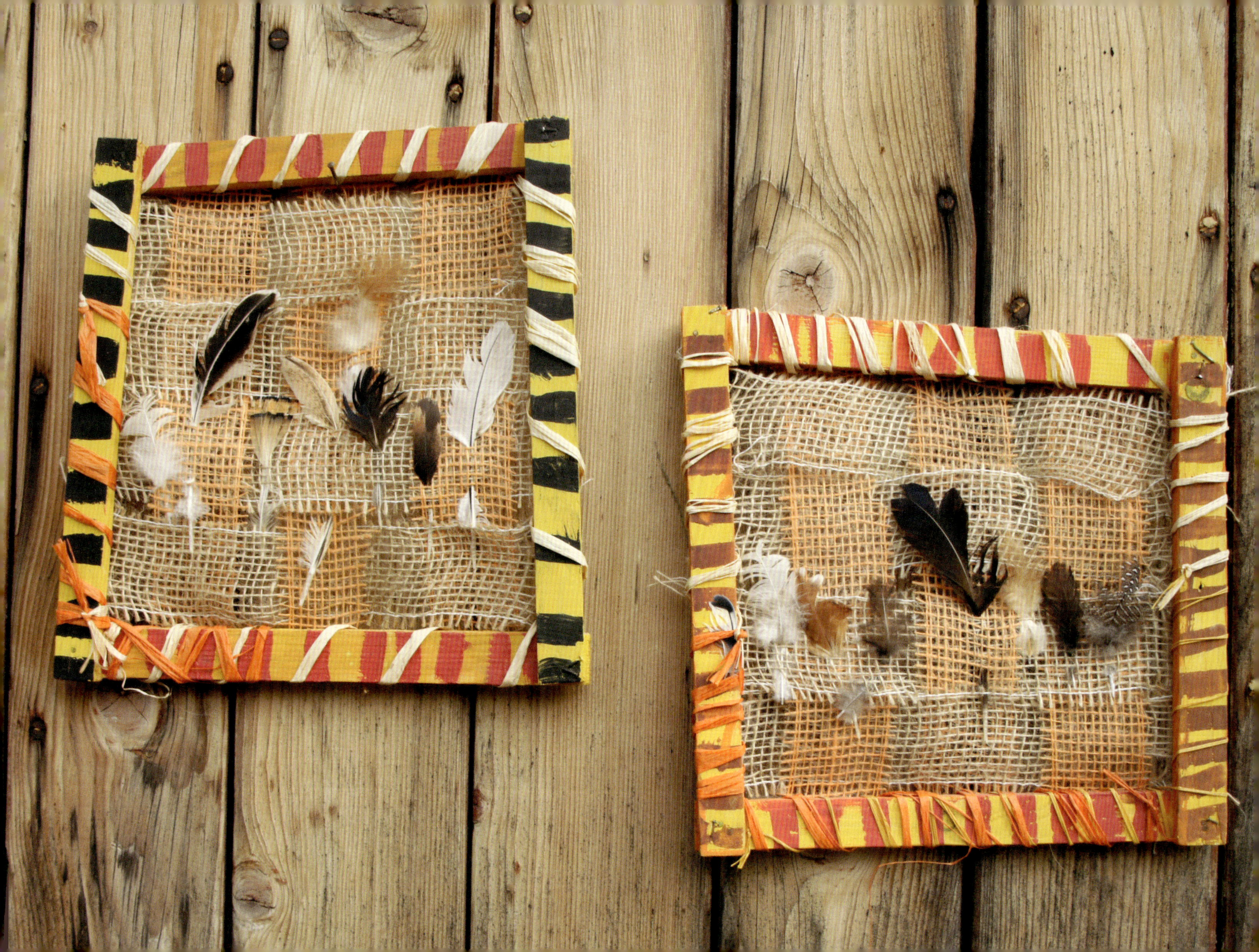

FEDERN-GALERIE

MATERIAL:

- Holzlatten
- Nägel
- Temperafarben
- Hanfband
- Bast
- Federn

TECHNIKEN:

- Sägen
- Schleifen
- Hämmern
- Malen
- Wickeln
- Weben
- Tackern
- Stecken

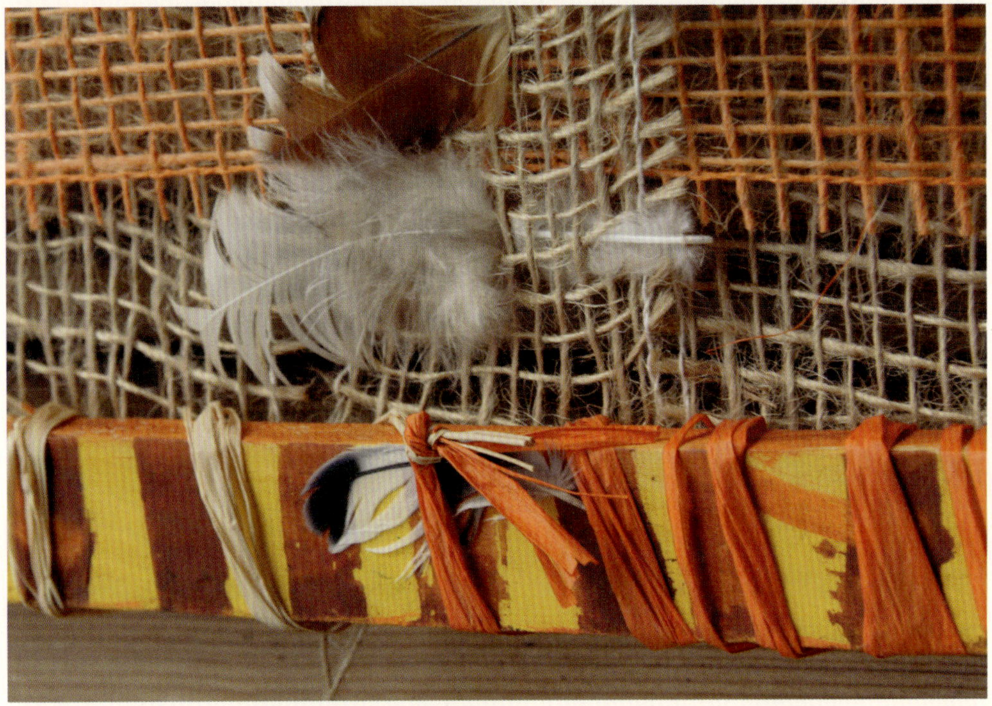

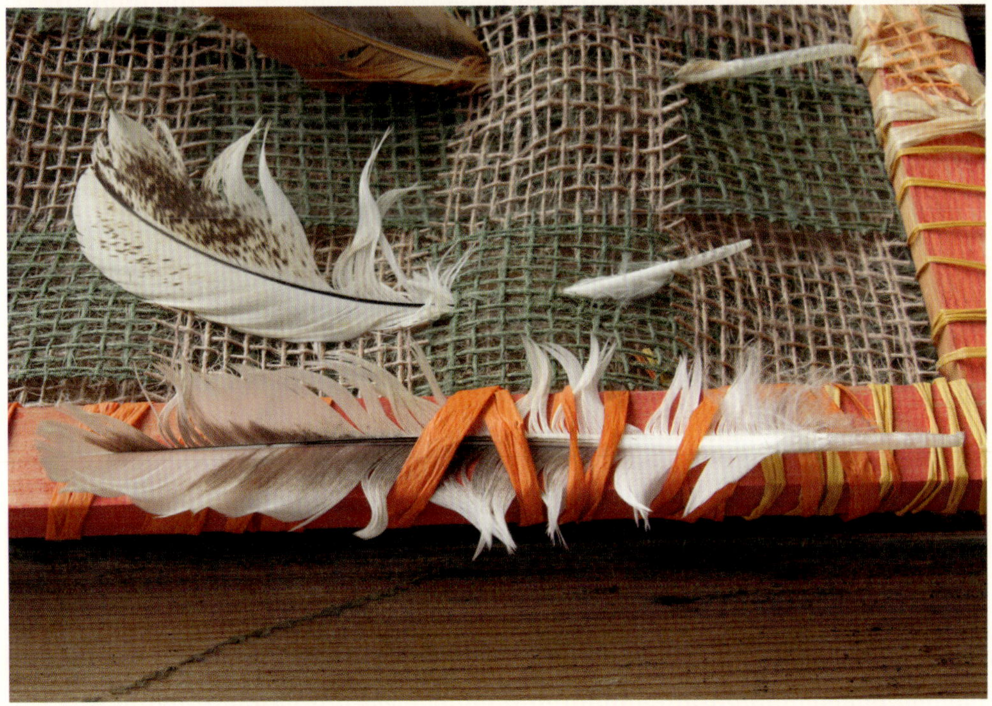

Ein Ehrenplatz für gesammelte Federn, der stets erweitert werden kann.

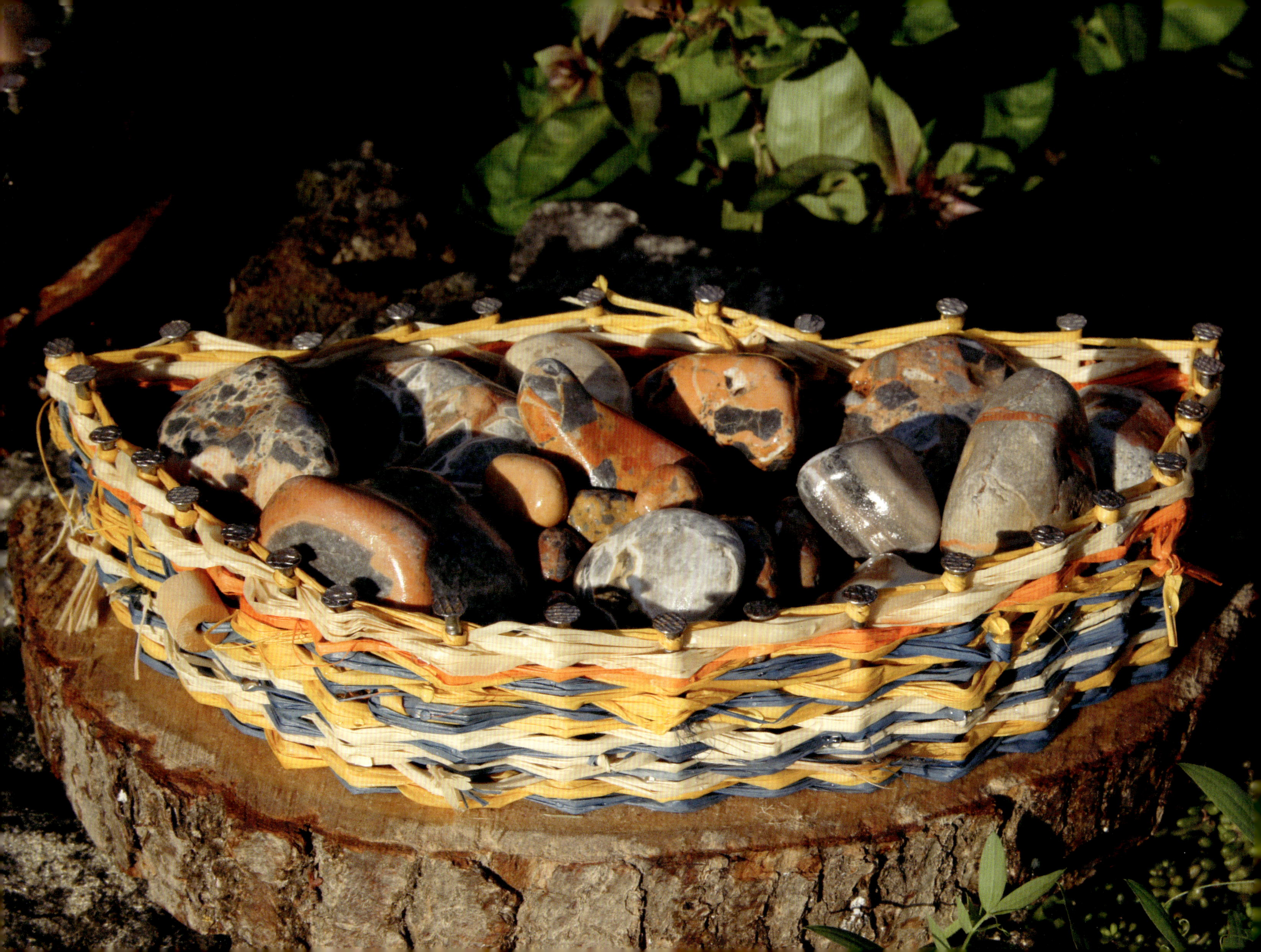

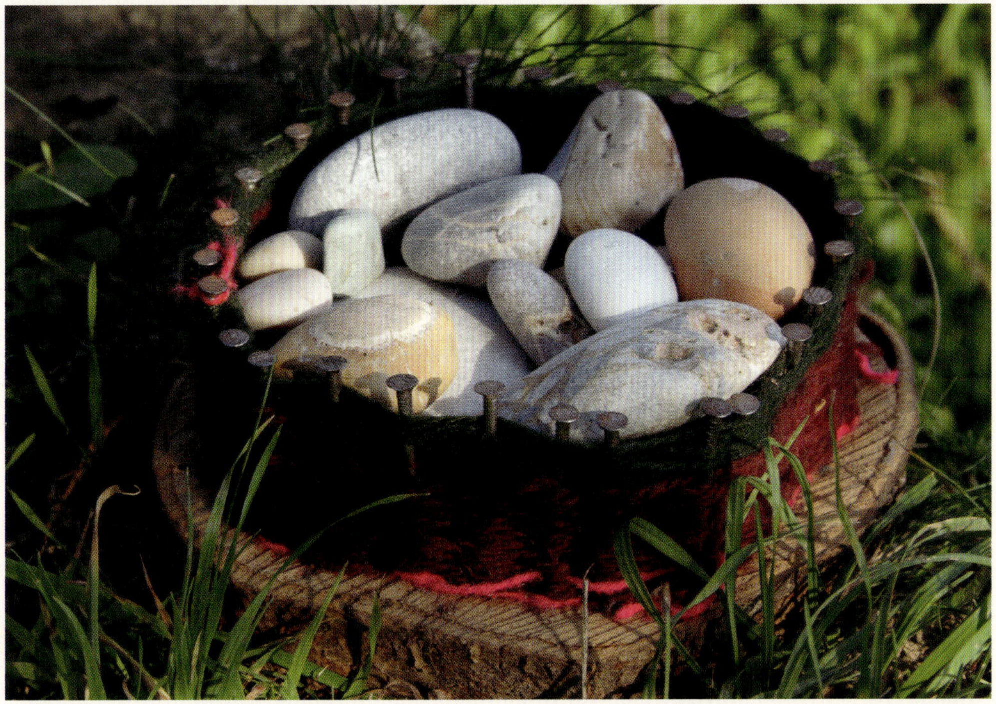

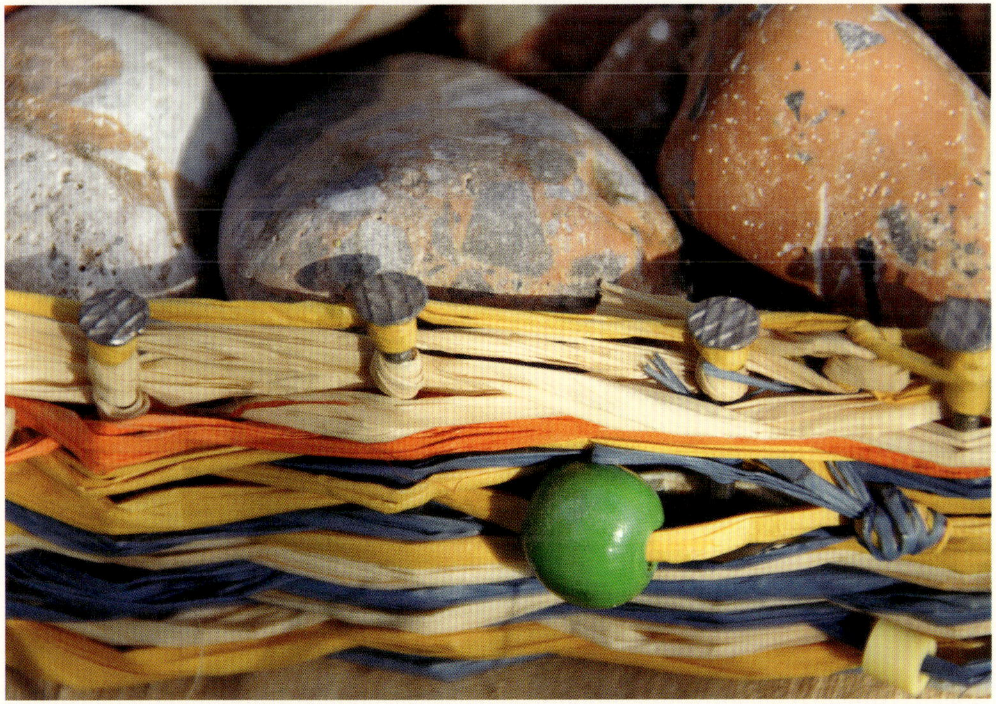

STEIN-SAMMELKÖRBCHEN

MATERIAL:

- Baumscheibe
- Nägel
- Bast / Wolle
- Perlen
- Steine

TECHNIKEN:

- Schleifen
- Hämmern
- Fädeln
- Weben
- Füllen

Beim Rundweben braucht man immer eine ungerade Anzahl von Nägeln!

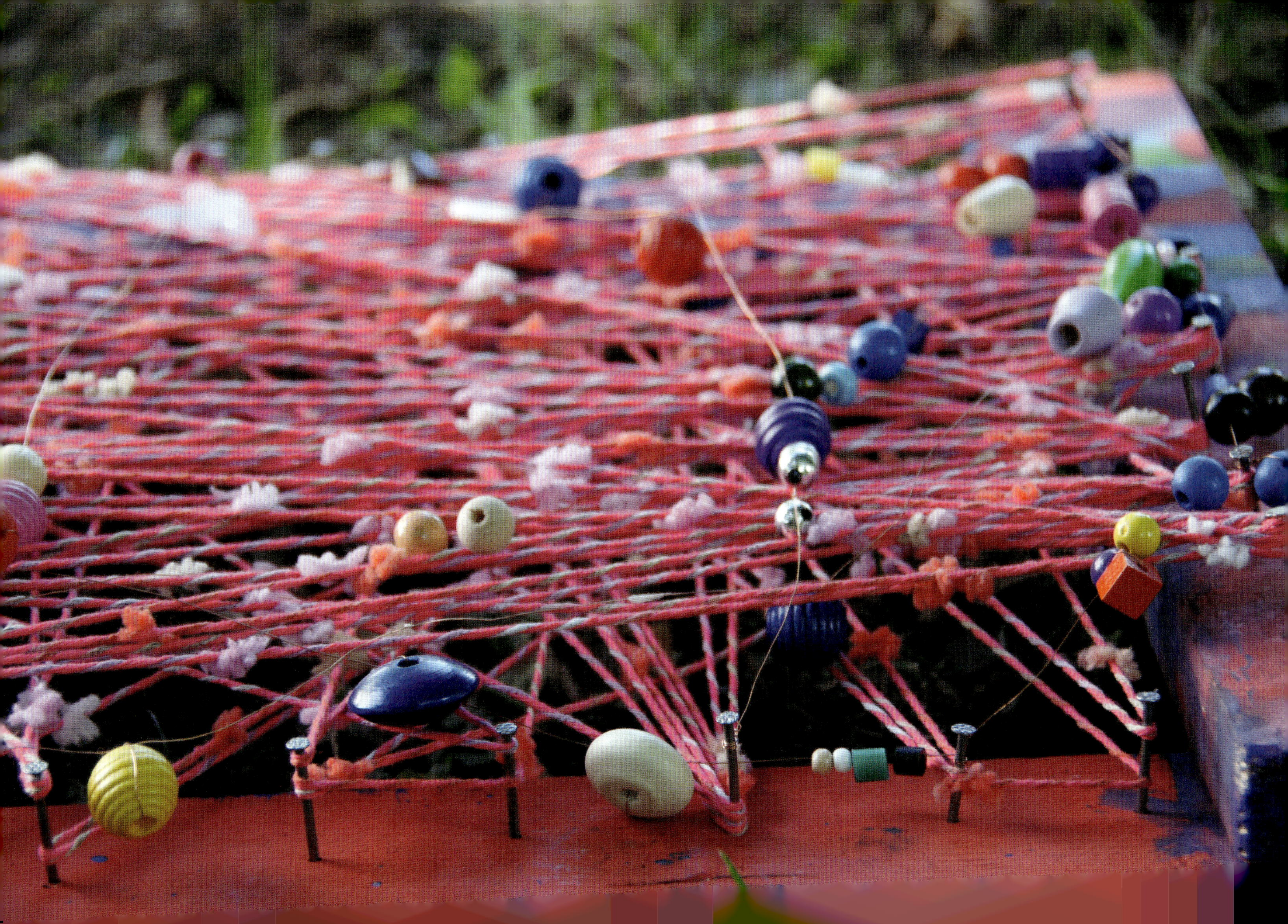

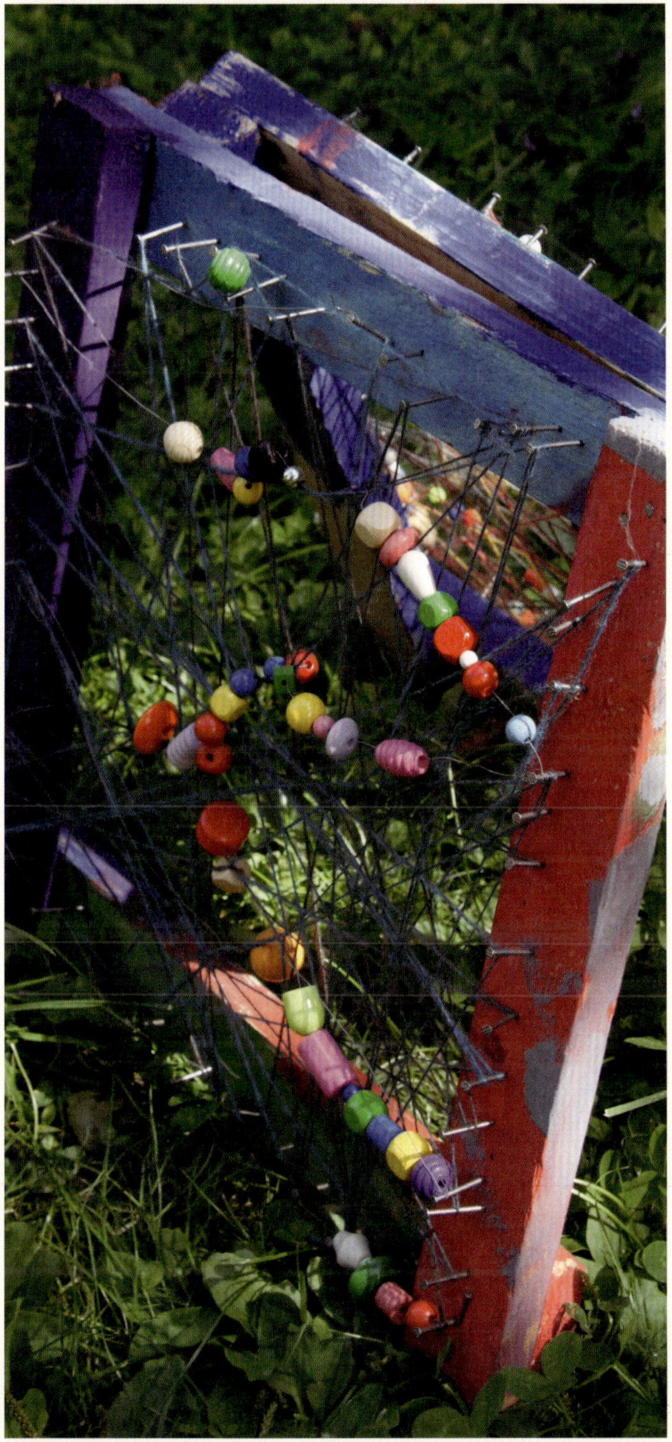

SPANNRAHMEN

MATERIAL:

- Holzlatten
- Nägel
- Wolle
- Perlen
- Draht

TECHNIKEN:

- Sägen
- Schleifen
- Hämmern
- Spannen
- Fädeln
- Knoten

Mit ein paar Miniwäscheklammern können Fotos, Postkarten und andere Erinnerungsstücke befestigt werden. So wird der Spannrahmen zur Pinnwand.

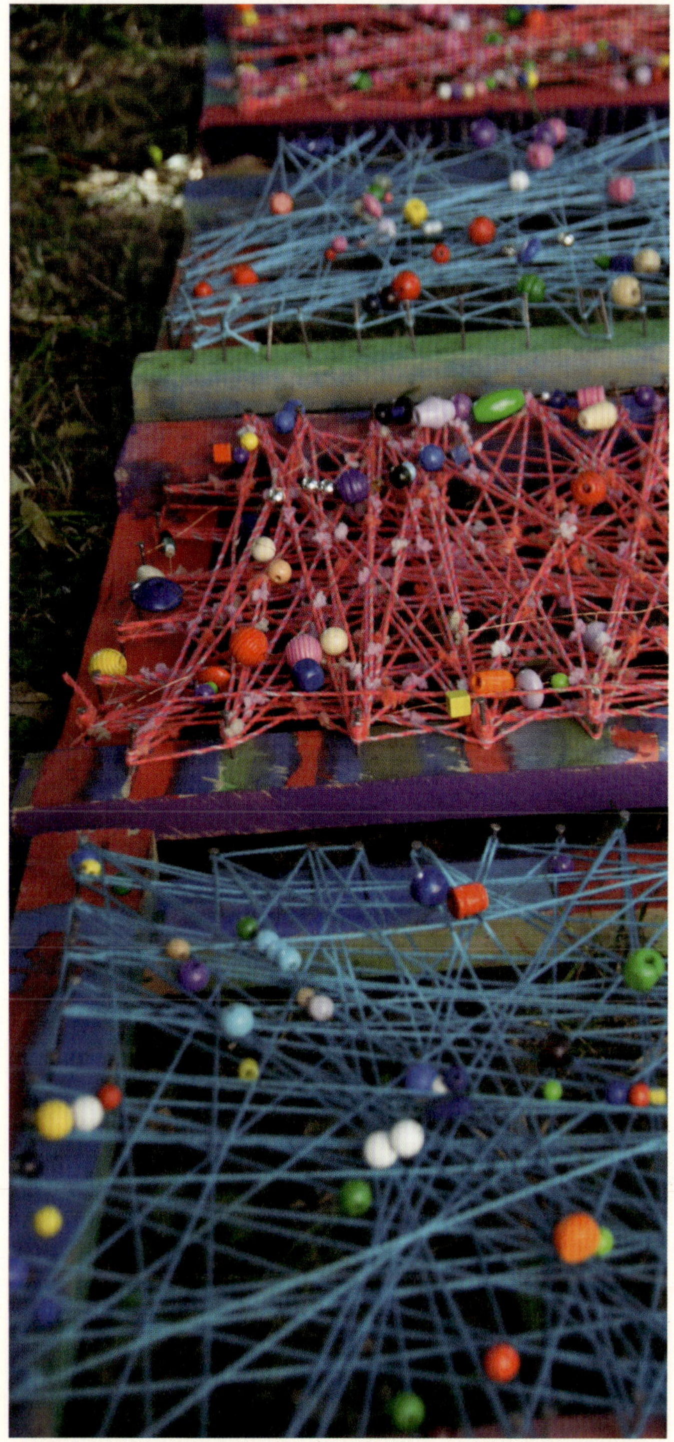

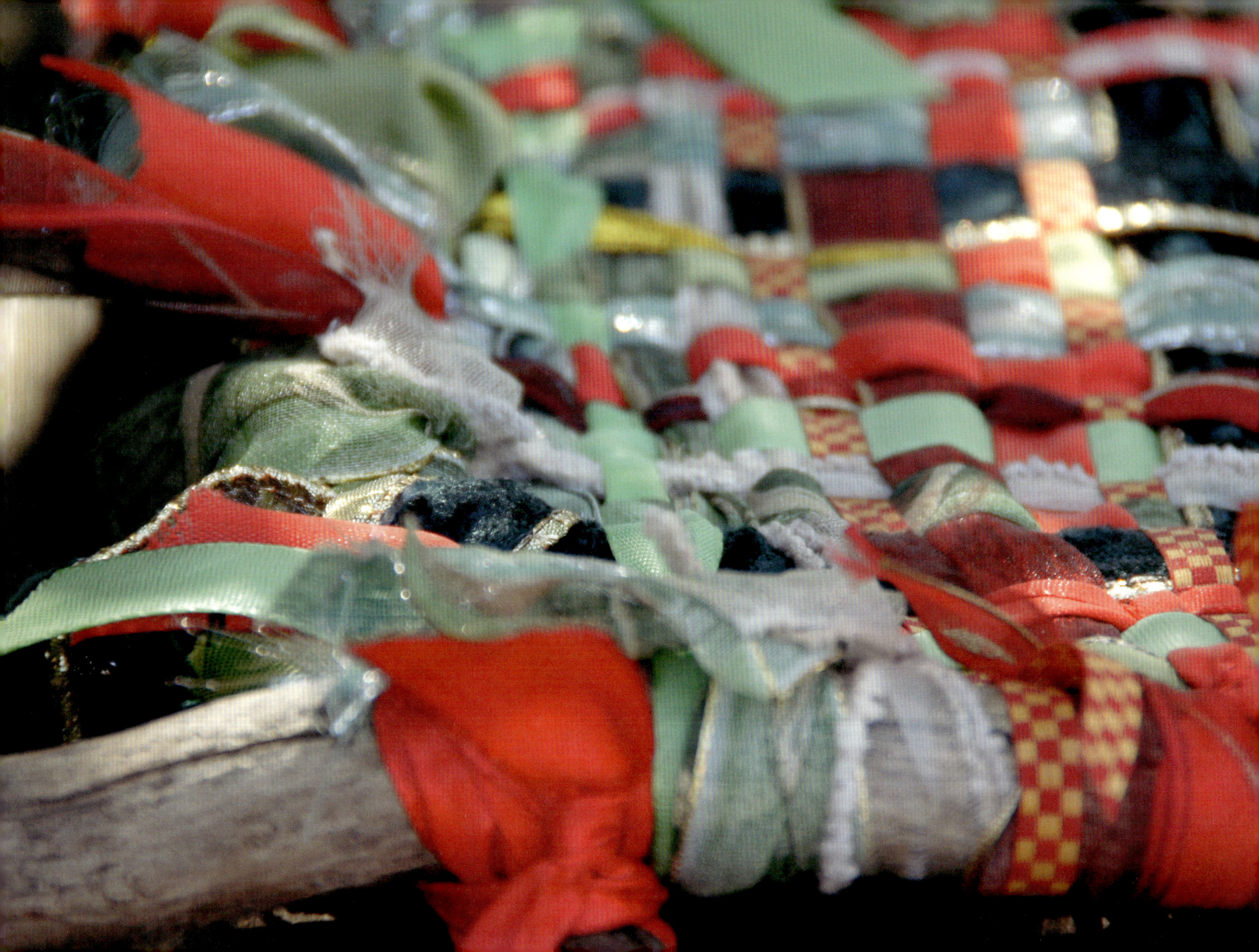

ERINNERUNGSBILD

MATERIAL:

Äste

Sisalschnur

Geschenkbänder vergangener Feste

TECHNIKEN:

Wickeln

Binden

Knoten

Spannen

Weben

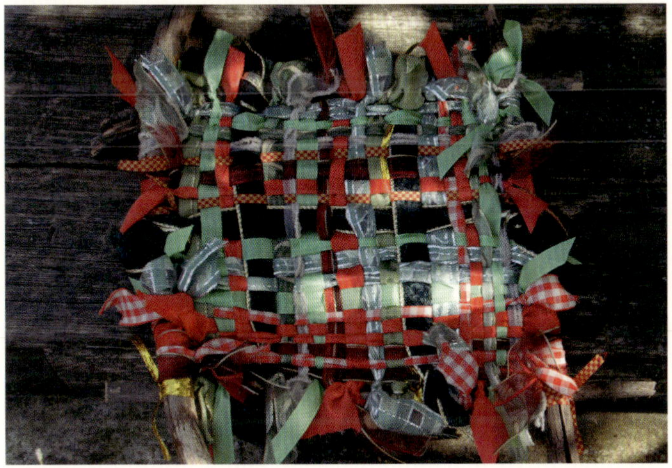

Es wäre viel zu schade, schöne Geschenkbänder wegzuwerfen. Hier erinnern sie uns an vergangene Festtage!

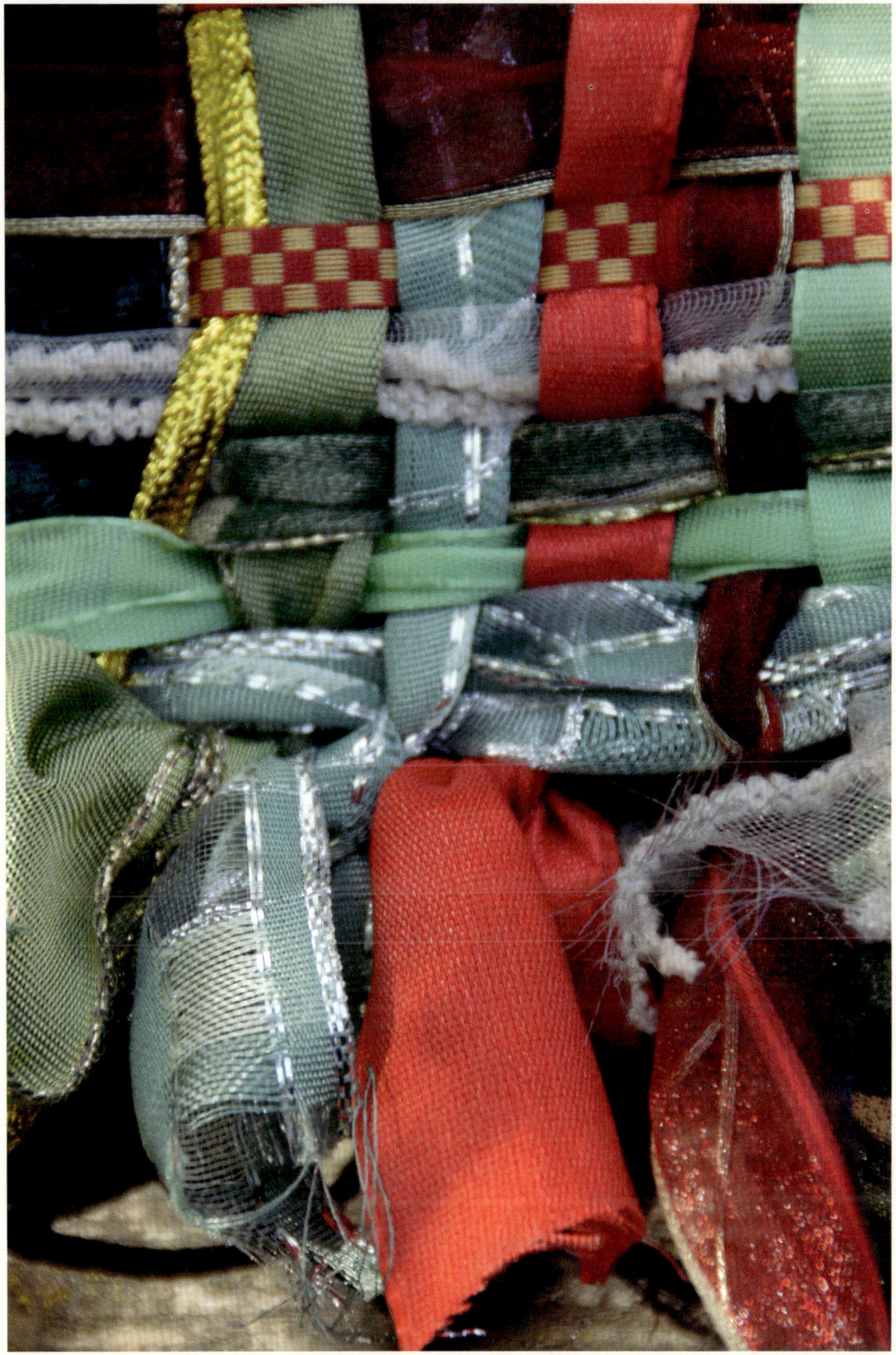

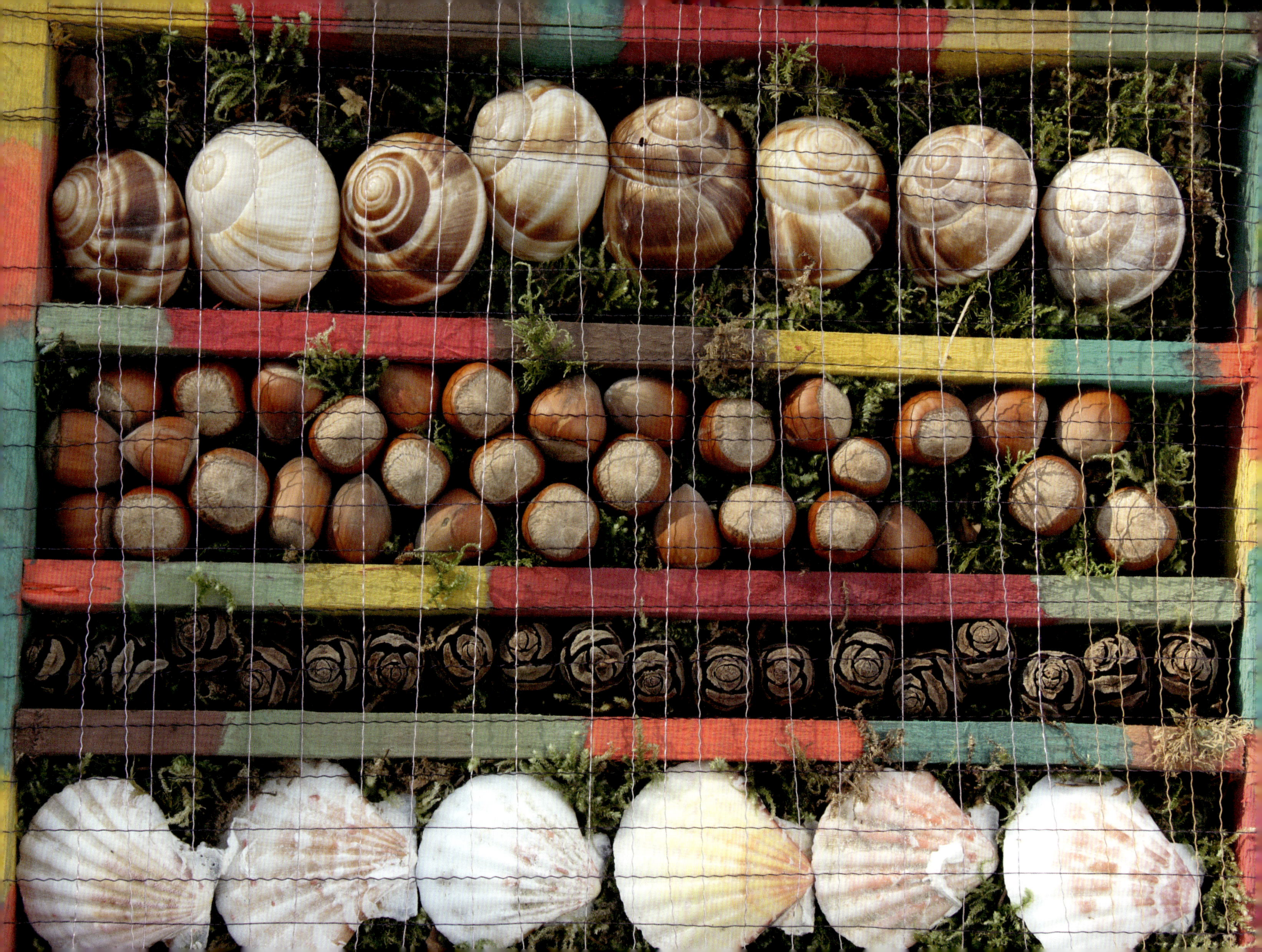

NATURSCHAUKASTEN

MATERIAL:

Dünne Holzbretter
Nägel
Wasserfarben
Moos
Fichtenzapfen
Schneckenhäuser
Haselnüsse
Erlenzapfen
Muscheln
Draht

TECHNIKEN:

Schleifen
Hämmern
Malen
Füllen
Spannen

Vor dem Füllen alles gut trocknen! Moos bleicht in der Sonne aus, deshalb lieber in den Schatten oder ins Haus hängen.

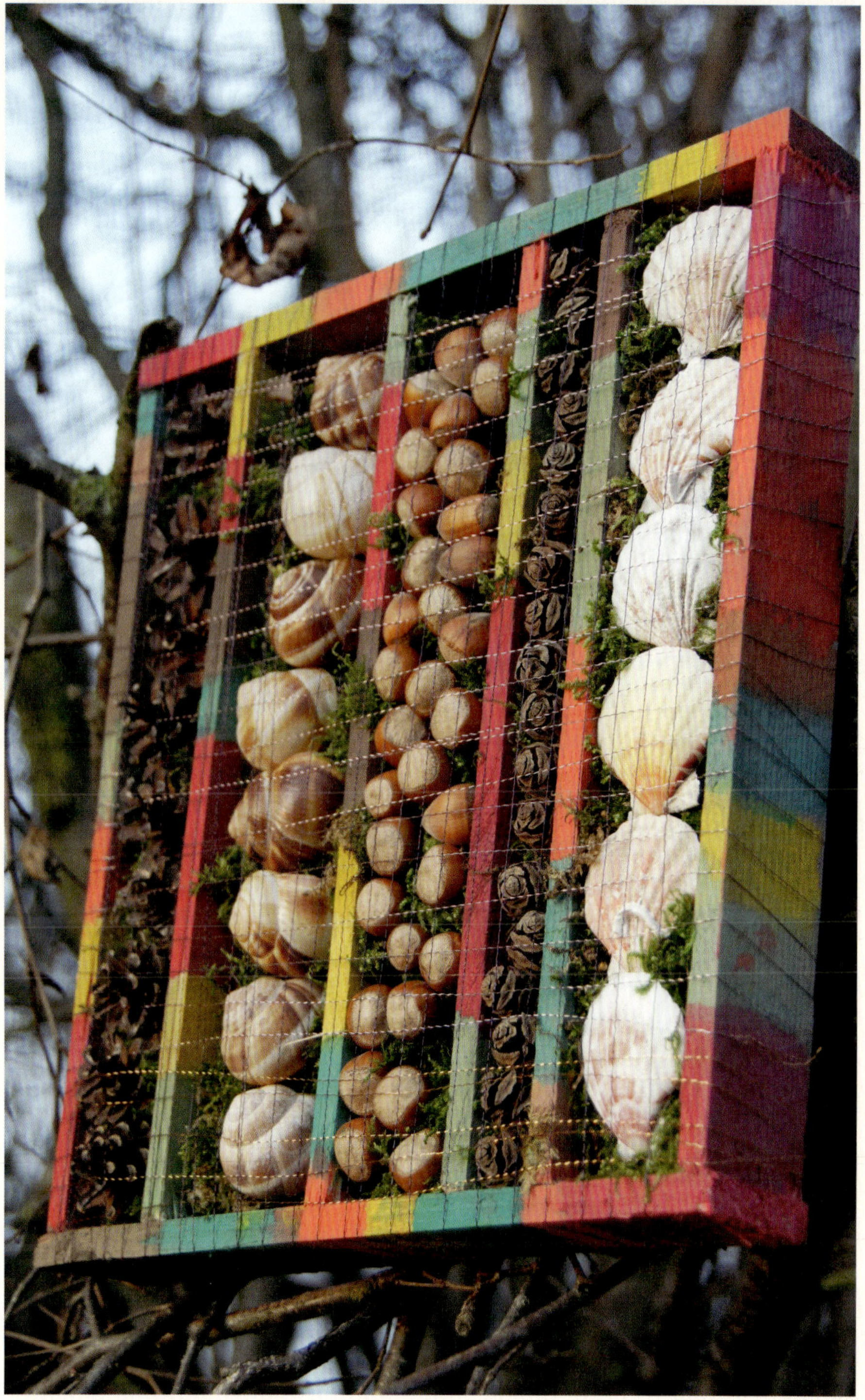

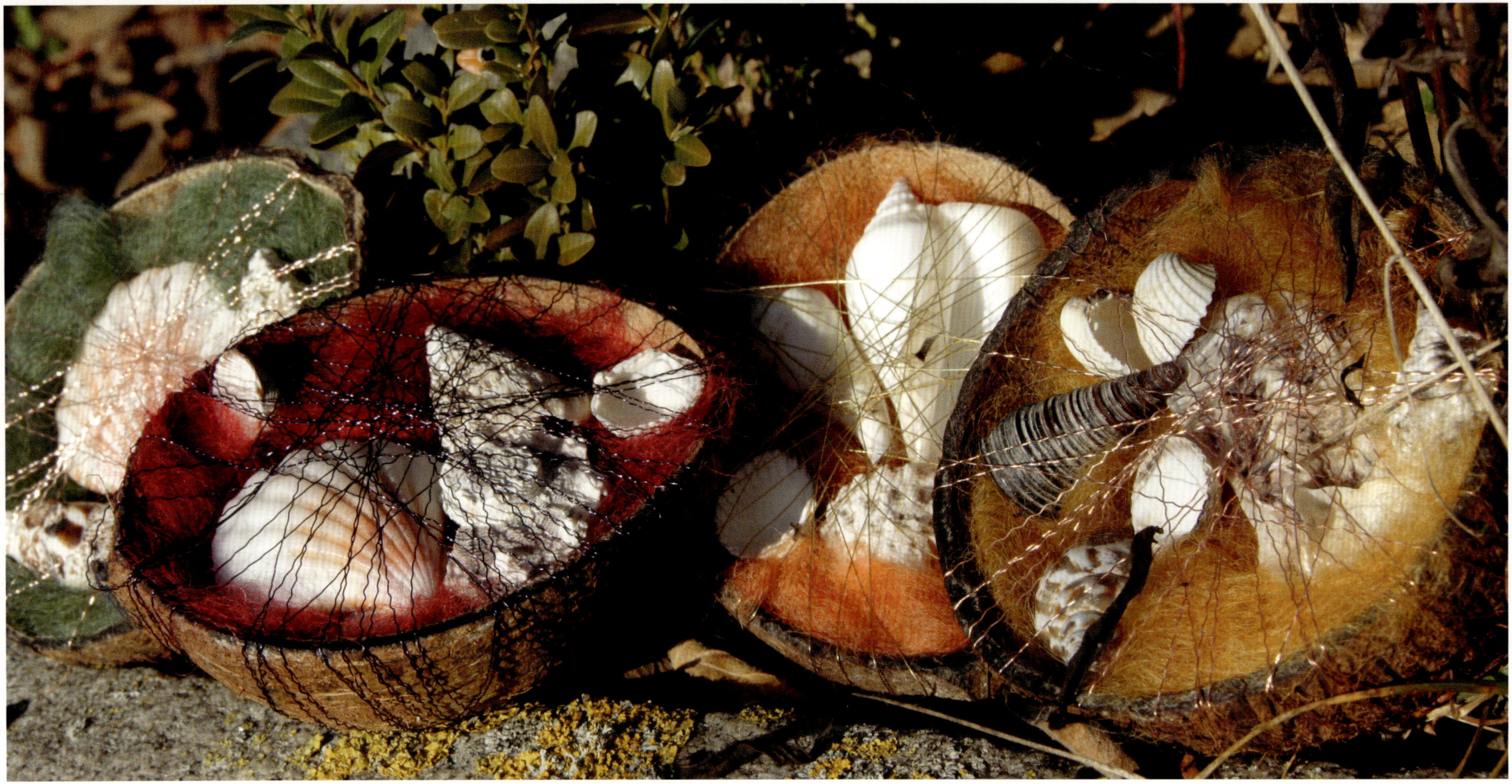

REISEANDENKEN

Wer keine Filzwolle hat, füllt einfach mit Moos.

MATERIAL:

- Kokosnussschale
- Filzwolle gefärbt
- Muscheln
- Draht

TECHNIKEN:

- Sägen
- Füllen
- Spannen

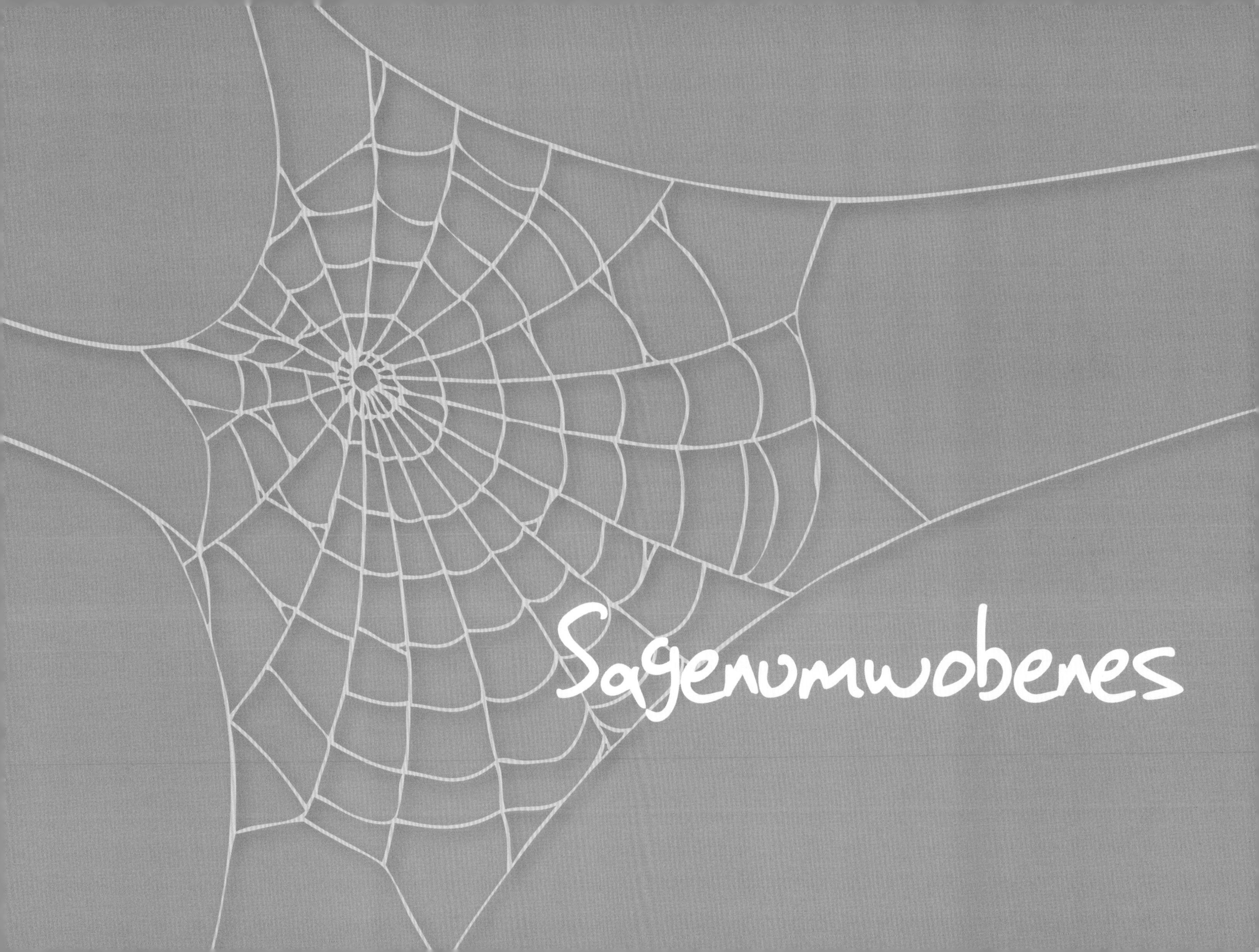

Sagenumwobenes

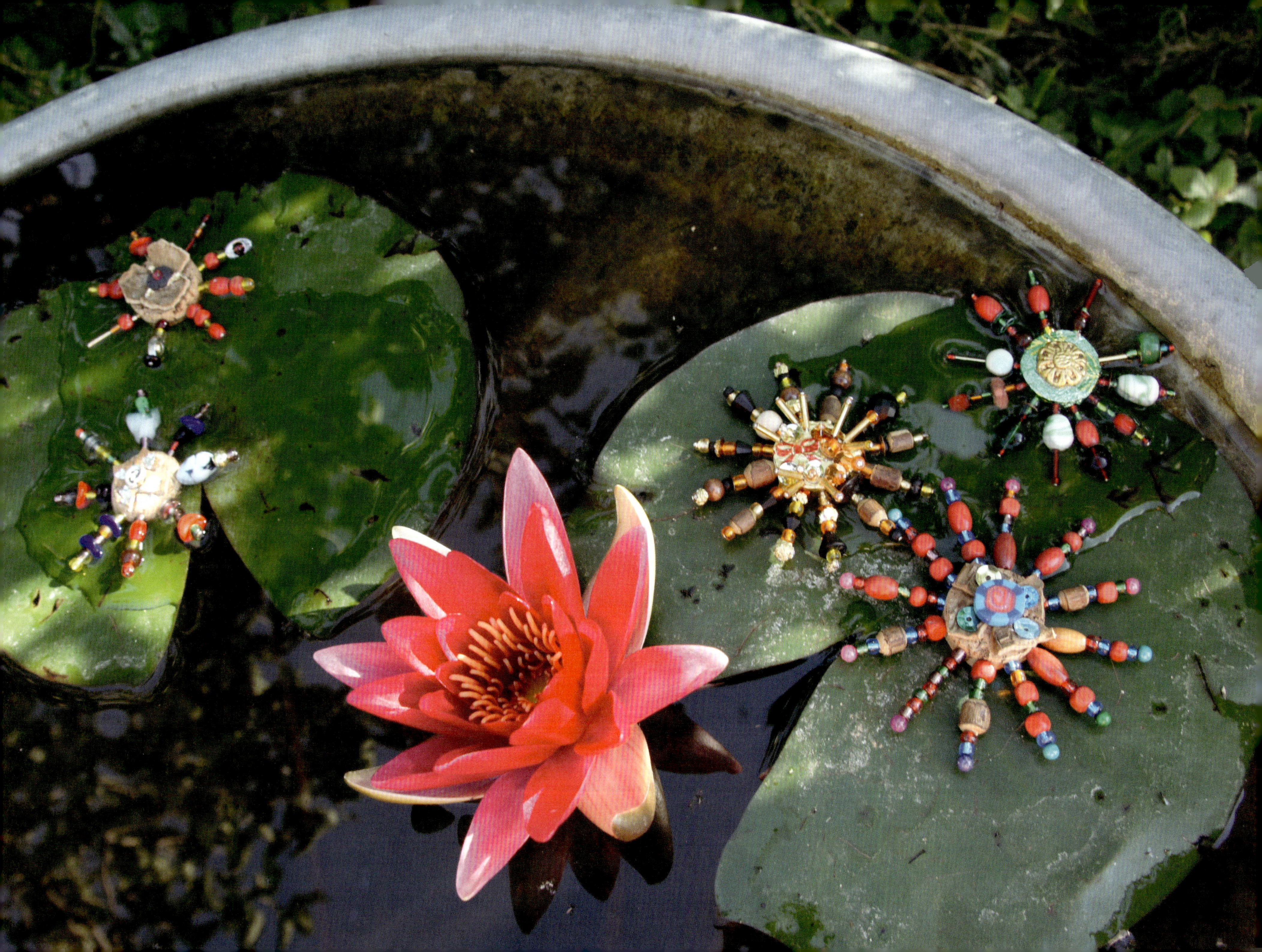

WUNDERSTERNE

MATERIAL:

Korken

Glitzernde Bonbonpapiere

Stecknadeln

Perlen

Reste von Modeschmuck

Stücke von Nussschalen

Spiegelscherben

TECHNIKEN:

Sägen

Einwickeln

Fädeln

Stecken

Kleben

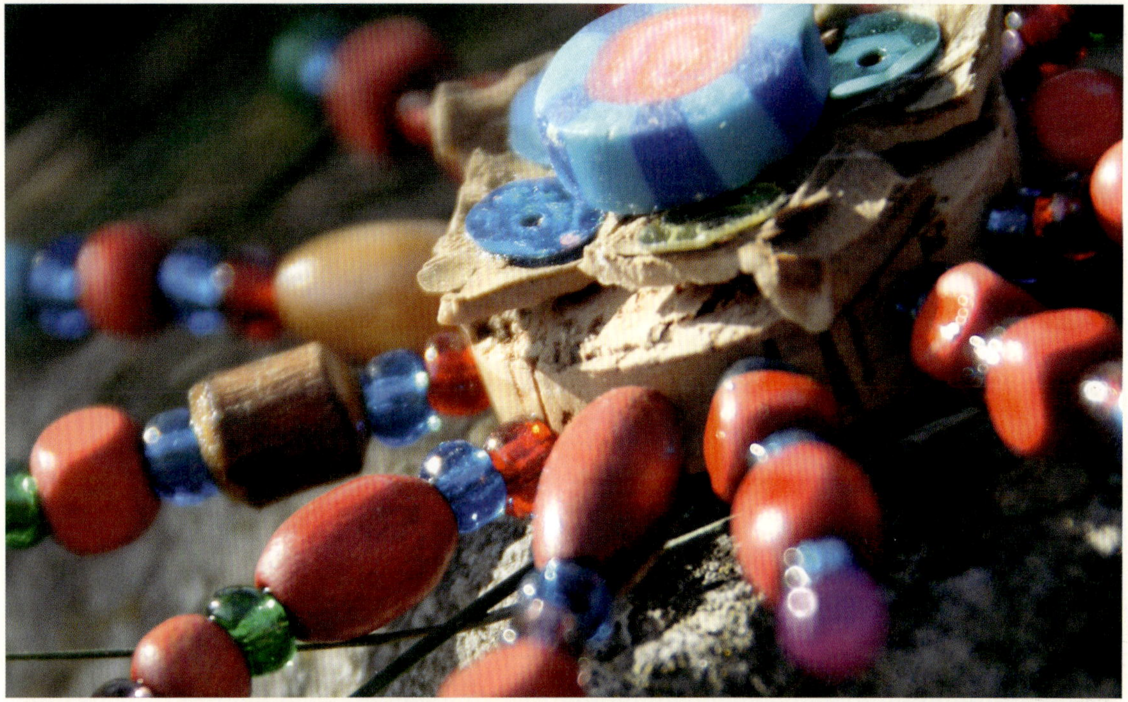

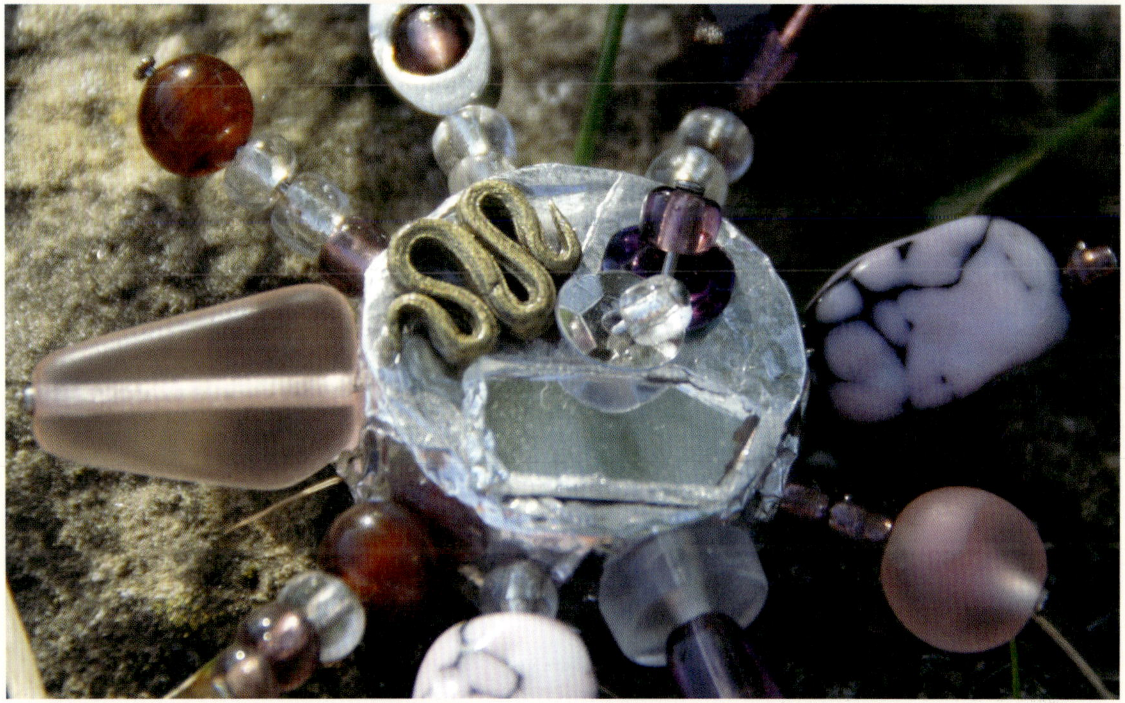

Die Korken werden in Stücke gesägt, in Bonbonpapiere eingewickelt und dekorativ beklebt. Perlen auf Stecknadeln fädeln und seitlich einstecken.

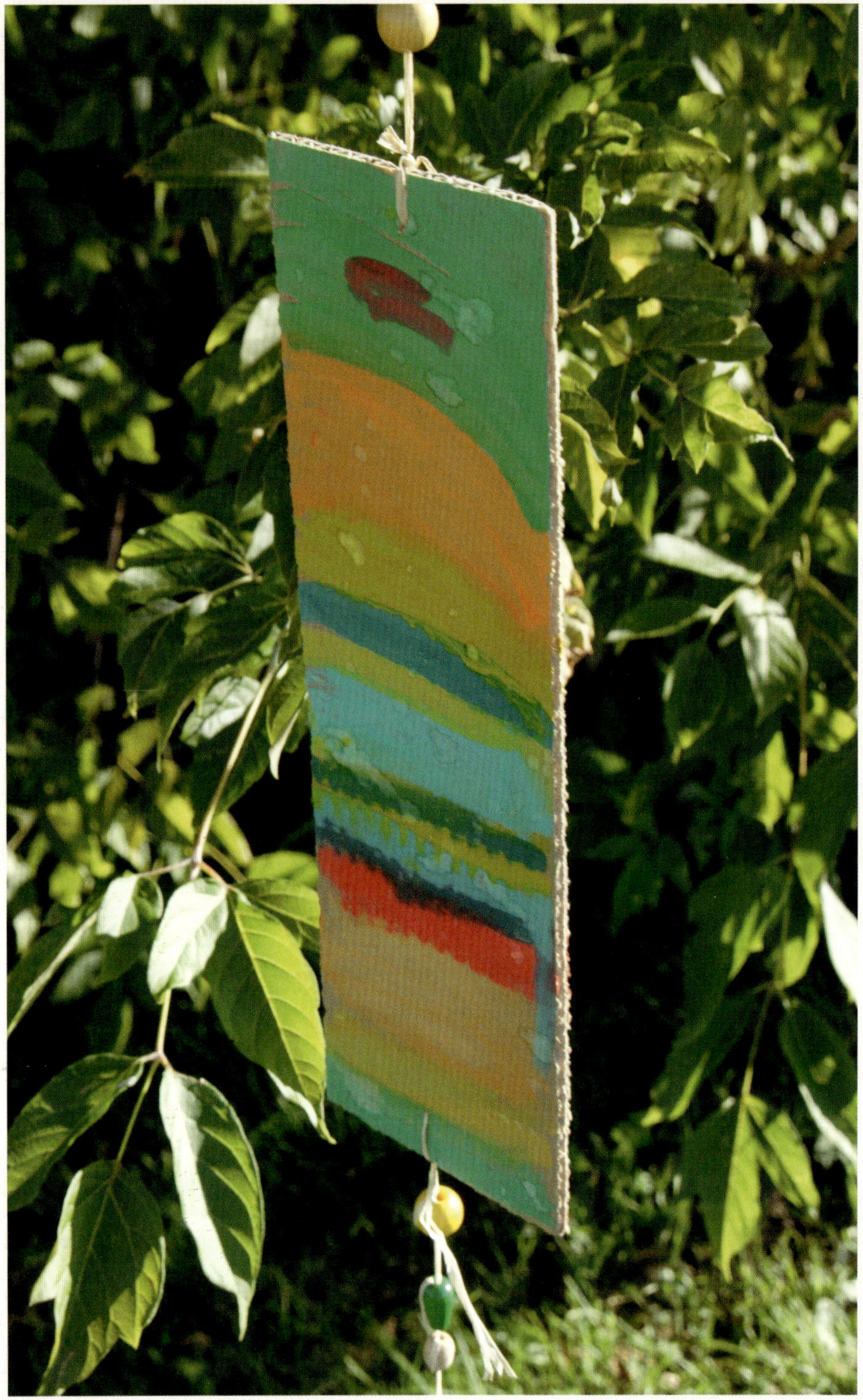

WUNSCHTAFELN

MATERIAL:

- Dicker Pappkarton
- Wasserfarben
- Bast
- Holzperlen

TECHNIKEN:

- Schneiden
- Malen
- Lochen
- Fädeln
- Knoten

Wenn sich die Wunschtafel dreht, darf man sich etwas wünschen!

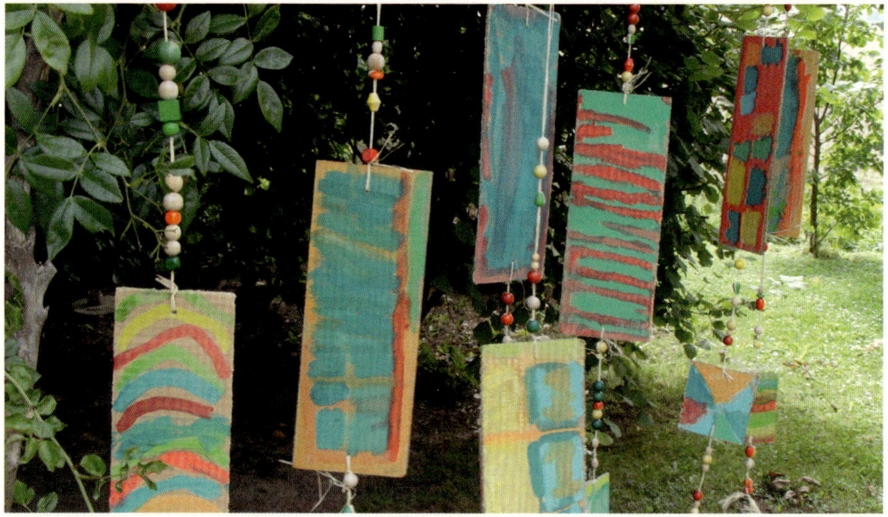

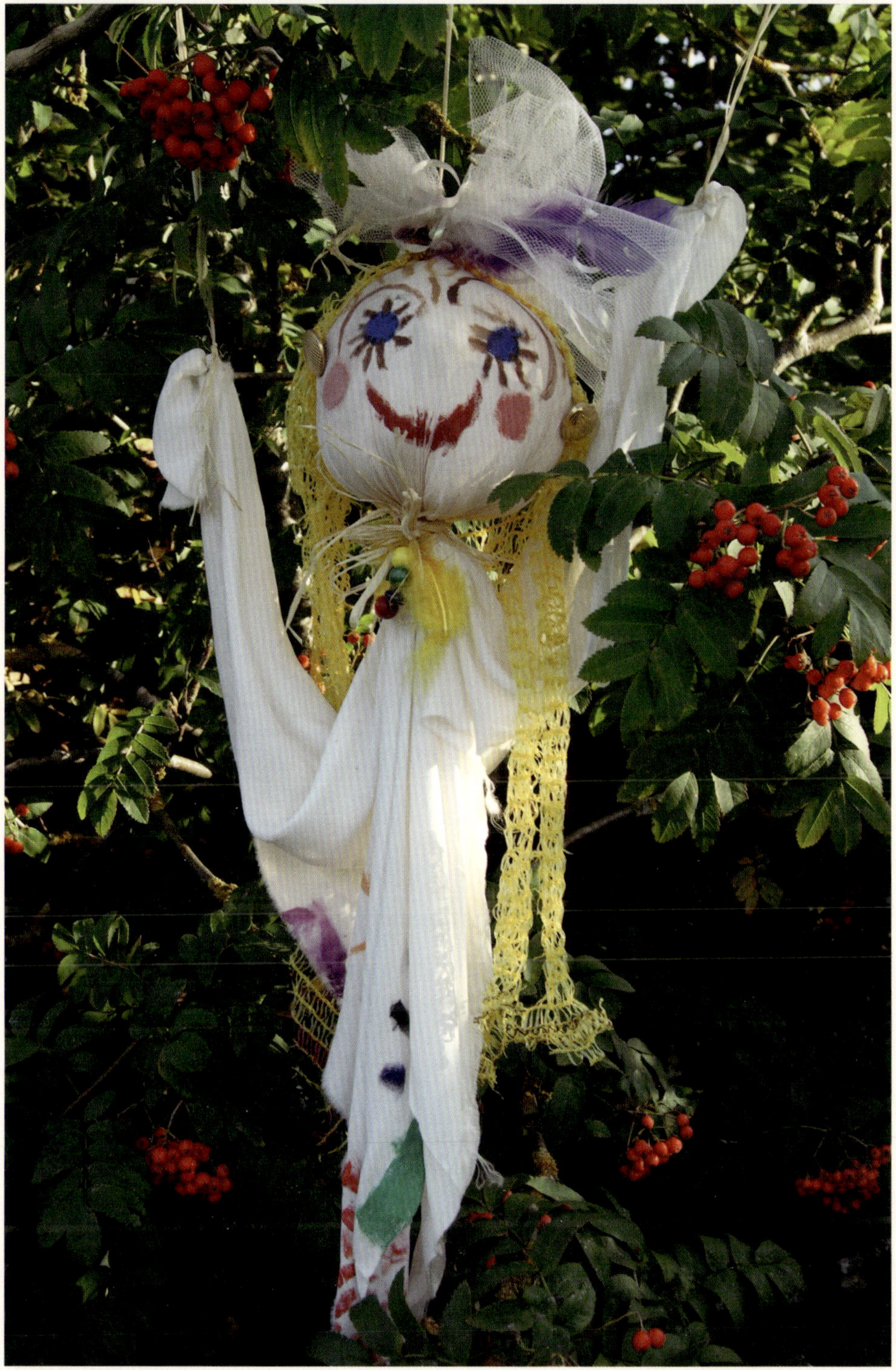

ZAUBERFEE

MATERIAL:

- Wollknäuel (Kopffüllung)
- Stoffstück
- Kartoffelnetz
- Knöpfe
- Wolle
- Wasserfarben
- Bast
- Bänder
- Ast

TECHNIKEN:

- Wickeln
- Binden
- Knoten
- Nähen
- Malen

Auf diese Weise können viele weitere sagenumwobene Wesen entstehen – Hexen, Elfen oder Könige.

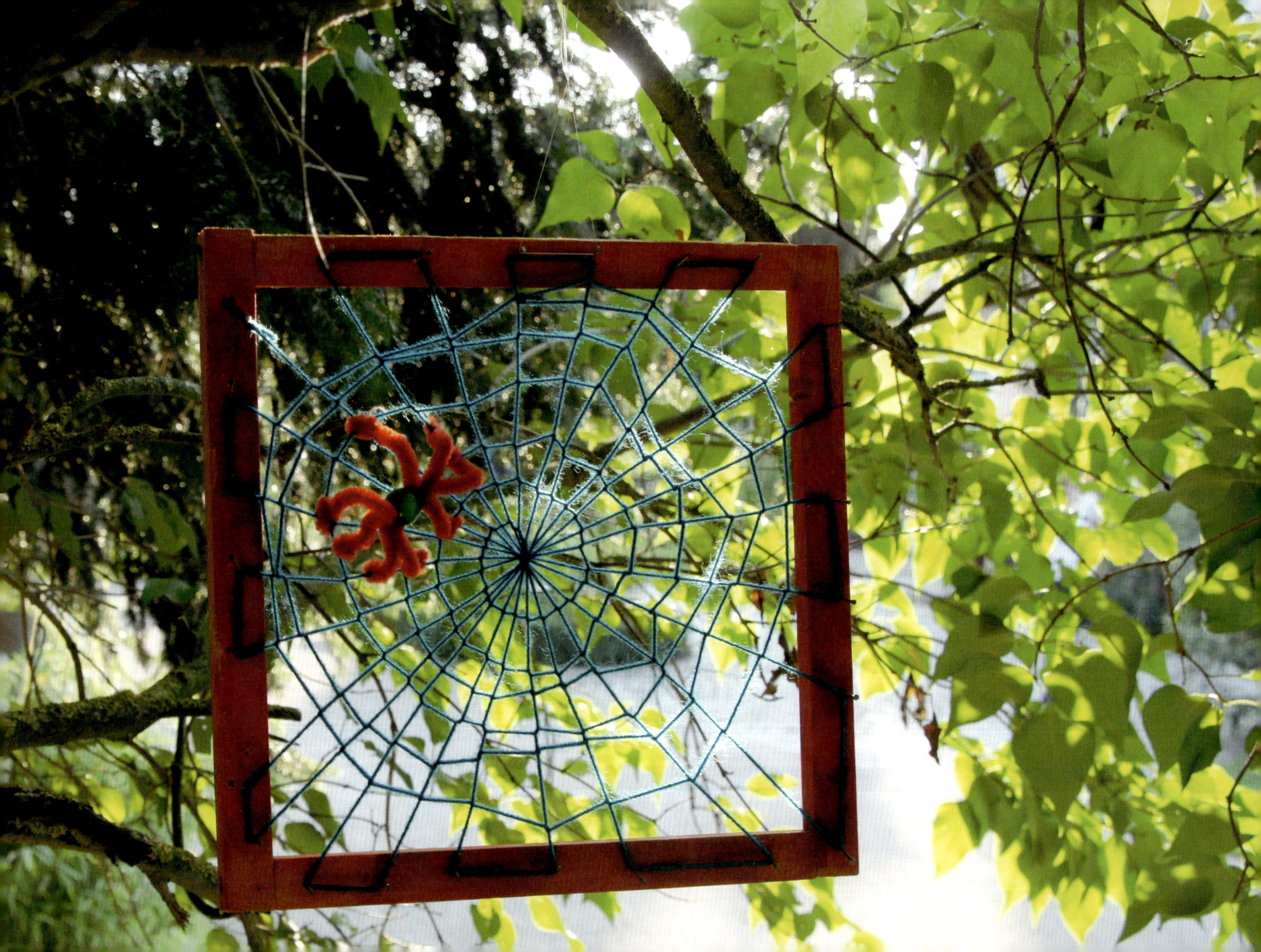

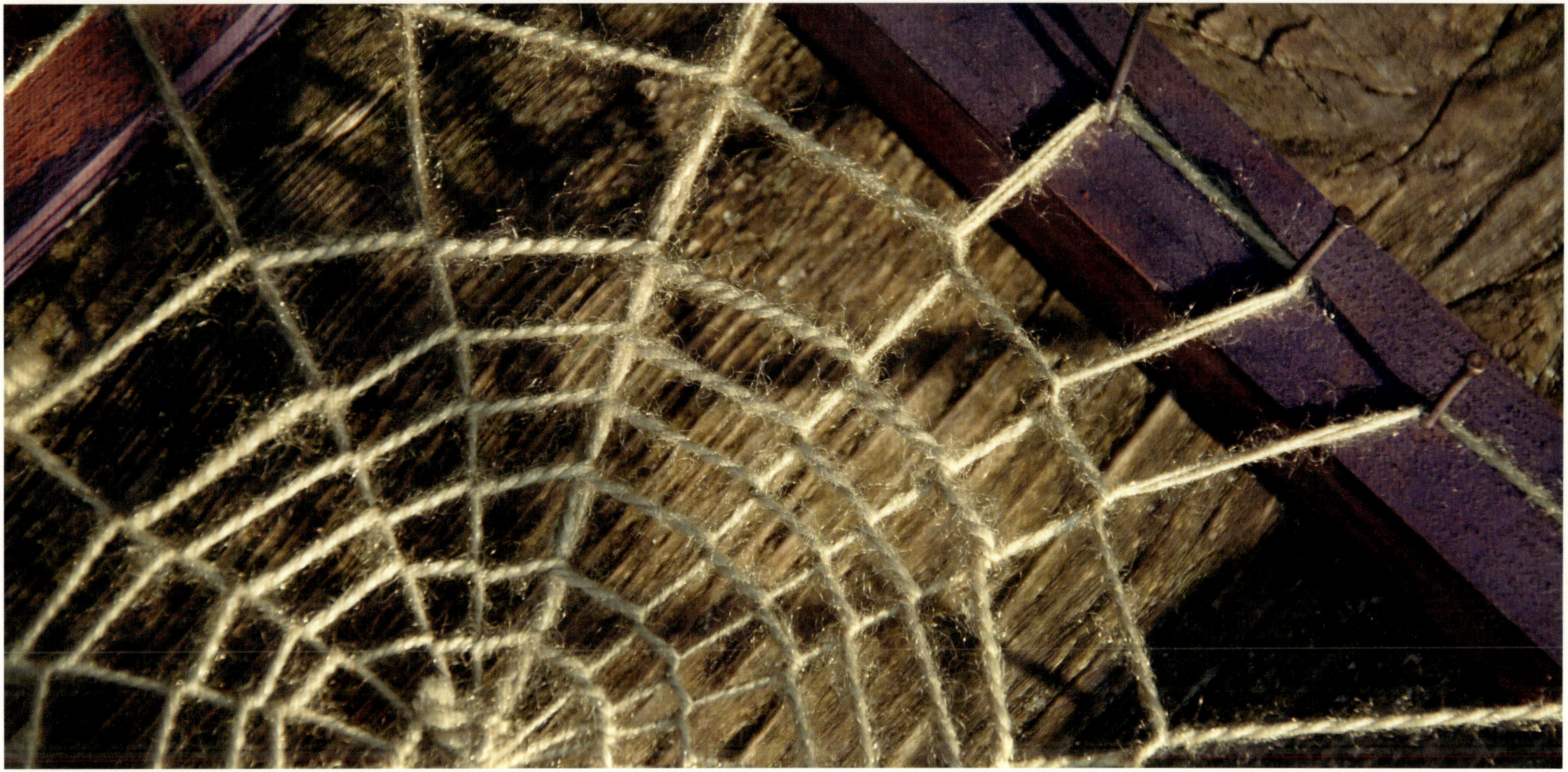

SPINNENNETZ

MATERIAL:

- Holzleisten
- Nägel
- Wasserfarben
- Wolle
- Chenilledraht („Pfeifenputzer“)
- Perle

TECHNIKEN:

- Schleifen
- Hämmern
- Malen
- Spannen
- „Spinnweben“
- Biegen

Vor dem Spinnweben wird ein Stern gespannt. Von der Mitte aus wird anschließend spiralförmig jeder Faden einzeln umwickelt.

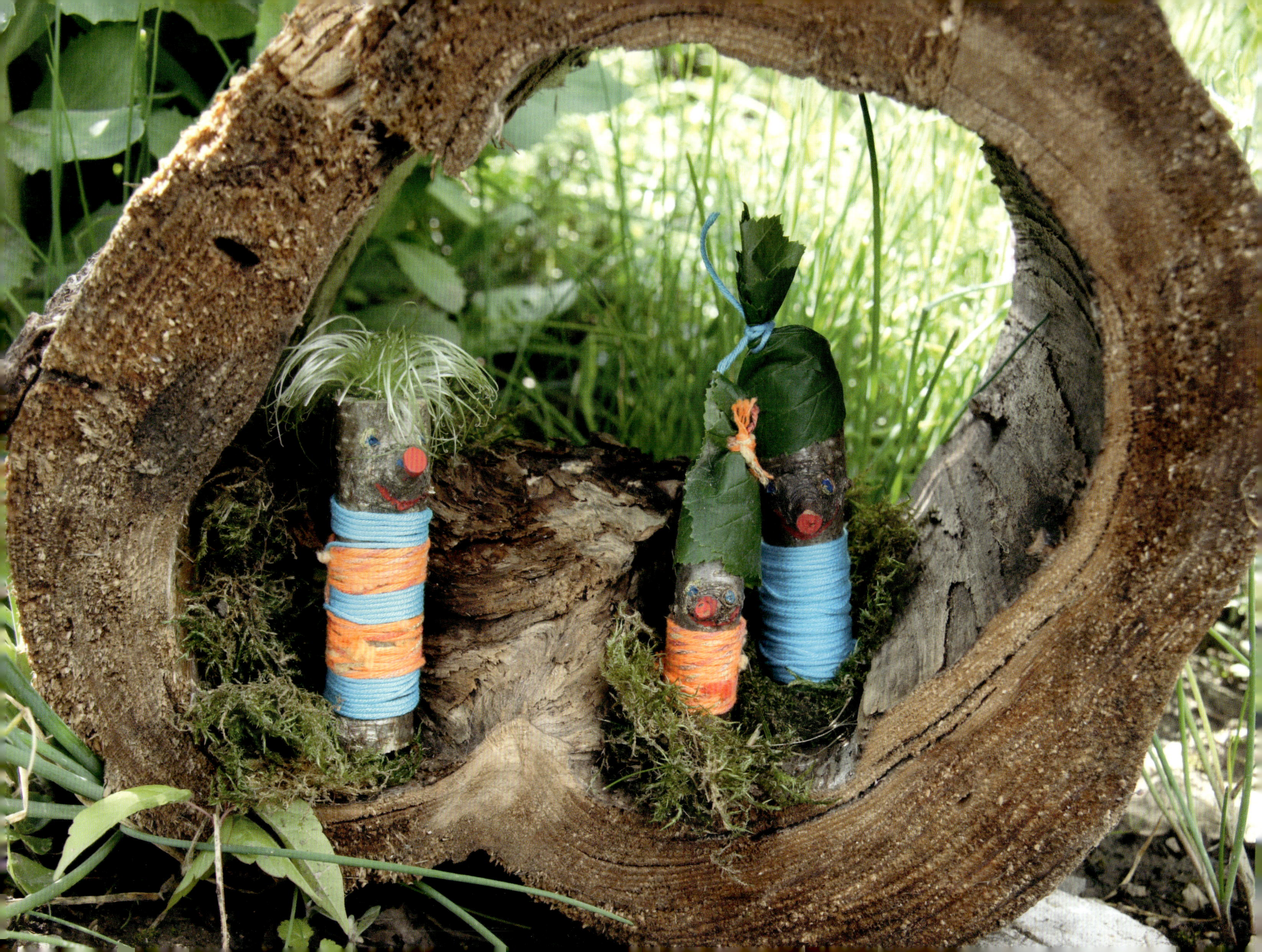

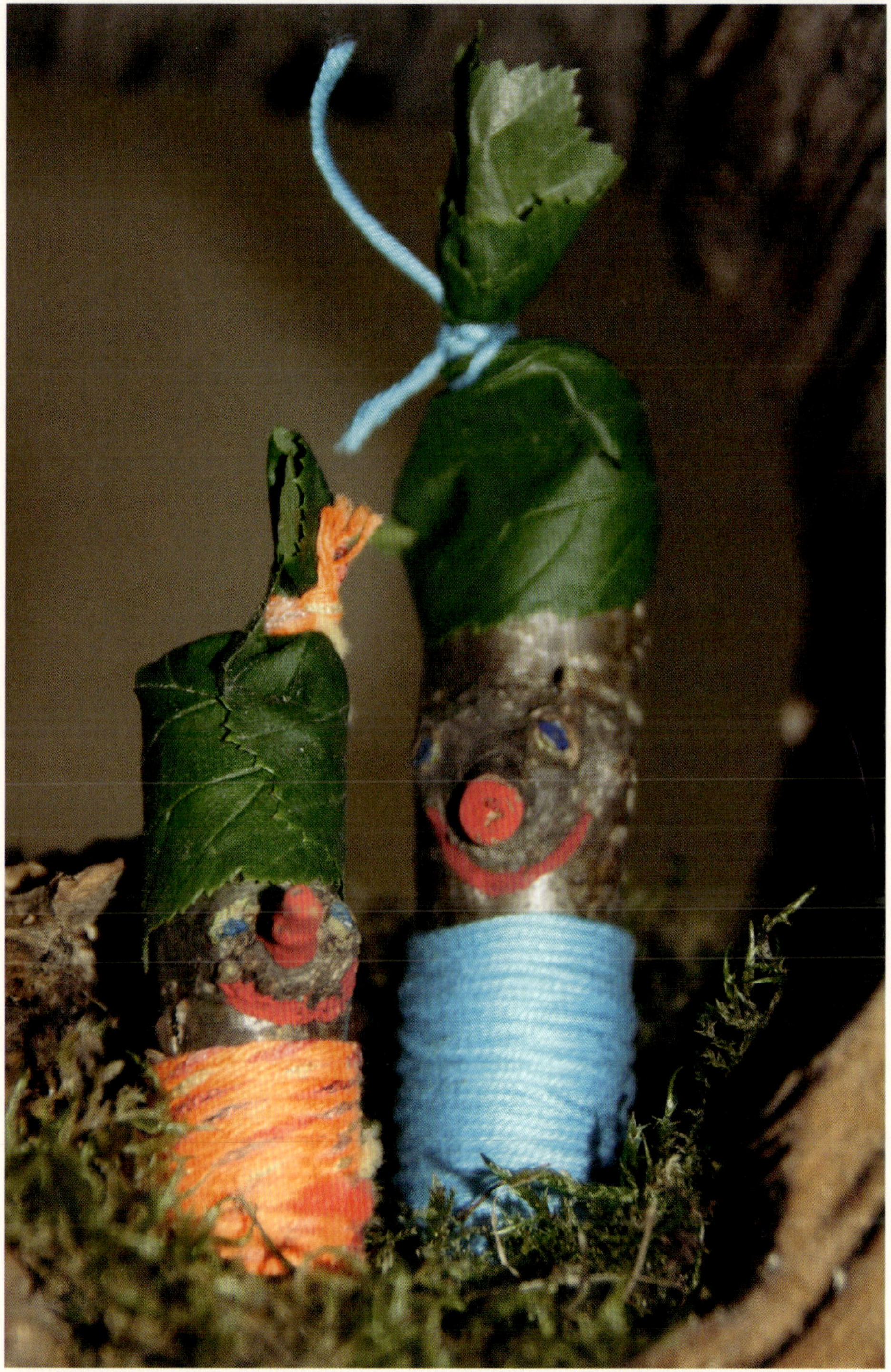

WICHTELSTÜBCHEN

MATERIAL:

- Hohler Baumstumpf oder Rindenstücke
- Moos
- Aststücke
- Blätter, Blüten
- Wolle
- Wasserfarben

TECHNIKEN:

- Sägen
- Malen
- Wickeln
- Binden
- Stecken
- Dekorieren

Dieses Häuschen ist ein Zufallsfund. Wer mit offenen Augen durch den Wald streift, hat vielleicht auch solches Glück! Stattdessen kann auch aus Rindenstücken ein Häuschen gebaut werden. Verschiedene Blüten und Blätter werden zur Kopfbedeckung der Wichtel.

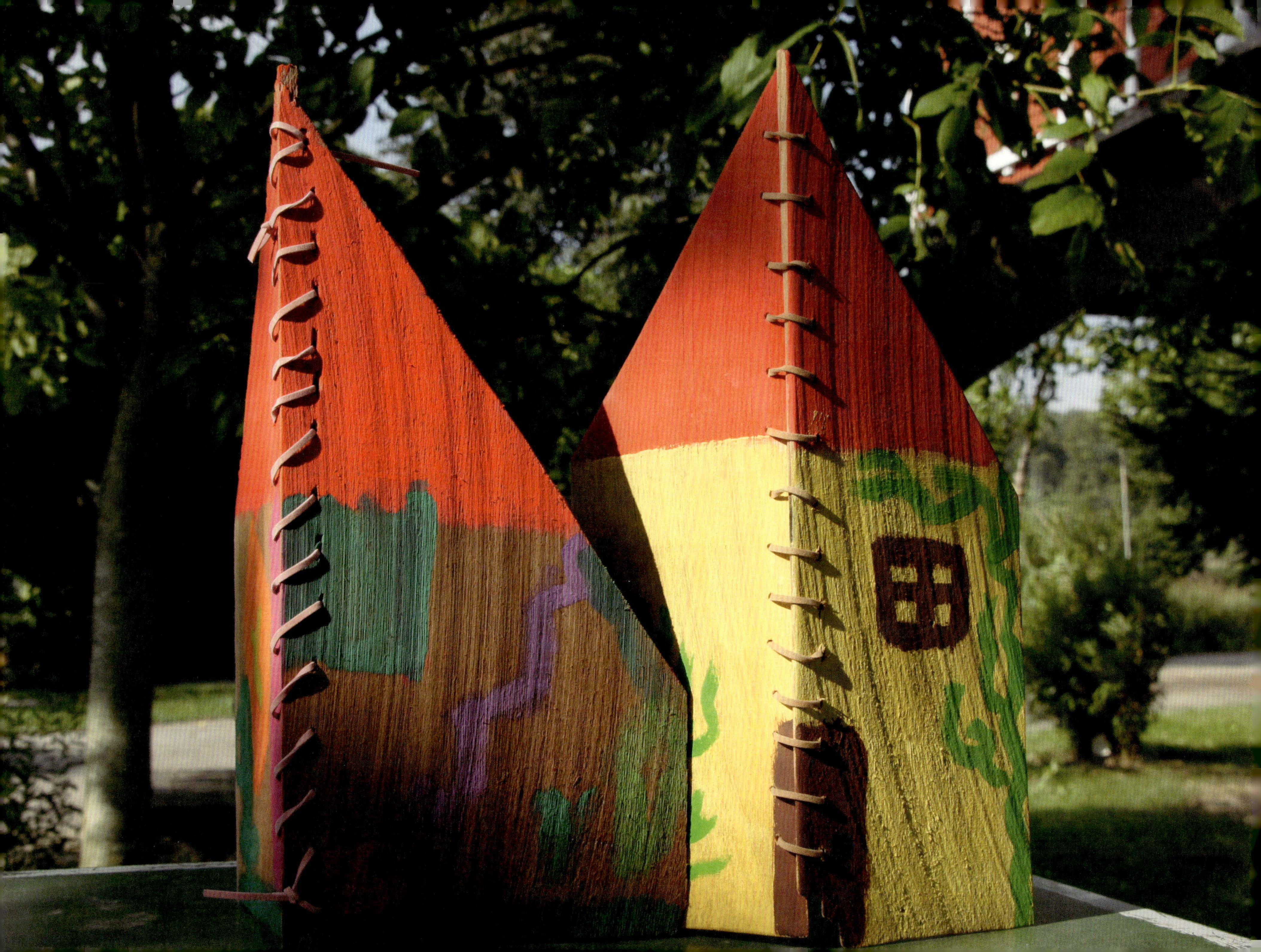

DUFTHÄUSER

MATERIAL:

Zedernholzreste (Dachschindeln)

Temperafarben

Lederbänder

Duftöl (Zeder)

TECHNIKEN:

Sägen

Schleifen

Bohren

Malen

Nähen

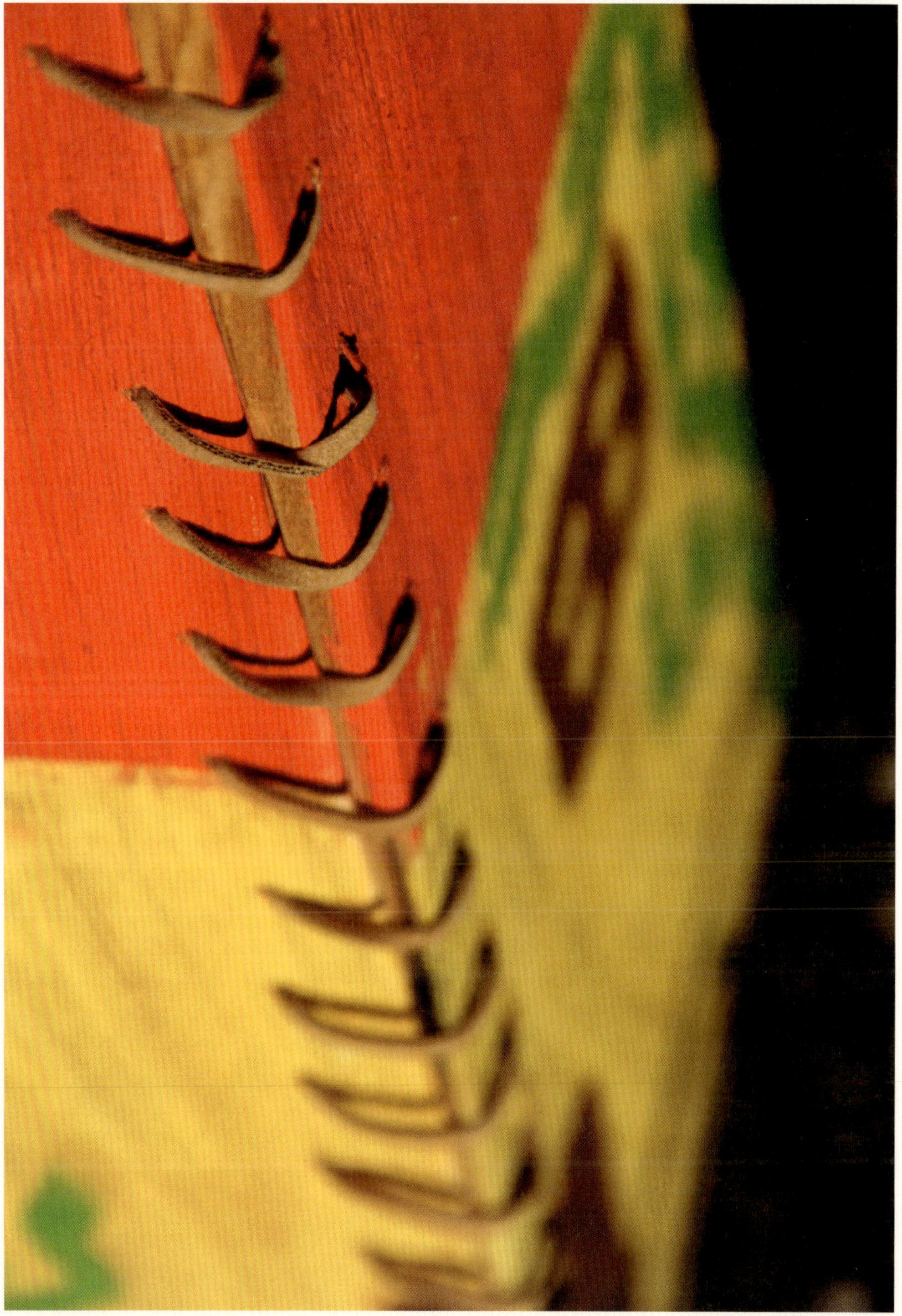

Wenn das Dufthaus wieder duften soll, einfach hinten mit Schleifpapier aufrauen! Der Duft des Zedernholzes vertreibt Motten, deshalb ist das Dufthaus ein dekorativer Mottenschutz. Falls kein Zedernholz zur Hand ist, dient auch Sperrholz, mit Duftöl beträufelt, als Material.

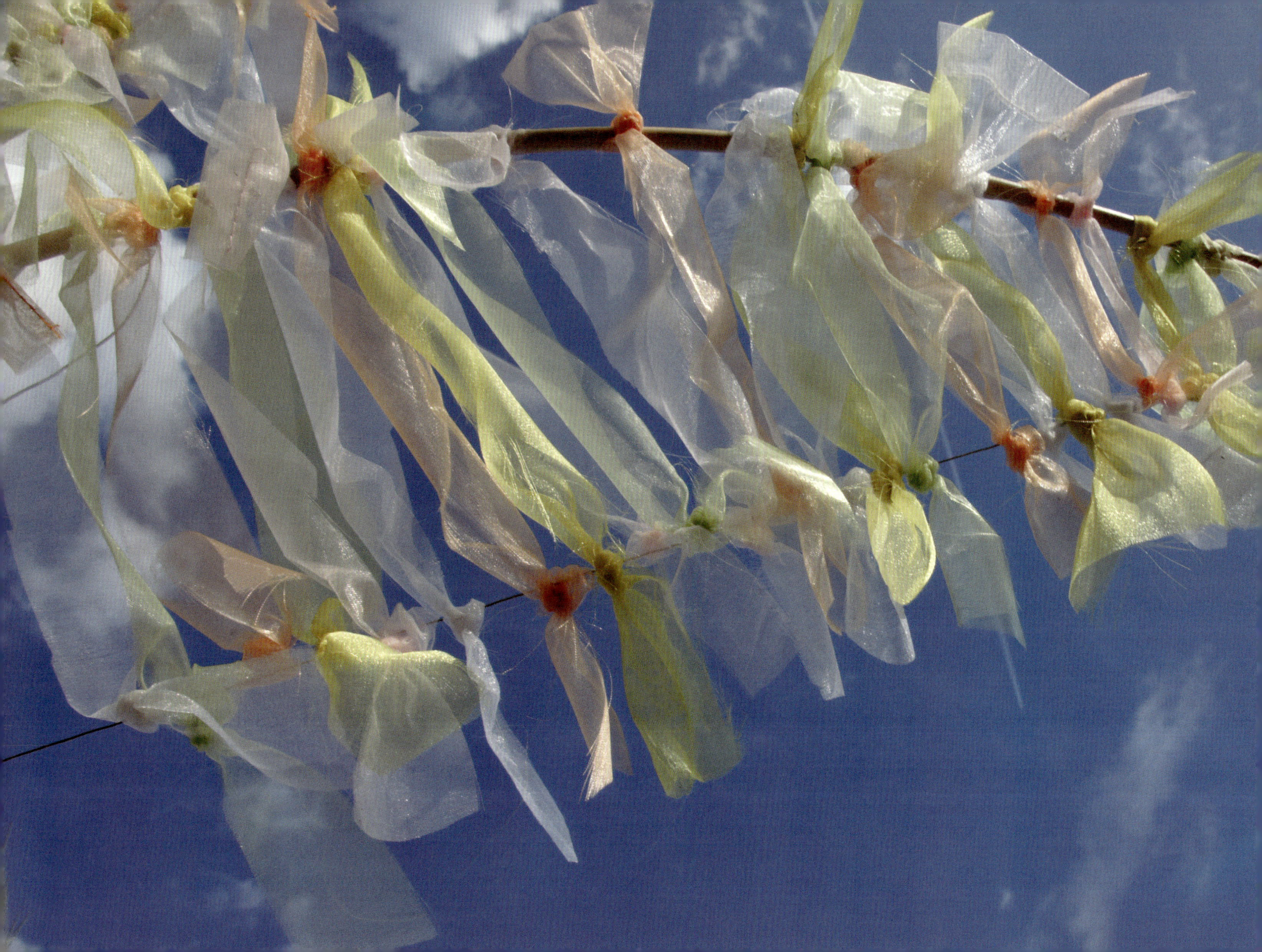

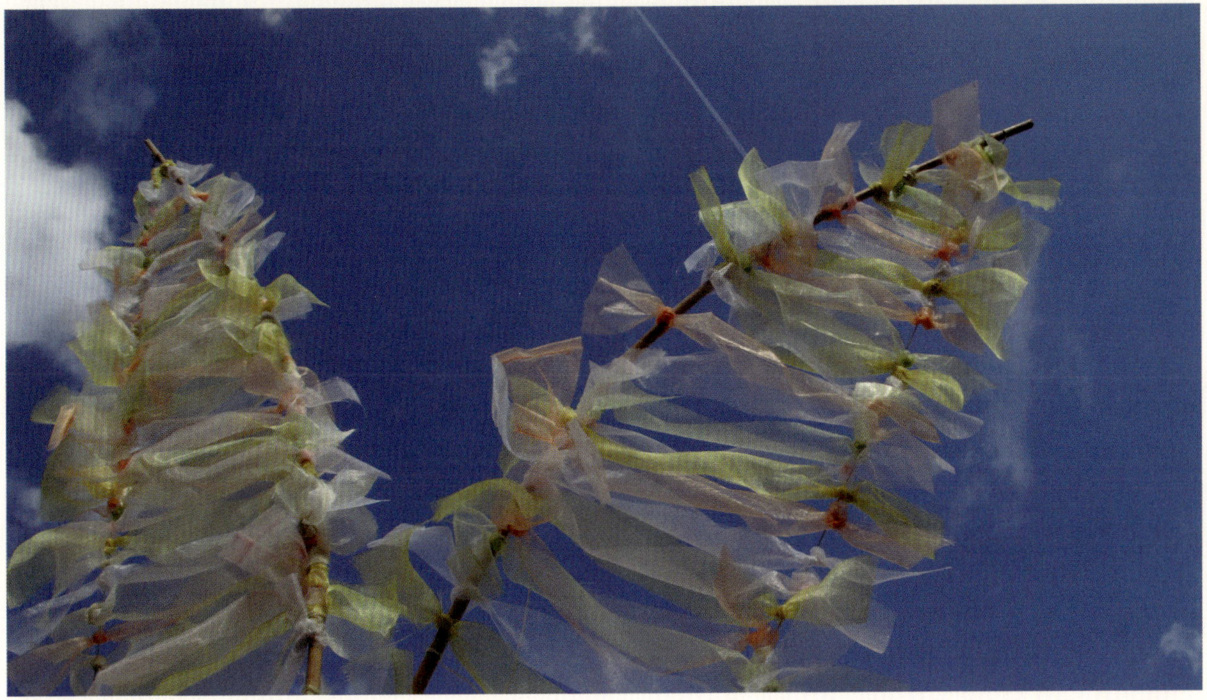

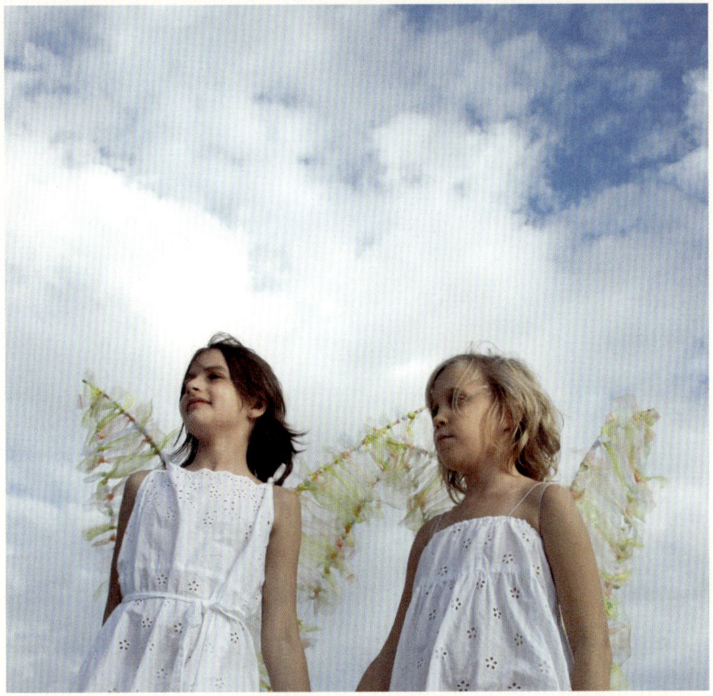

ENGELSFLÜGEL

MATERIAL:

Dünne Bambusstecken

Draht

Organzastoffstreifen

Gummibänder (Träger)

TECHNIKEN:

Bohren

Spannen

Schneiden

Knoten

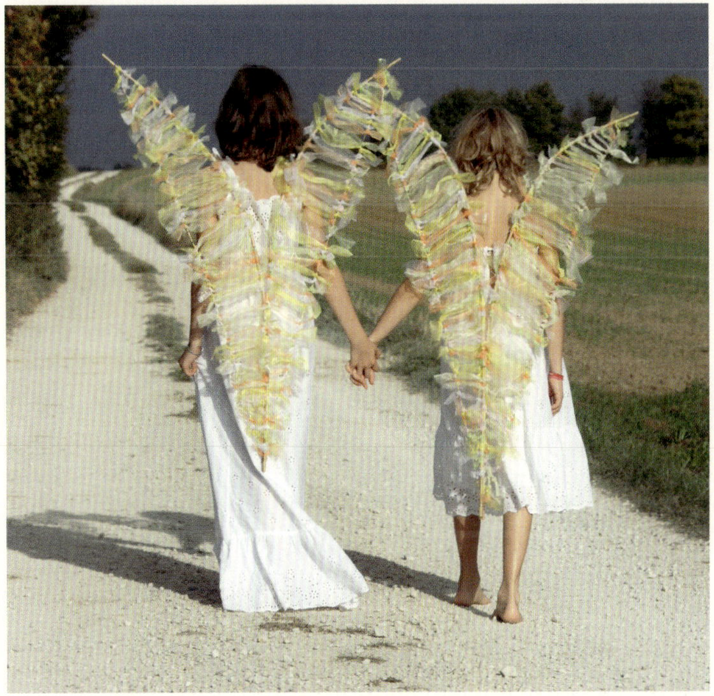

Damit der Spanndraht nicht verrutscht, wird oben und unten ein Loch in die Bambusstecken gebohrt. Der Draht wird durchgefädelt und nach dem Spannen fest verdreht.

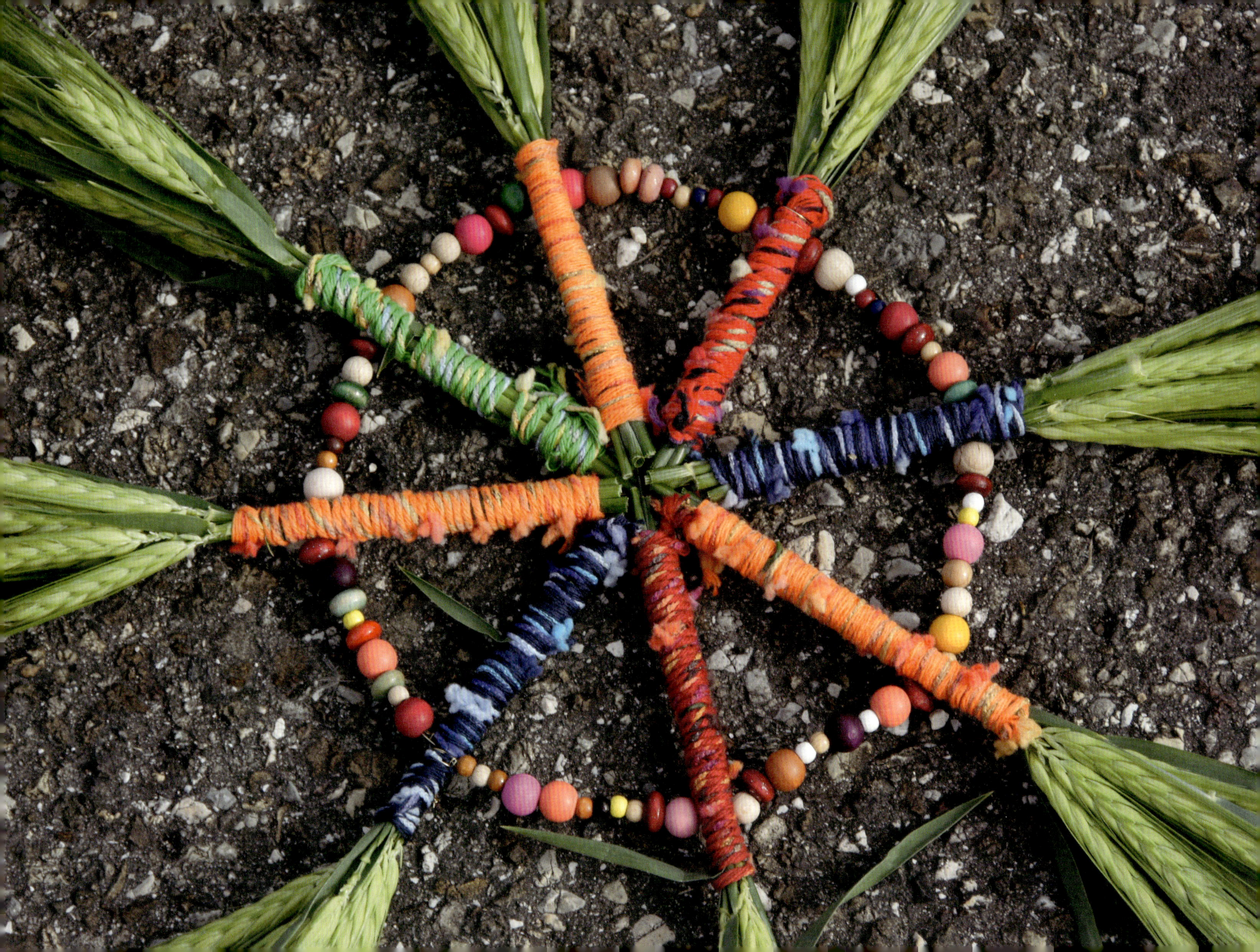

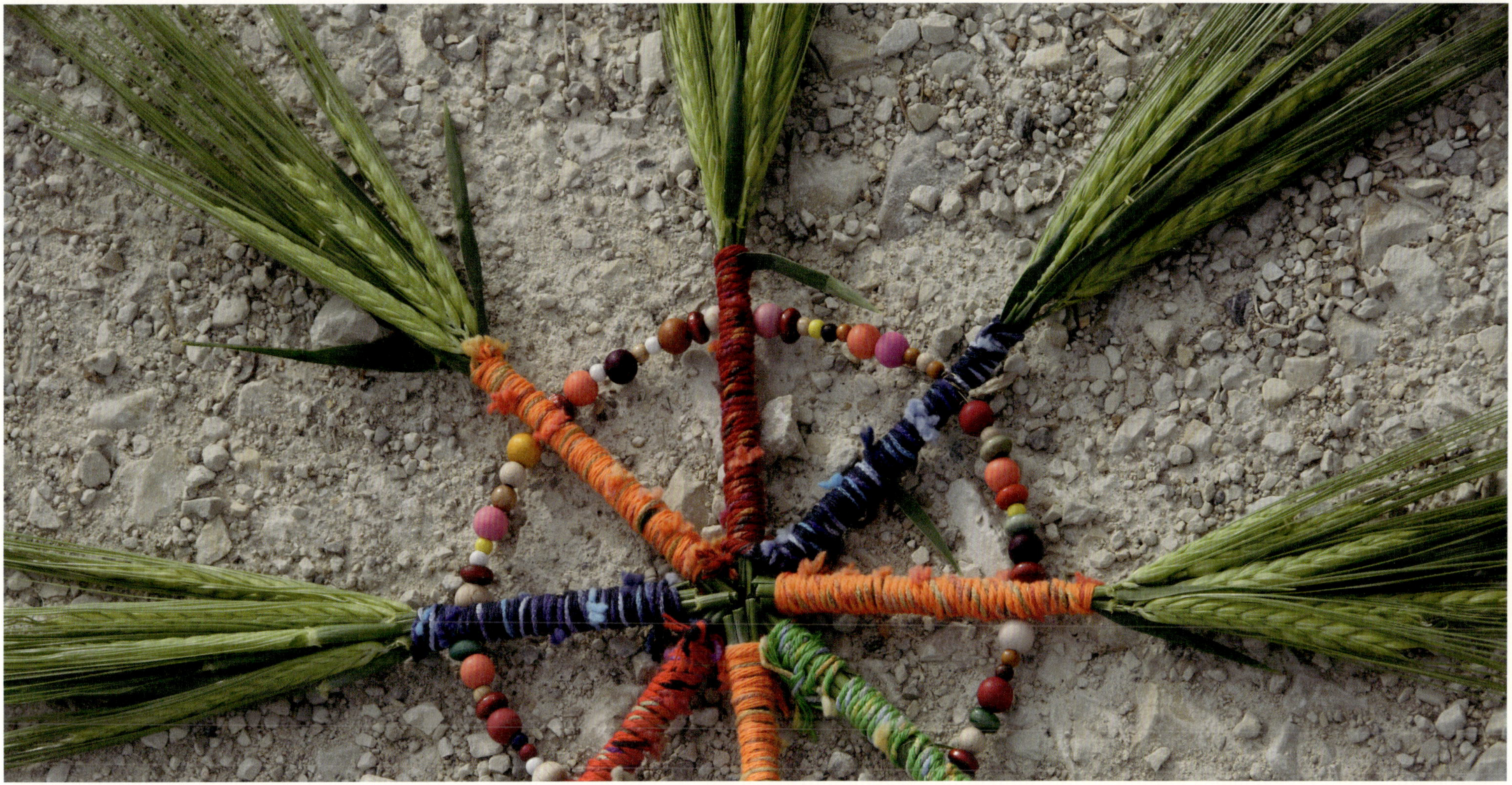

MAGISCHER KORNKREIS

Im Innern dient ein einfacher selbstgebogener Drahtstern zur Stabilisierung.

MATERIAL:

- Getreidehalme
- Wolle
- Draht
- Holzperlen

TECHNIKEN:

- Schneiden
- Wickeln
- Stecken
- Fädeln
- Spannen

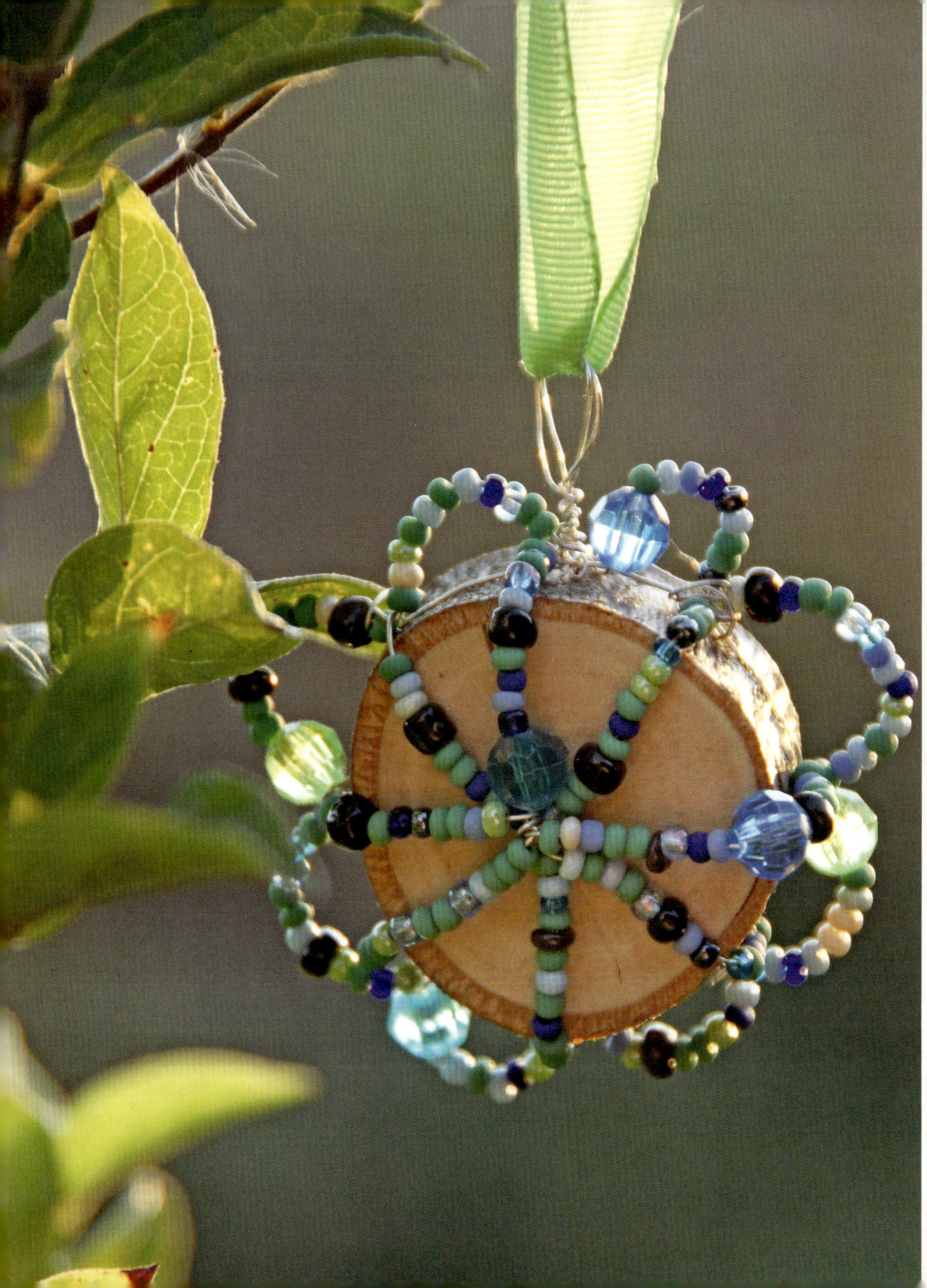

ELFENBLUME

MATERIAL:

- Astscheibe
- Draht
- Pailletten
- kleine Glasperlen

TECHNIKEN:

- Bohren
- Fädeln
- Wickeln
- Verdrehen

Beim Bespannen der Astscheibe wird abwechselnd gefädelt und anschließend der Draht befestigt. So entsteht Stück für Stück die Blume.

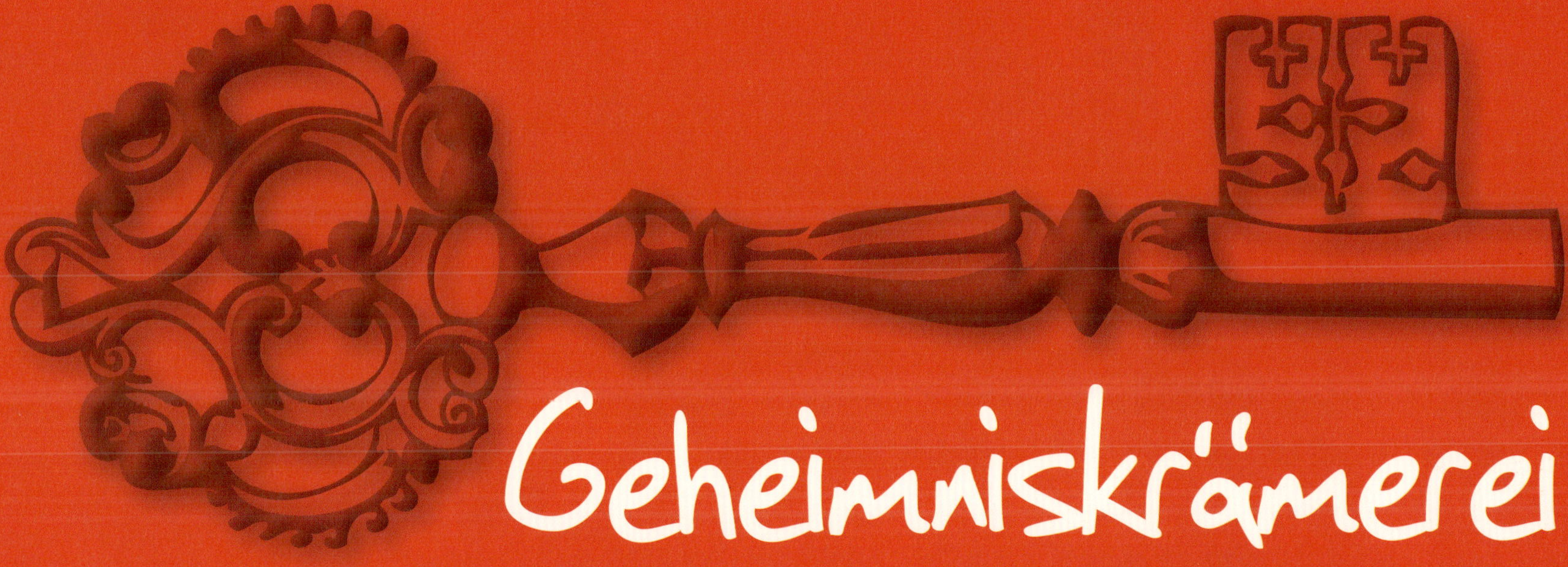

Geheimniskrämerei

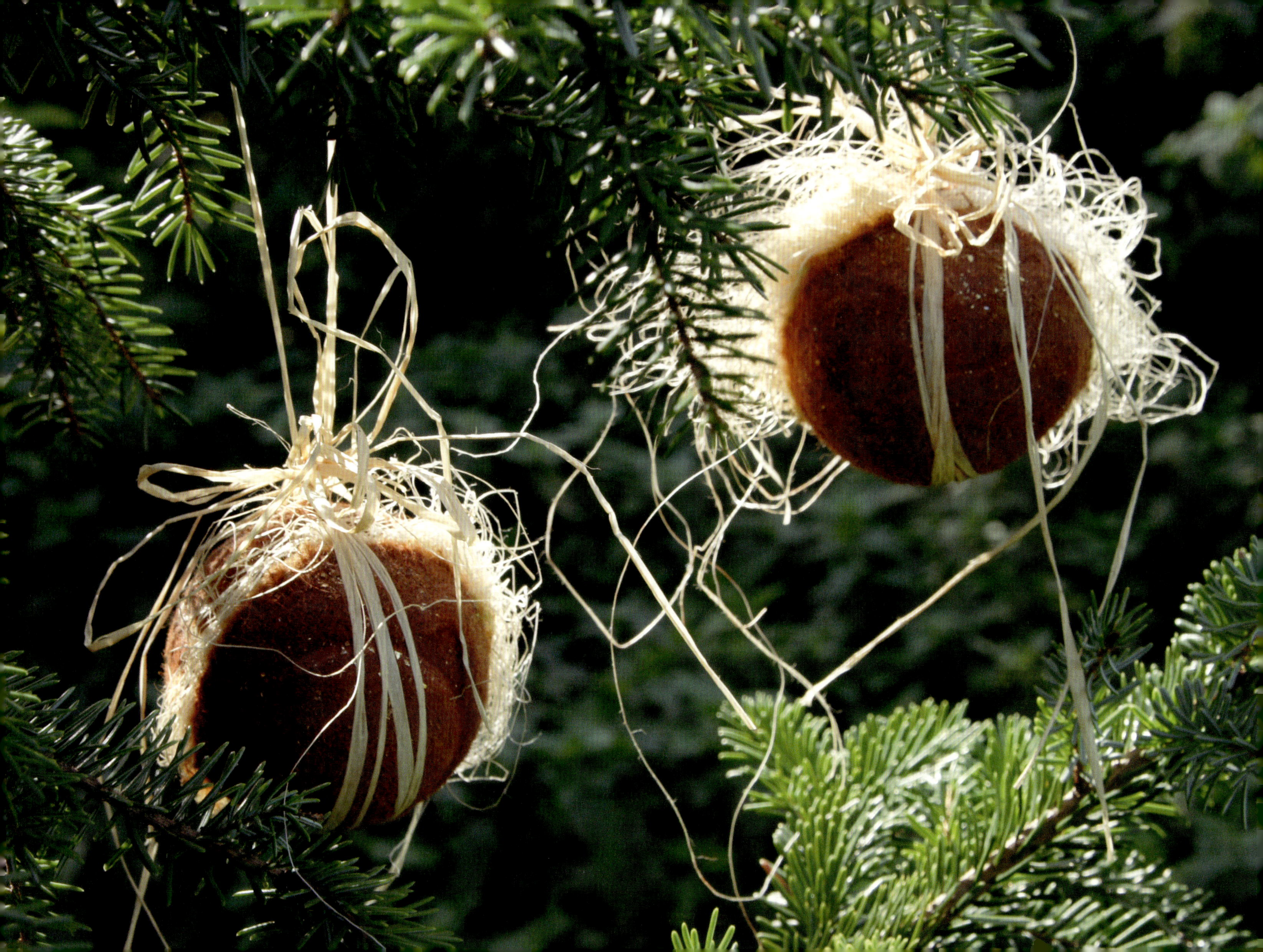

GEHEIMNISKUGEL

MATERIAL:

Tennisball
Fingerfarbe
Glitter
Sisalfaser
Kleine Überraschung
Bast

TECHNIKEN:

Sägen
Rollen (in Farbe)
„Glittern“
Füllen
Wickeln
Knoten

Der Tennisball wird durchgesägt, aber nur so weit, dass er aufgeklappt werden kann, um darin etwas zu verstecken!

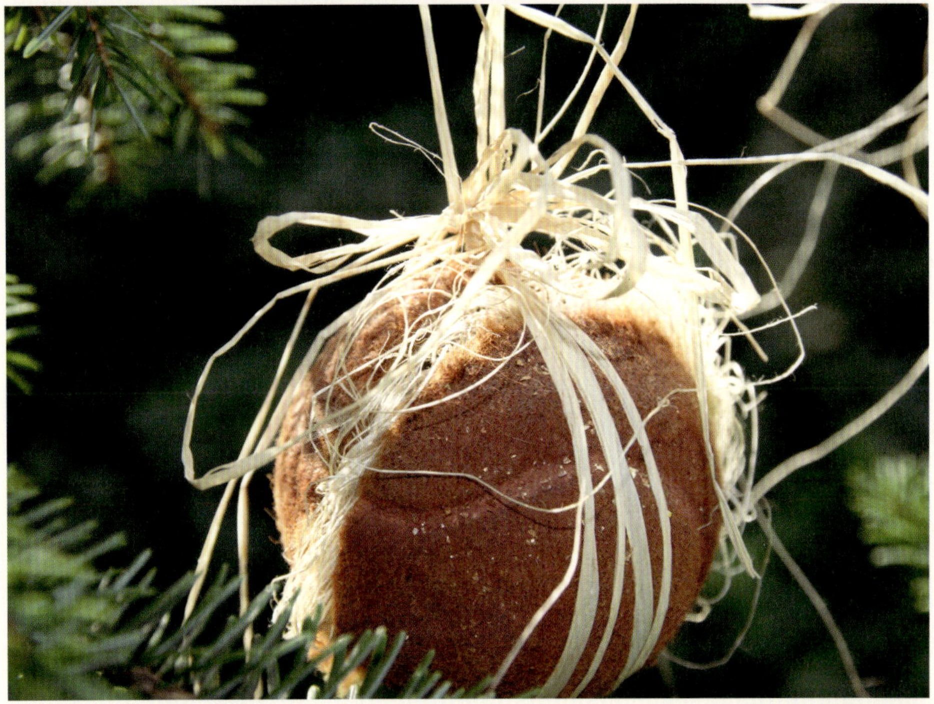

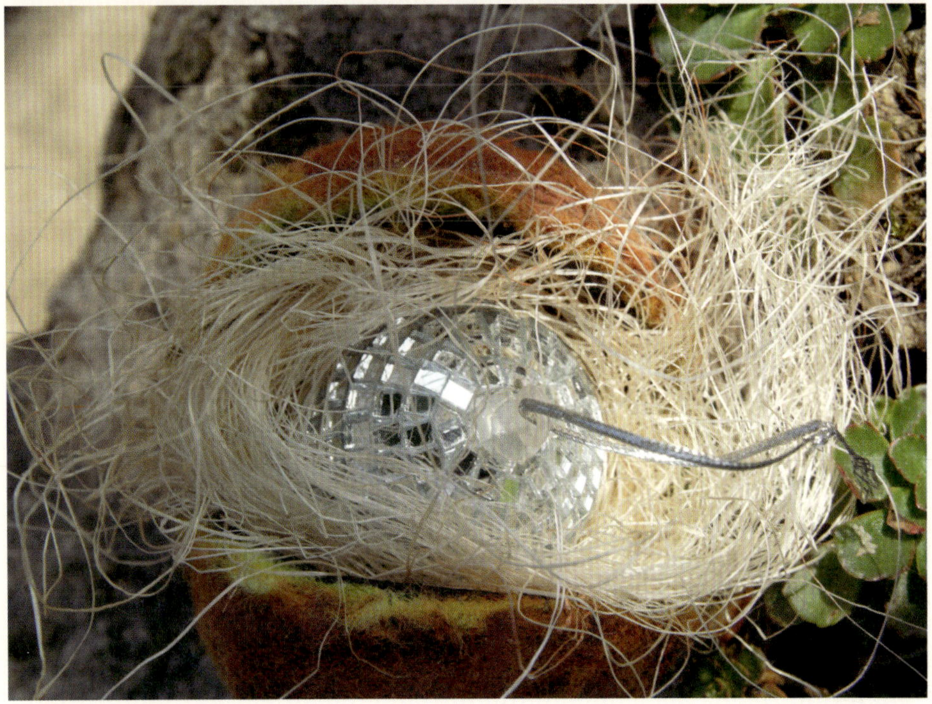

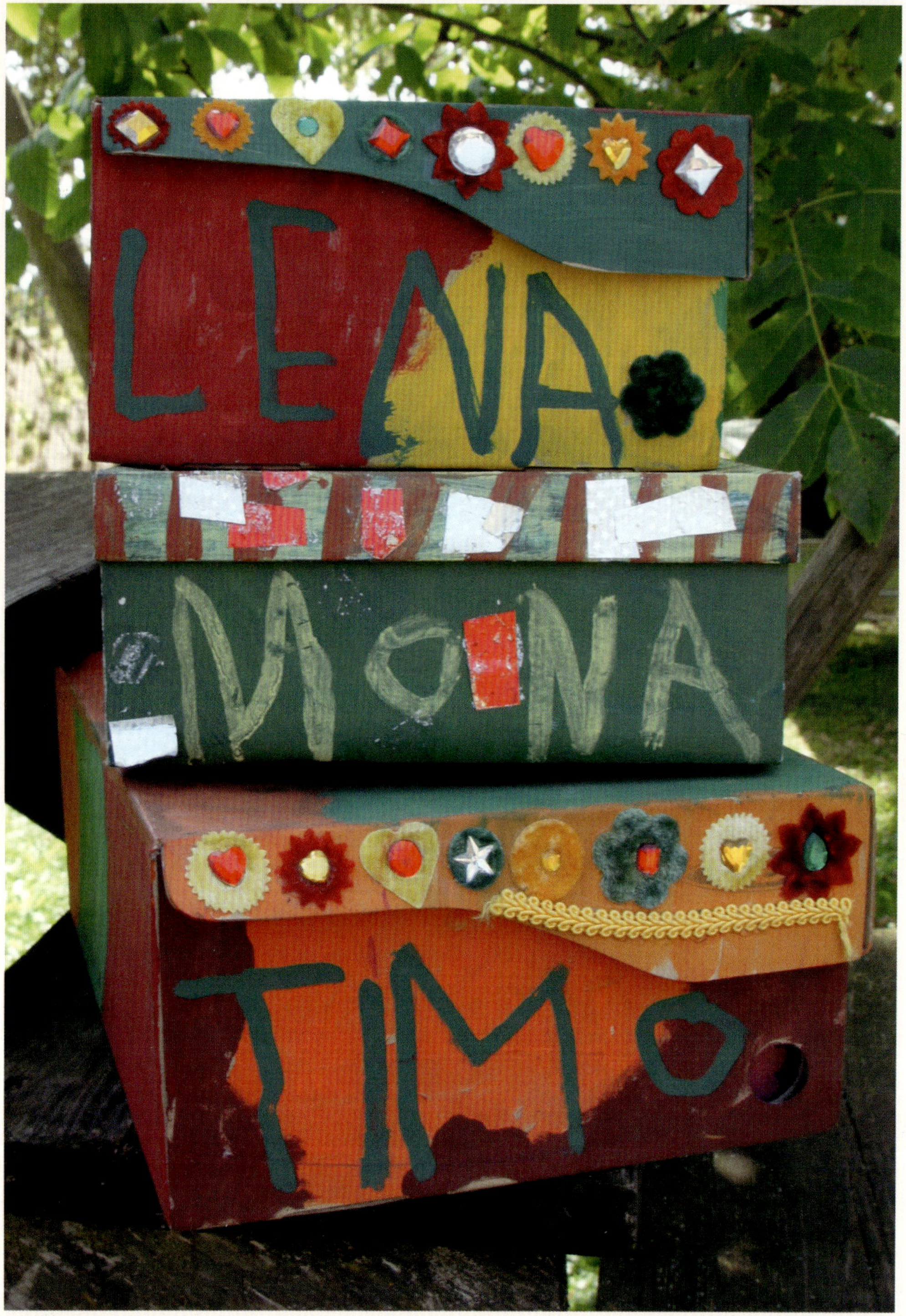

SCHATZKISTE

MATERIAL:

- Schuhkarton
- Schleifpapier
- Flüssige Malfarben
- Stoffreste
- Glitzersteine
- Goldpapiere
- Kleber

TECHNIKEN:

- Schleifen
- Malen
- Schneiden
- Kleben

Manche Schuhkartons haben eine sehr glatte Oberfläche. Diese wird mit Schleifpapier aufgeraut, damit die Farbe hält!

KÜNSTLERROLLE

MATERIAL:

Stabile, große Papprolle

Wasserfarben

Stoffreste

Einweckgummi

TECHNIKEN:

Malen

Schneiden

Spannen

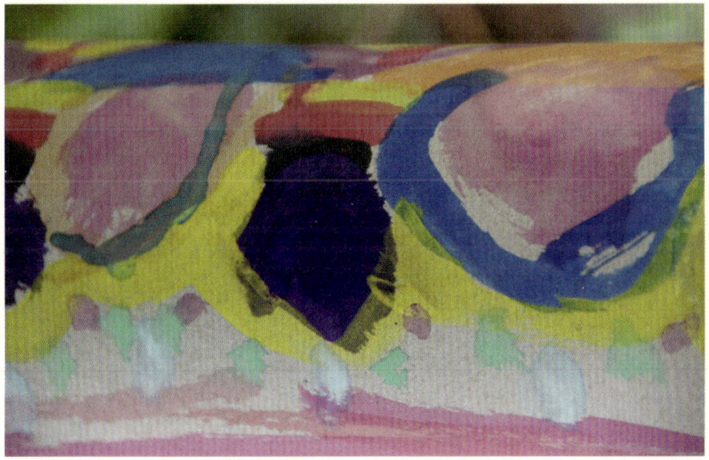

Zum Aufbewahren schöner Bilder oder geheimer Dokumente – z. B. Schatzkarten!

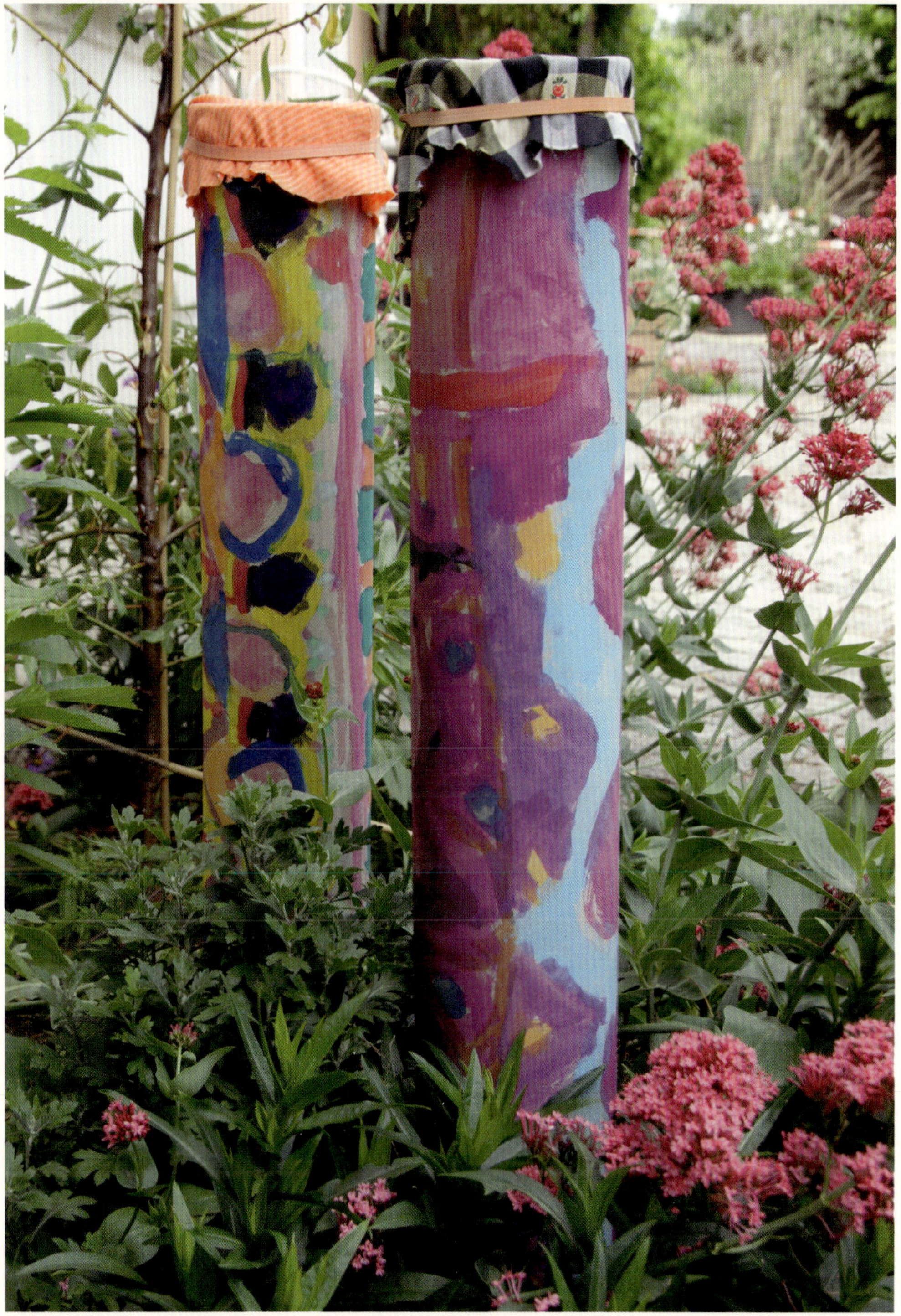

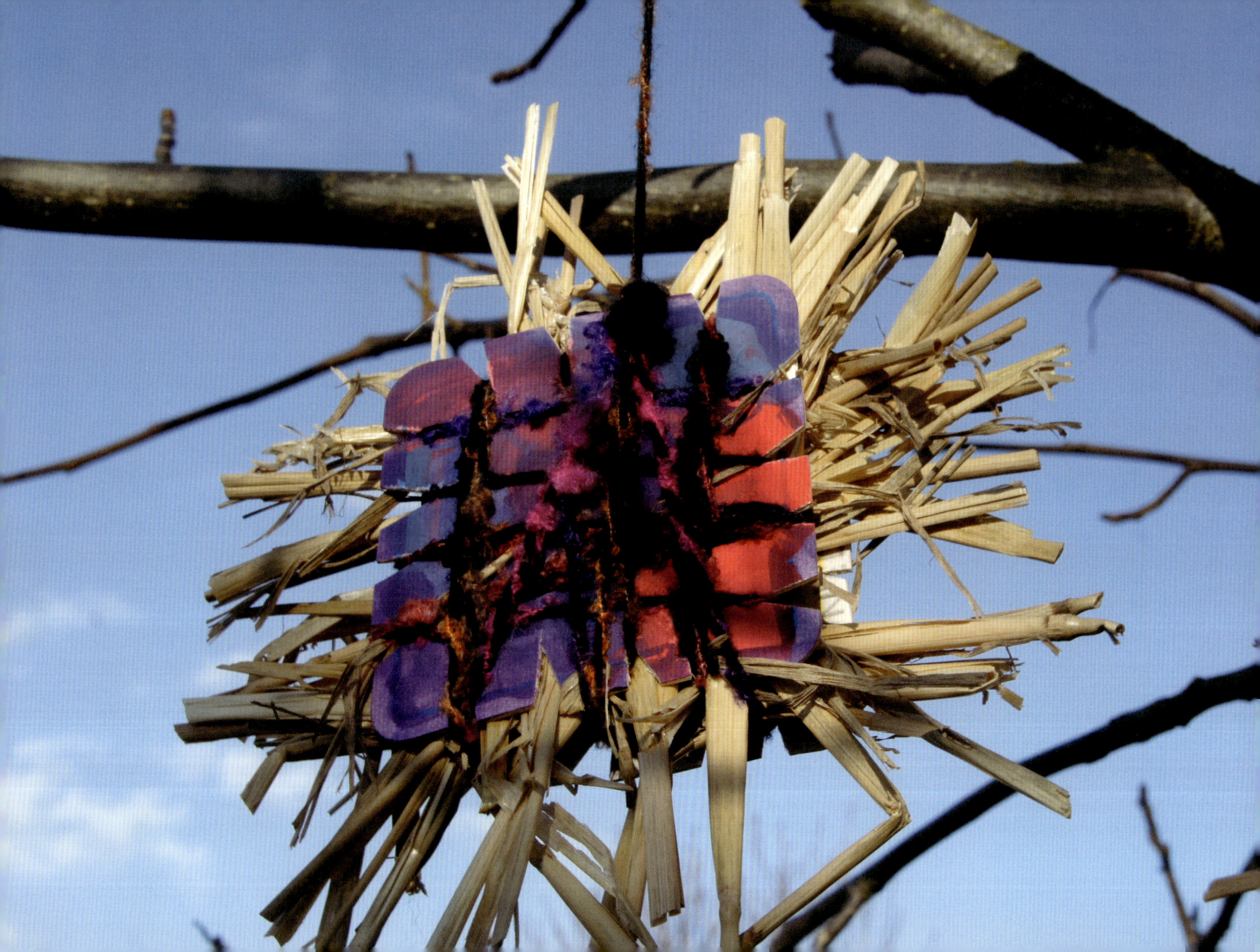

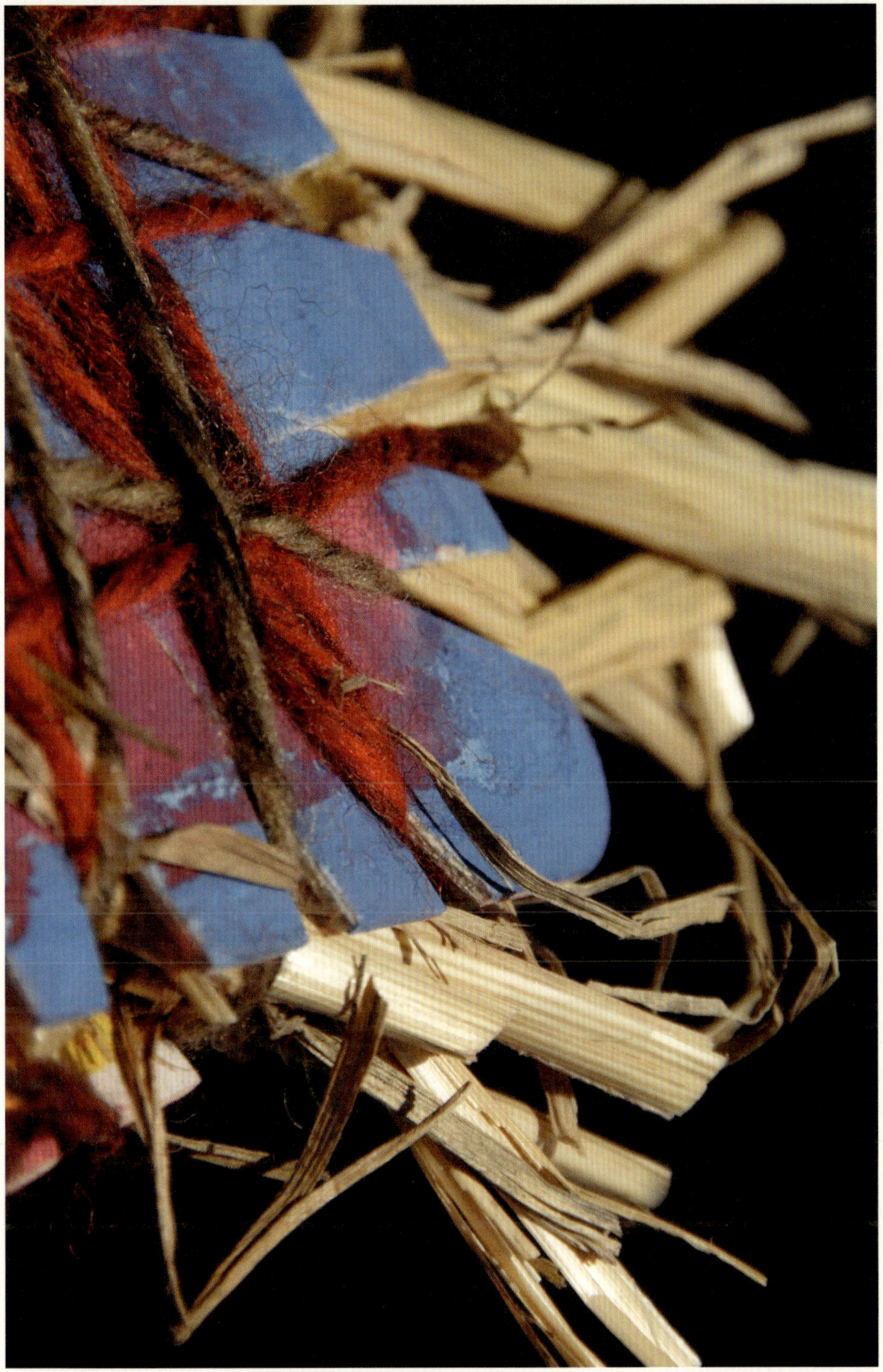

BIERDECKERL-VERSTECKERL

MATERIAL:

- Bierdeckel
- Wasserfarben
- Stroh
- Wolle
- Kleines Geschenk

TECHNIKEN:

- Malen
- Schneiden
- Füllen
- Wickeln
- Verknoten

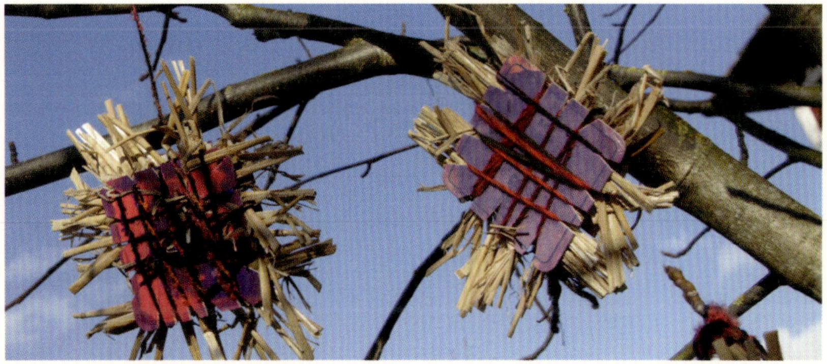

Das kleine Geschenk, vielleicht ein Edelstein, wird im Stroh versteckt. Wer 24 kleine Päckchen schnürt, hat einen wunderschönen Adventskalender!

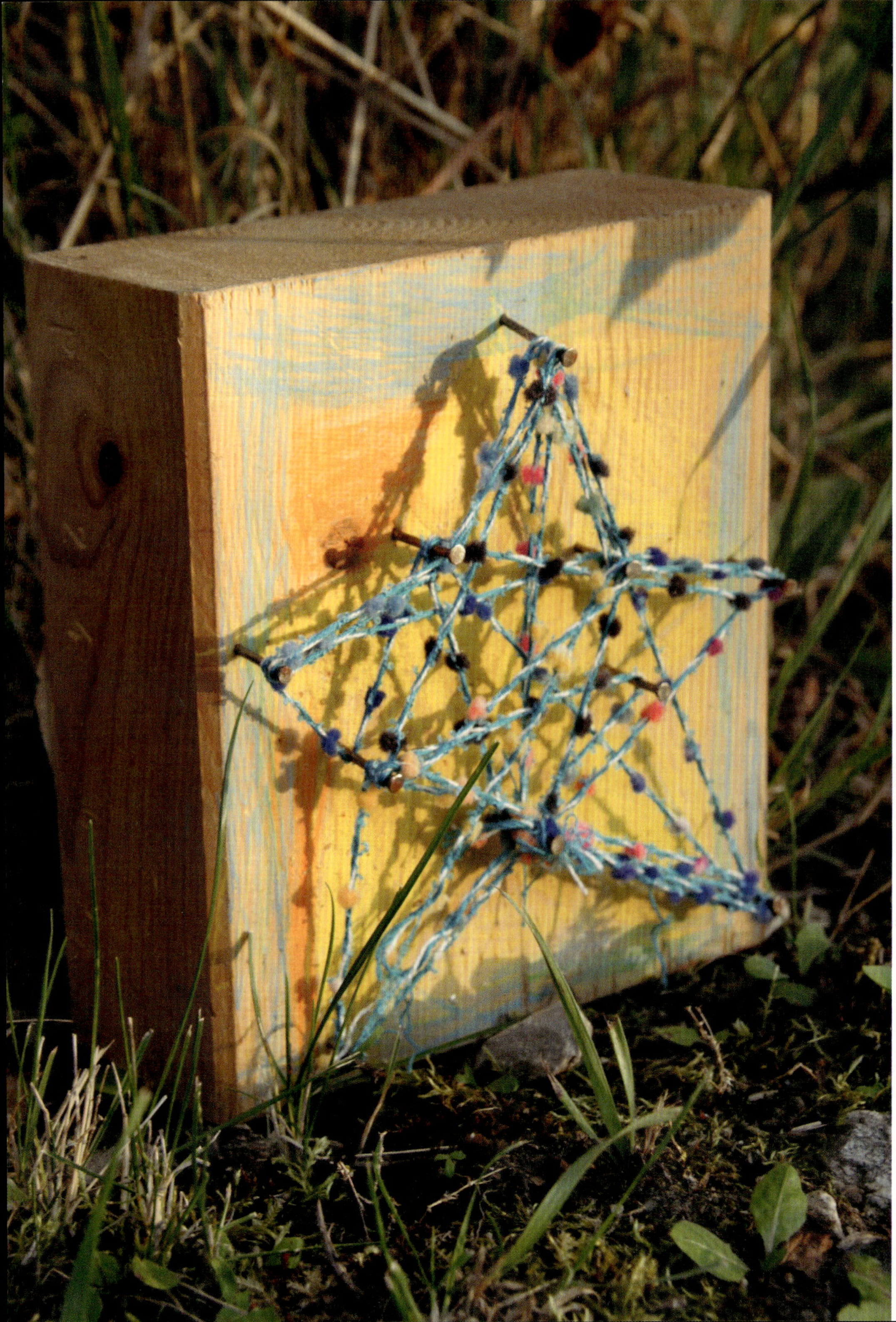

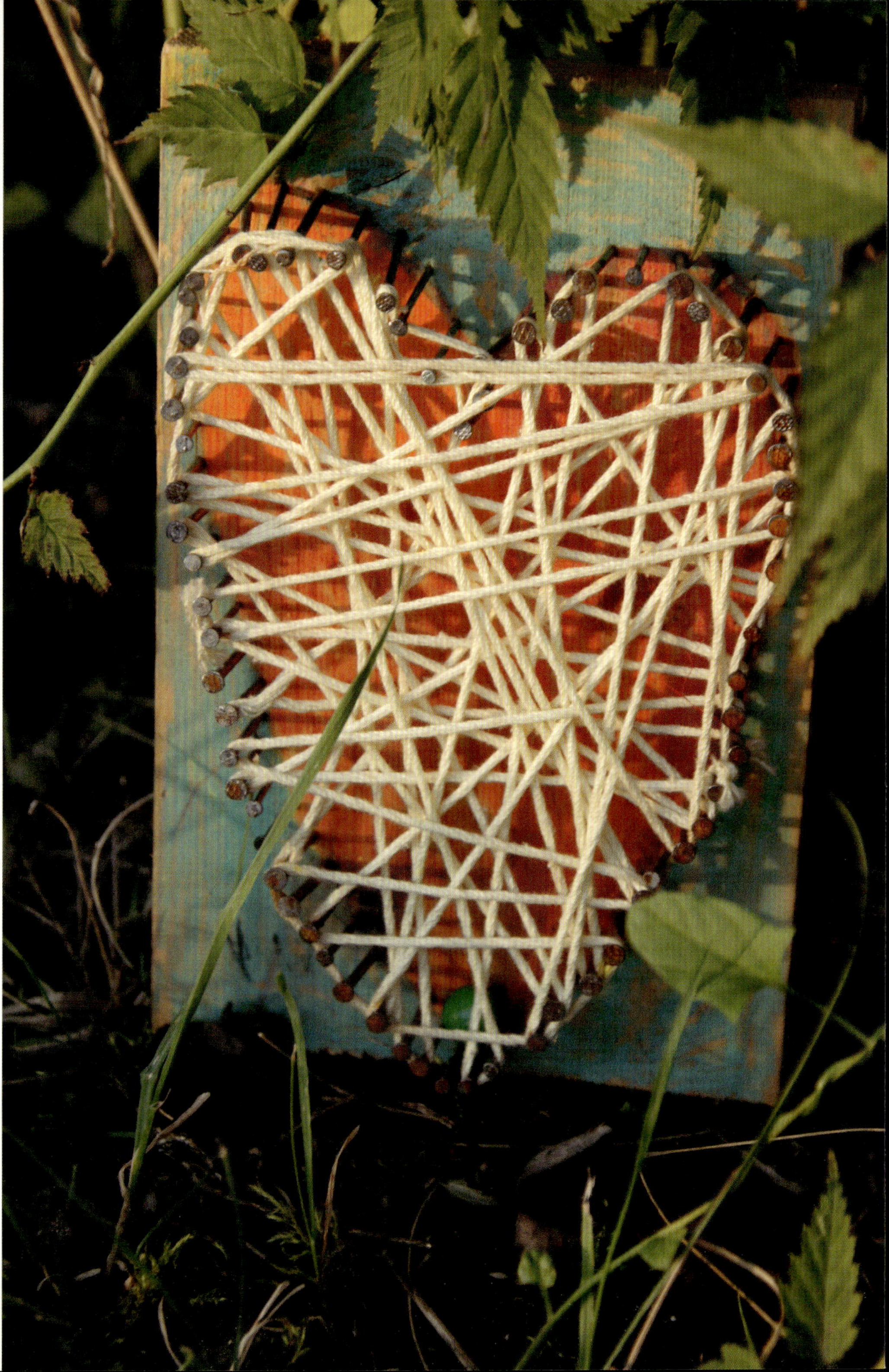

KLACKERBILDER

MATERIAL:

Holzrest

Nägel

Buntstifte / Wasserfarben

Kleine Murmel

Wolle

TECHNIKEN:

Schleifen

Malen

Hämmern

Spannen

Durch die kleine Murmel, die im Innern des Klackerbildes versteckt ist, wird aus dem dekorativen Objekt eine lustige Rassel!

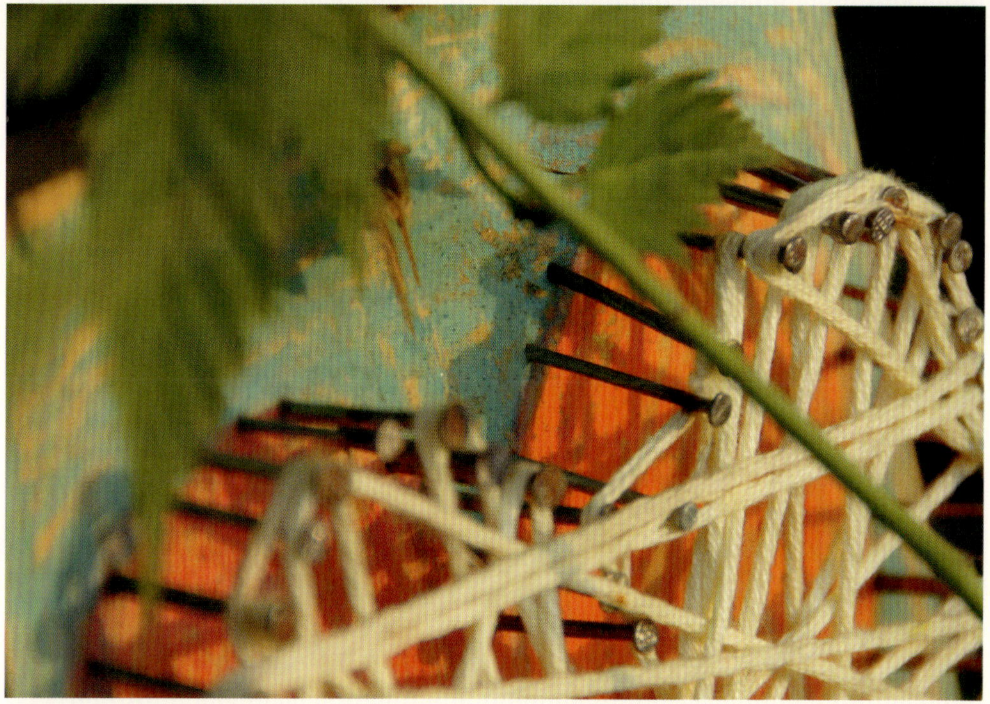

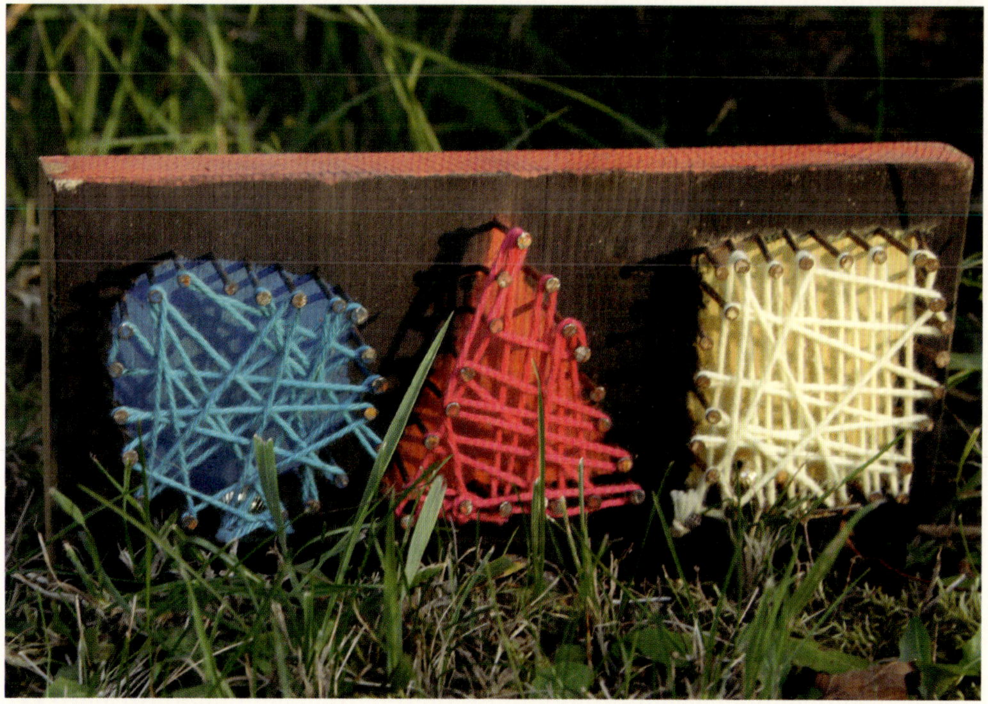

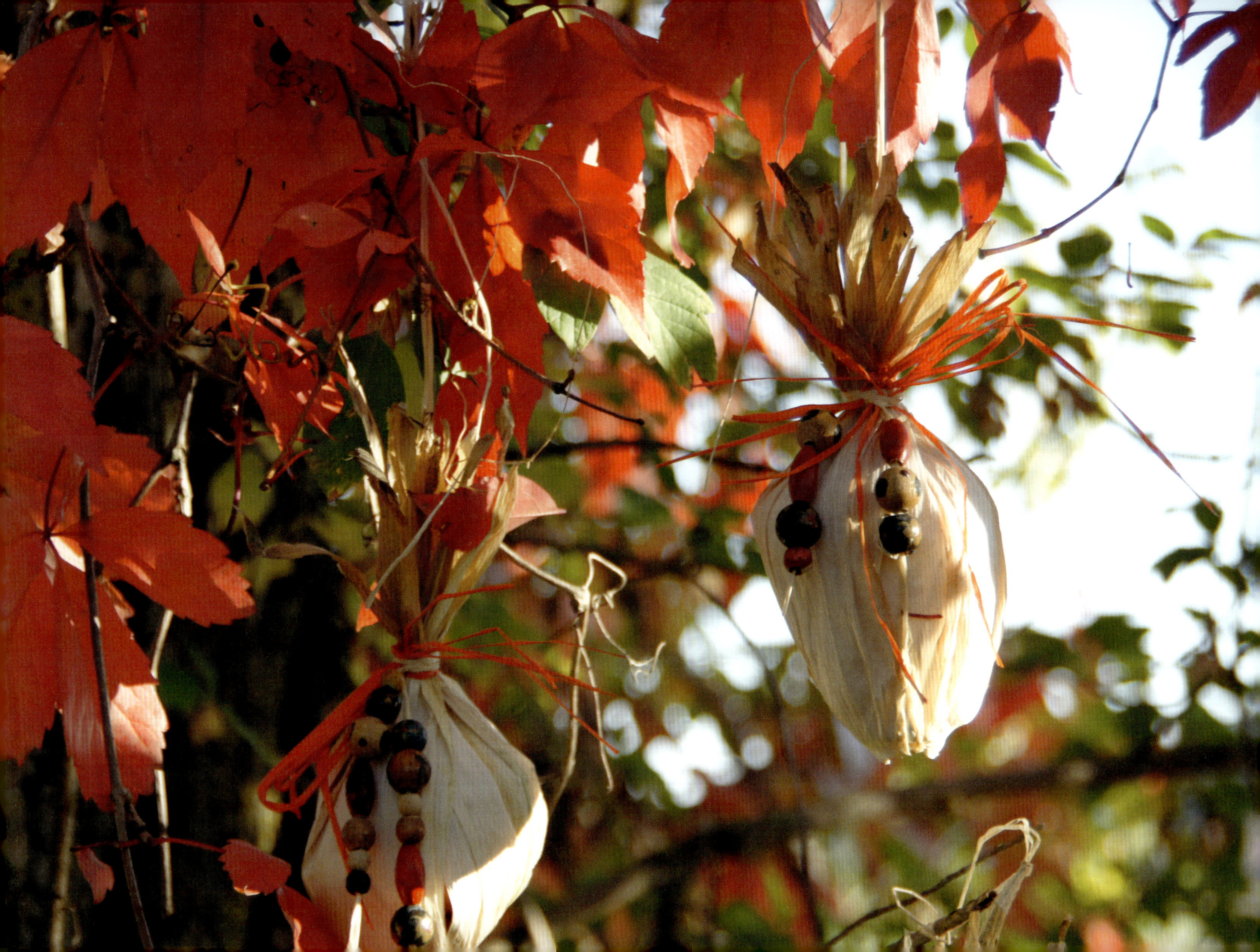

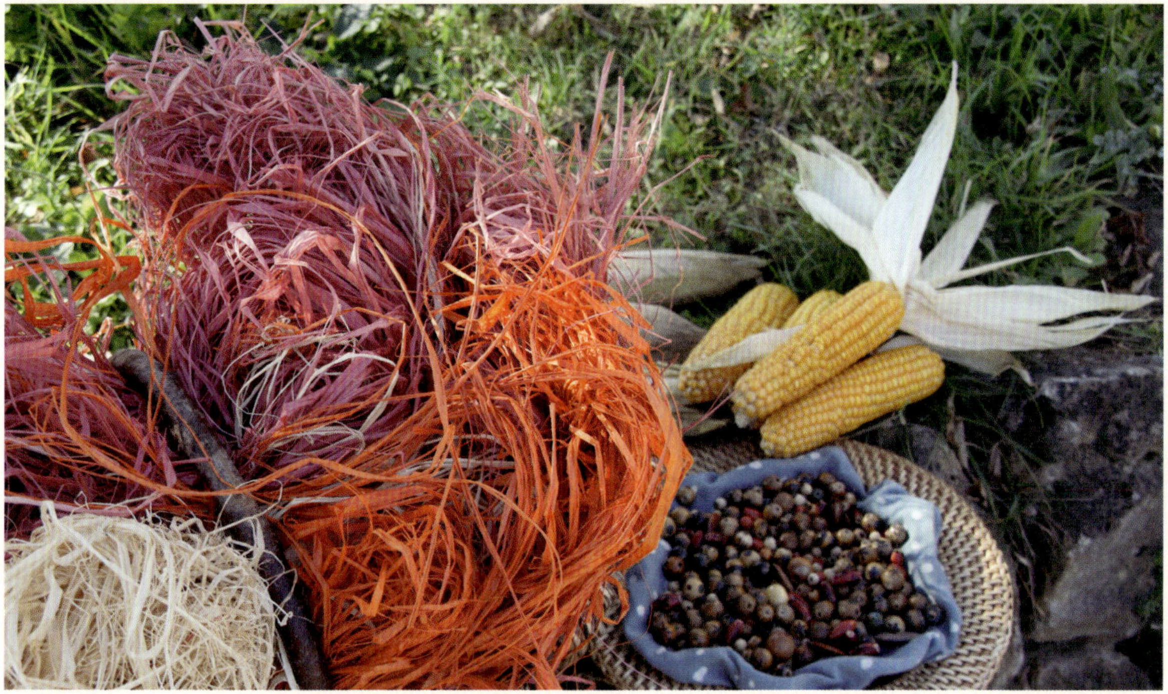

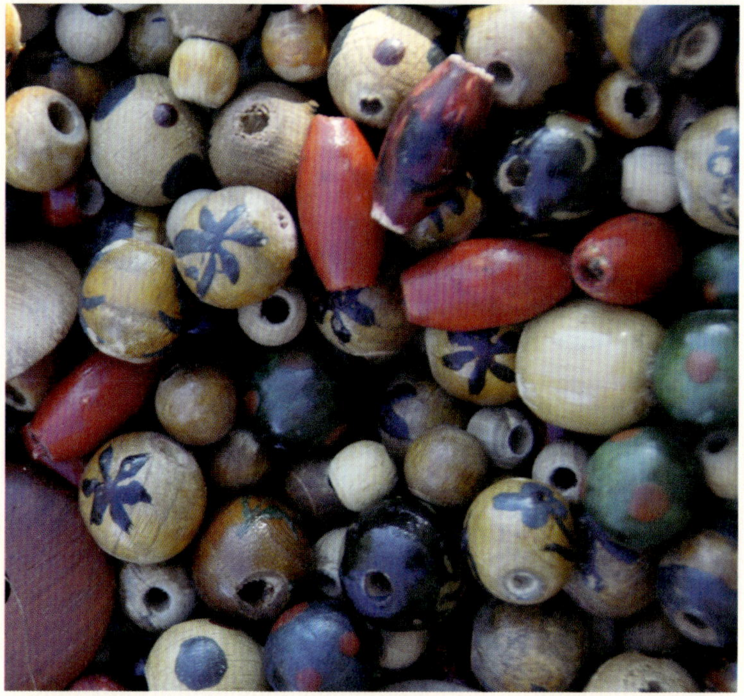

HERBSTGESCHENK

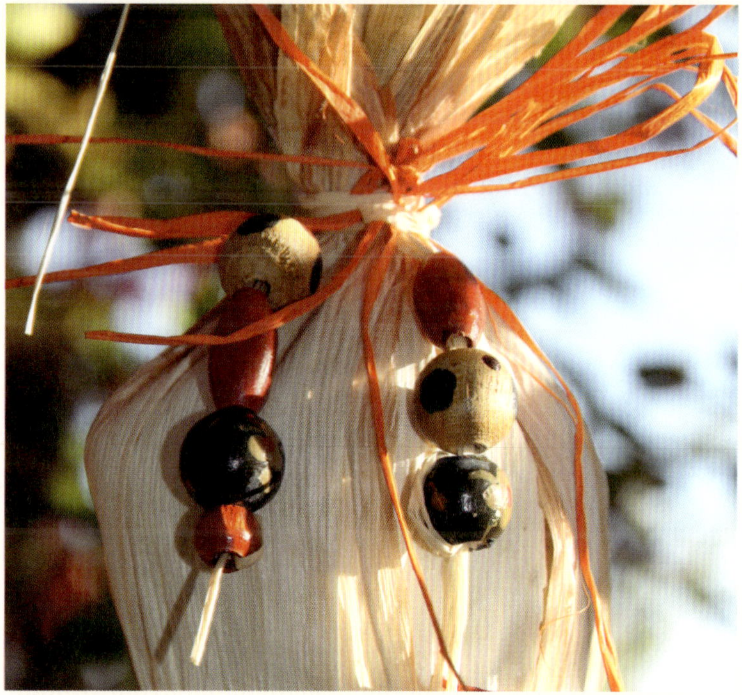

MATERIAL:

- Maiskolbenhüllblätter
- Bast
- Holzperlen
- Kleines Geschenk

TECHNIKEN:

- Füllen
- Binden
- Knoten
- Fädeln

Statt des Maiskolbens verbirgt sich ein kleines Geschenk in den Hüllblättern. So verpackt werden selbst winzige Aufmerksamkeiten zur großen Überraschung!

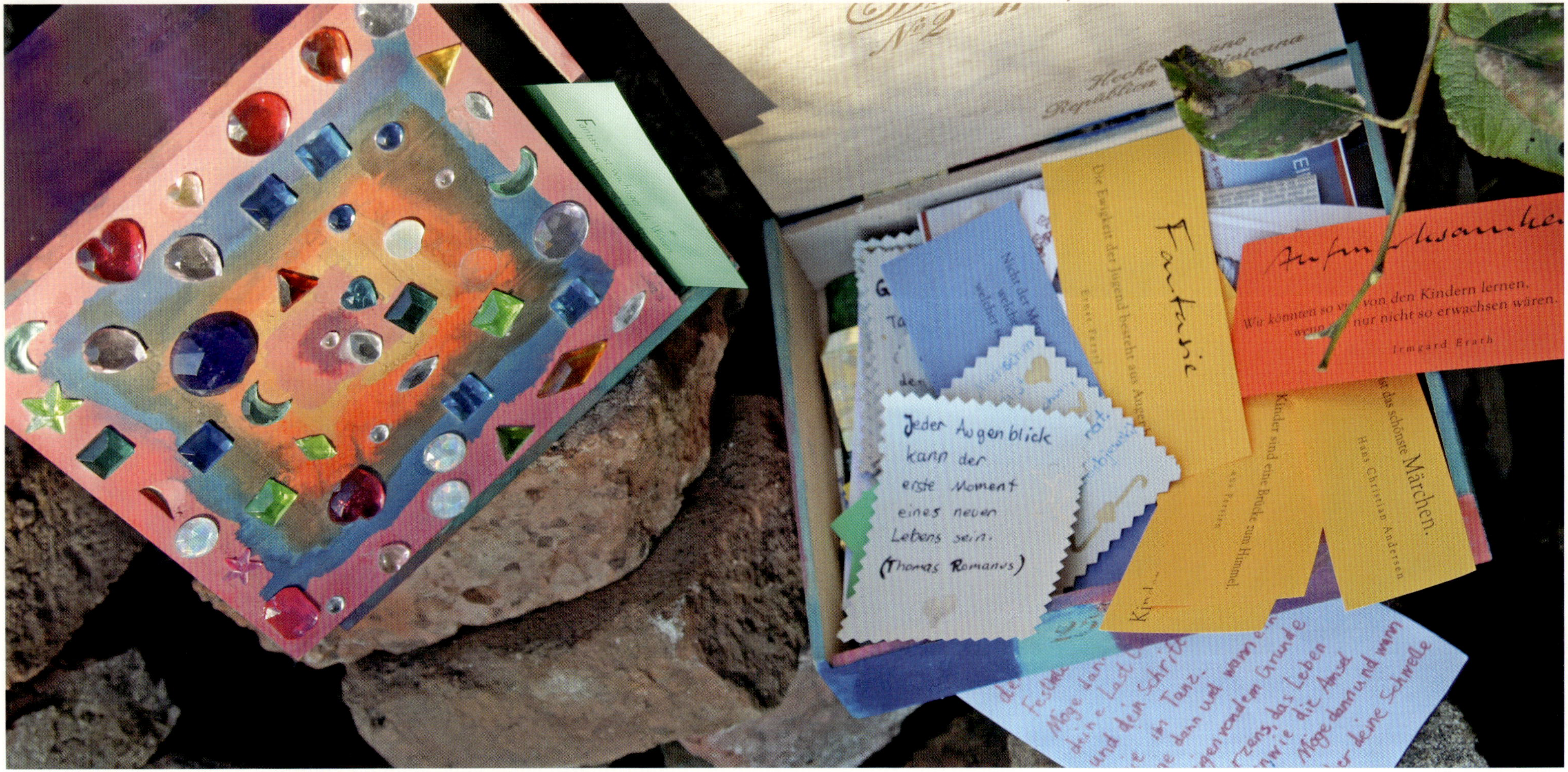

Alle guten Gedanken können hier aufbewahrt werden – eine gute Idee, ein schöner Spruch, ein Gedicht – damit sie nicht im Land des Vergessens verschwinden.

GUTE-GEDANKEN-KISTE

MATERIAL:

- Zigarrenschachtel
- Temperafarben
- Glitzersteine
- Wunderbare Gedanken

TECHNIKEN:

- Malen
- Kleben

Traumbereiter

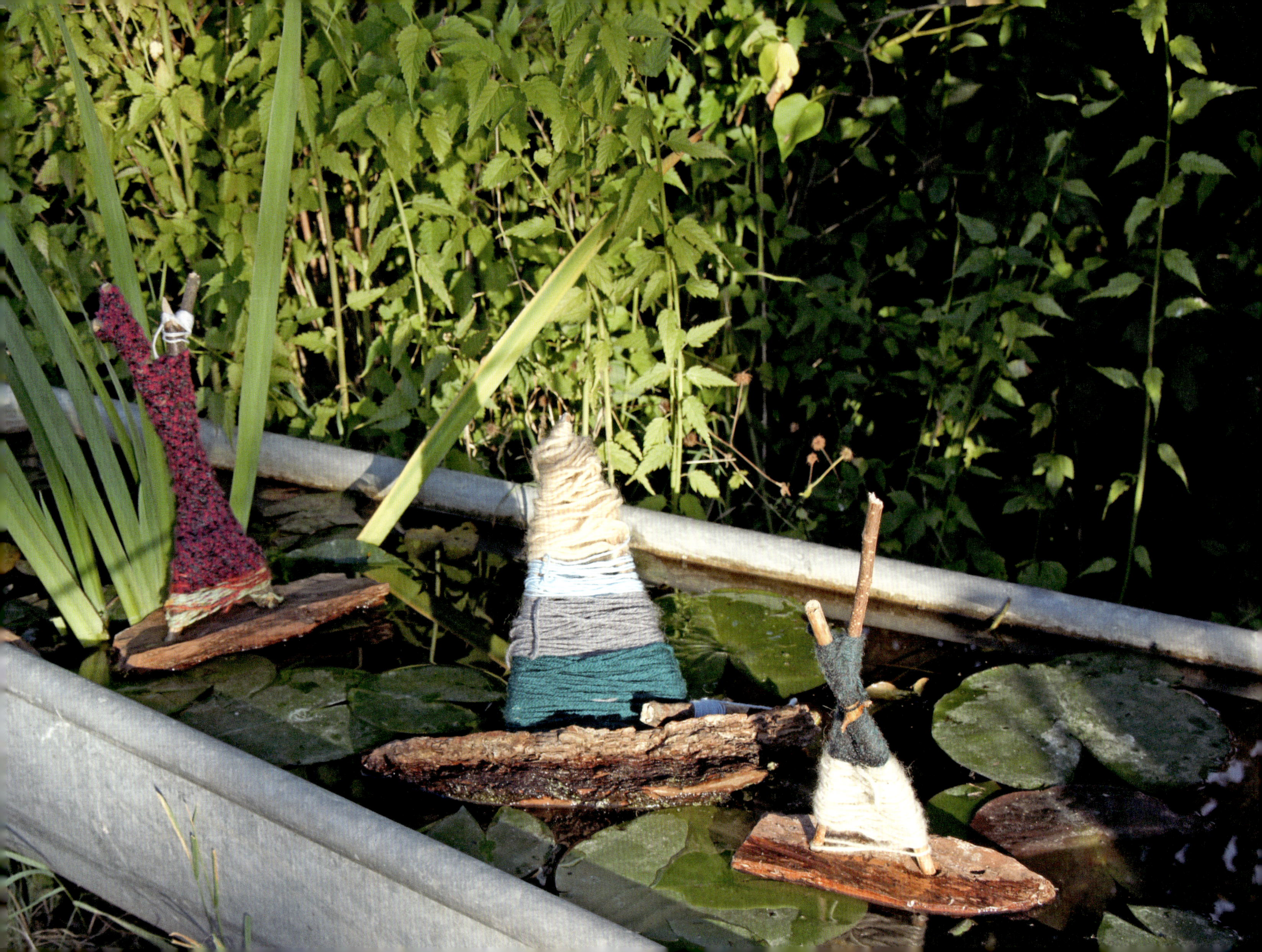

TRAUMSCHIFFE

MATERIAL:

Rindenstücke

Dünne Äste

Wolle

TECHNIKEN:

Schnitzen

Bohren

Stecken

Wickeln (über Kreuz)

Knoten

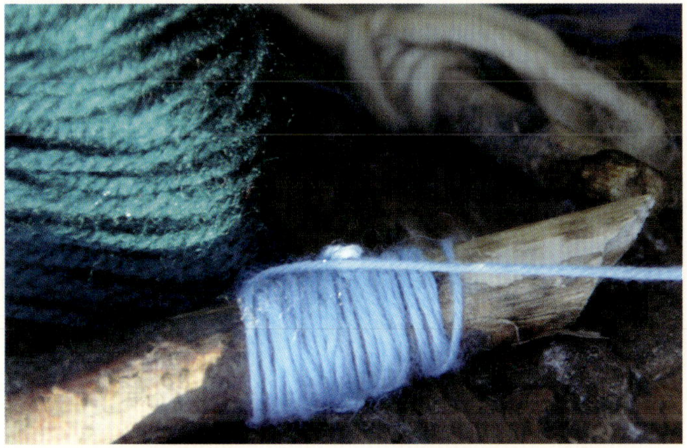

Rindenstücke nur von toten Bäumen verwenden! Am besten im Wald vom Boden sammeln.

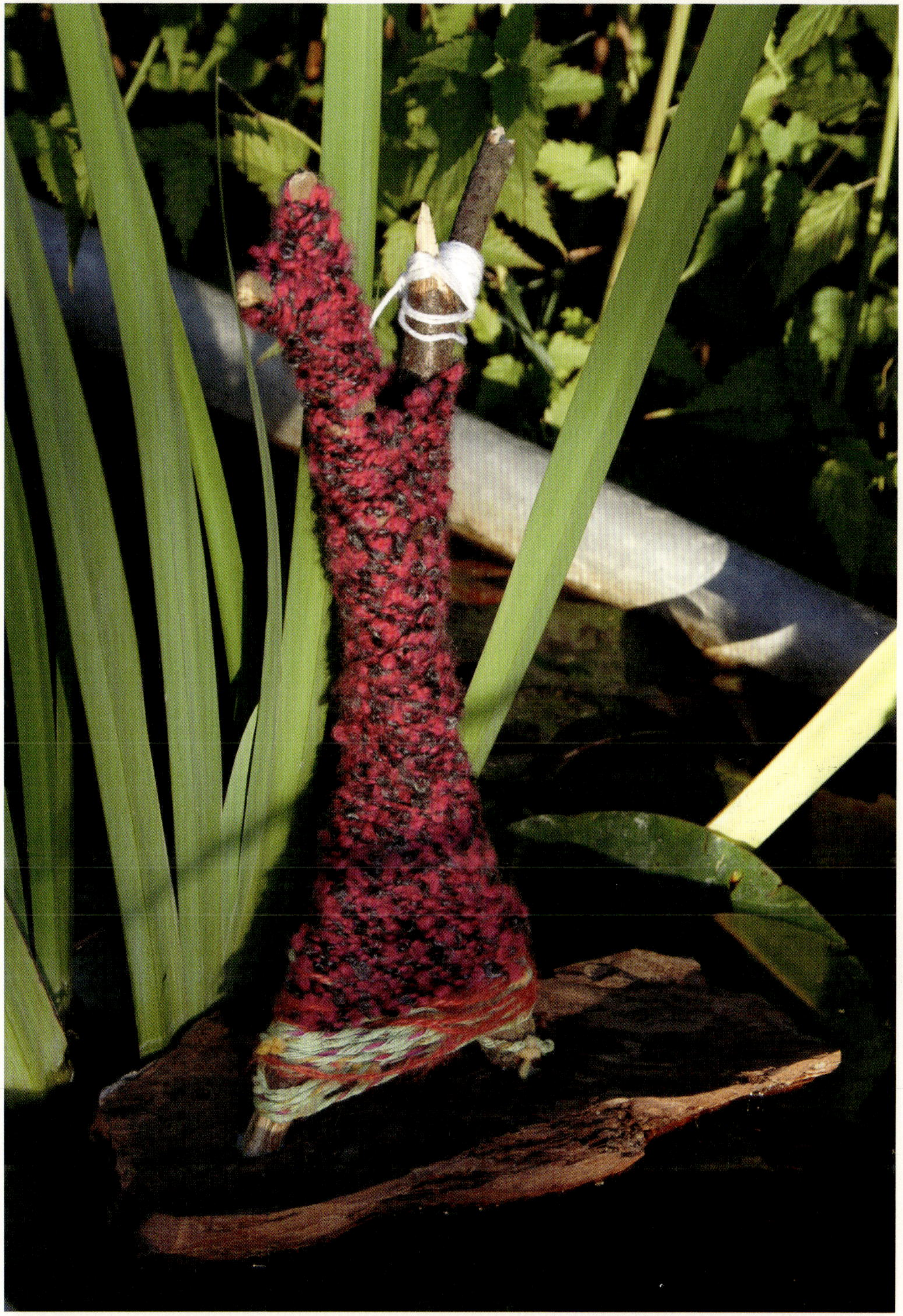

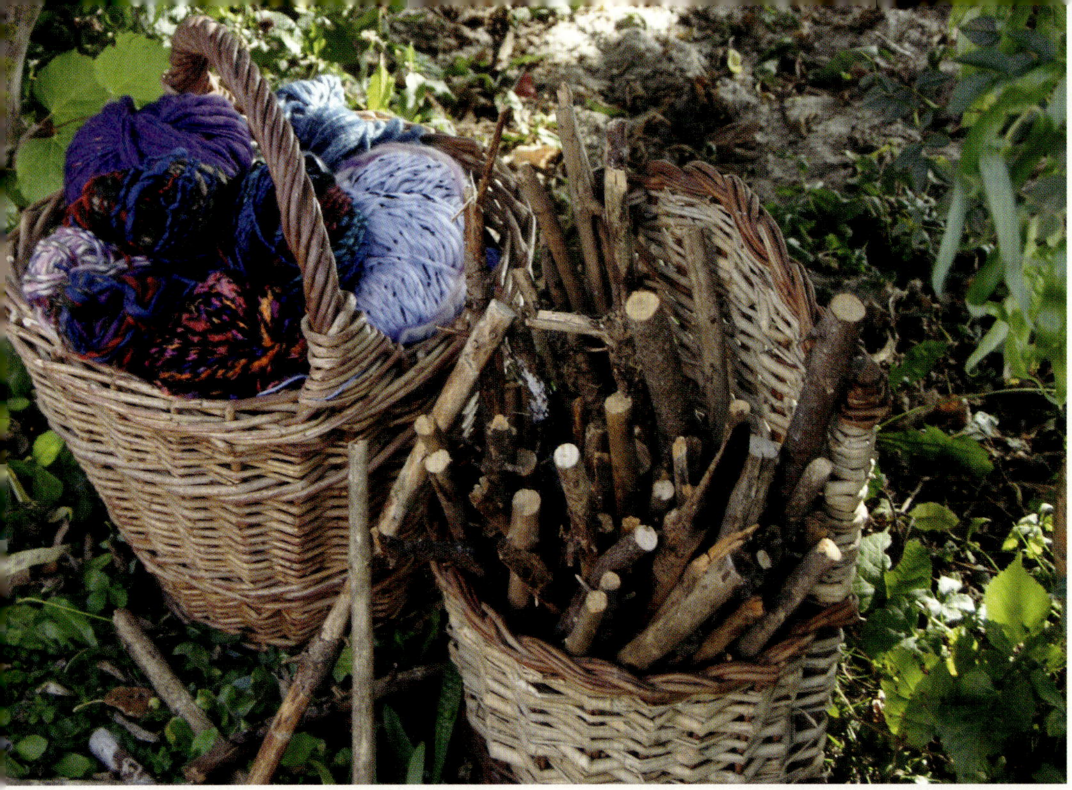
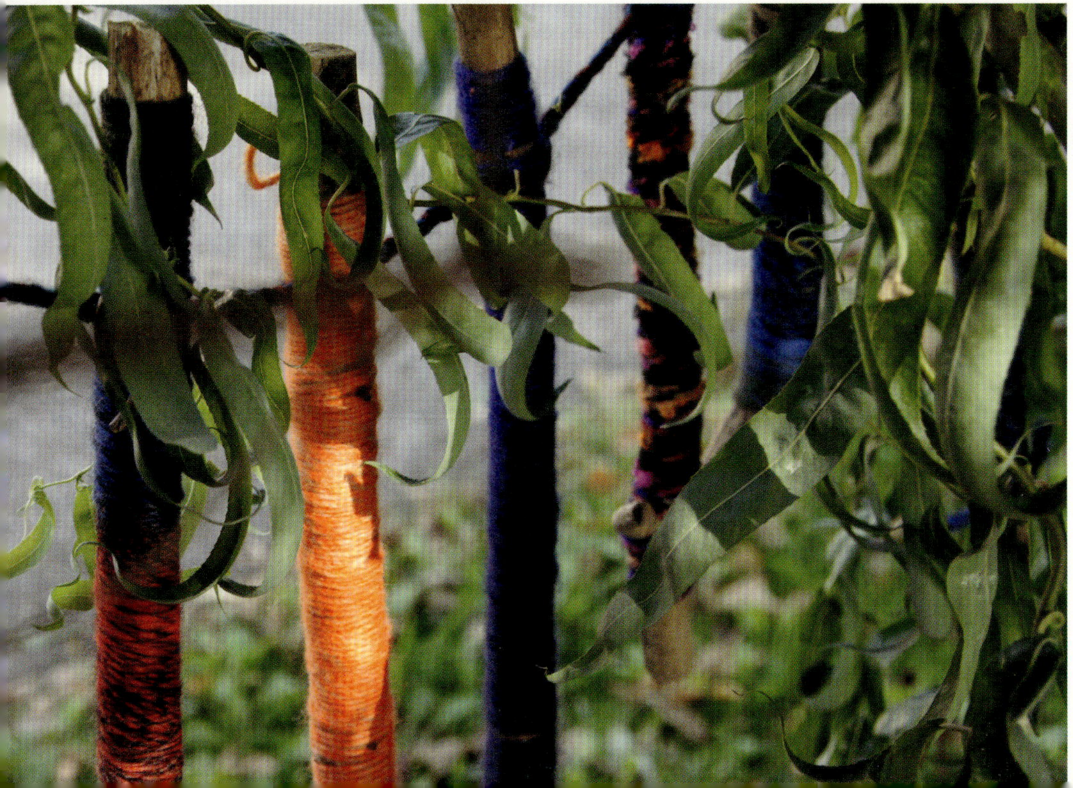
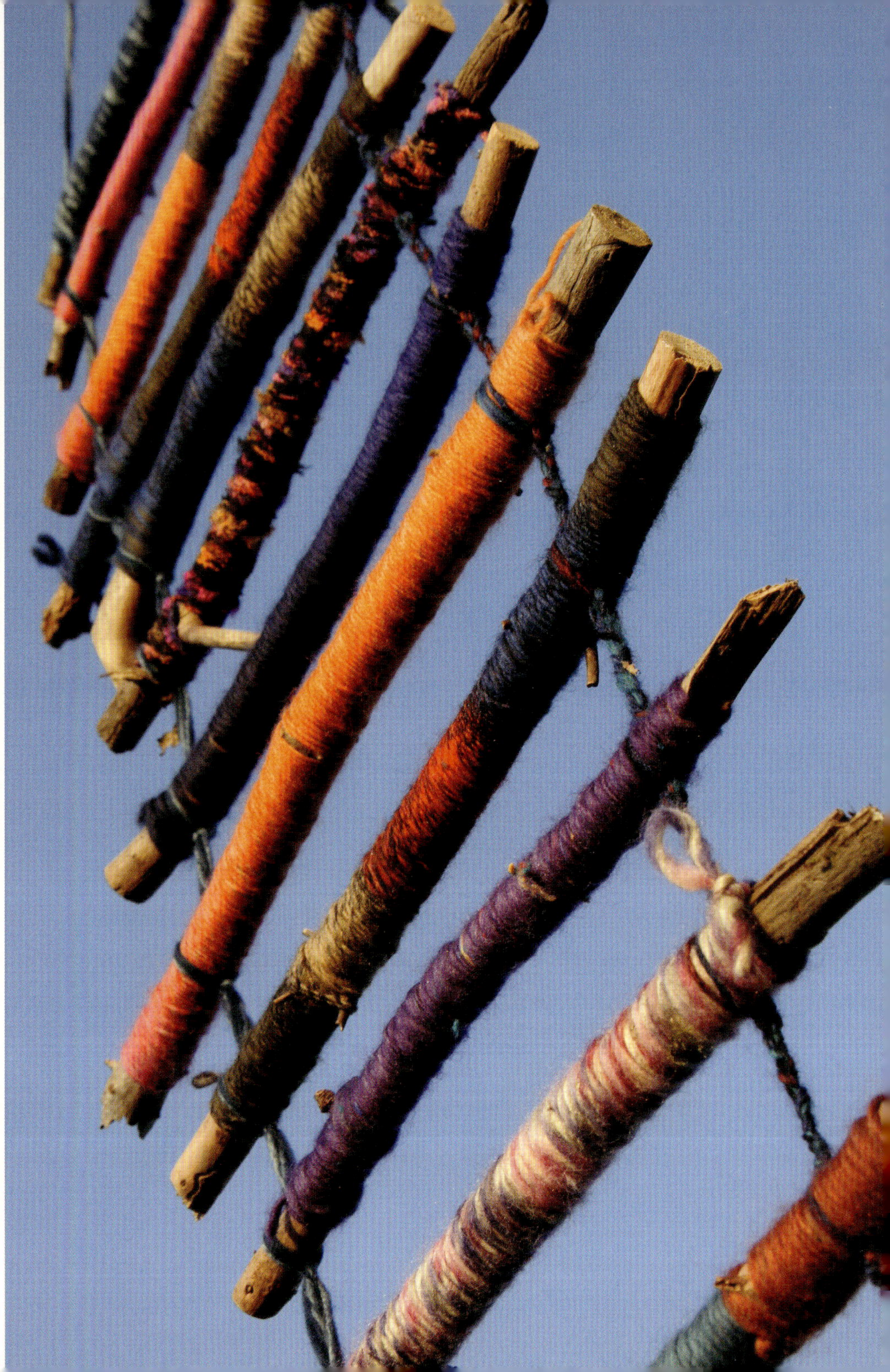

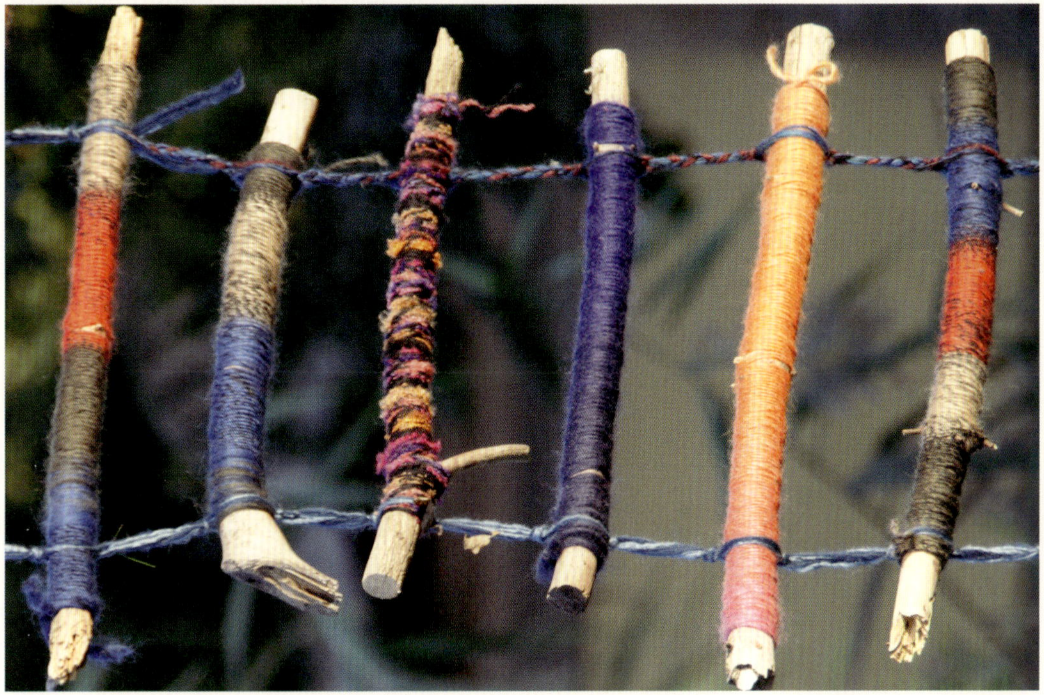

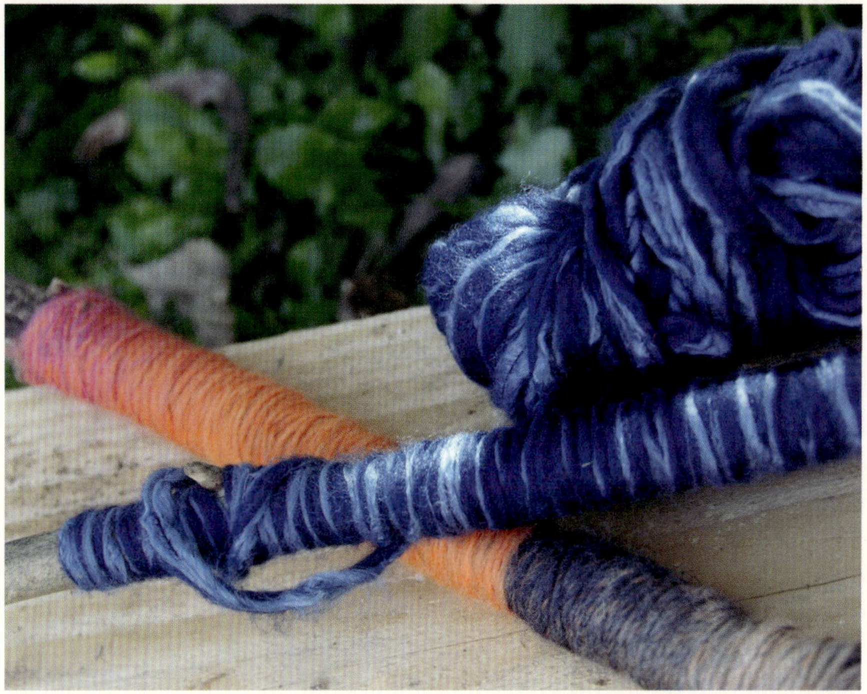

HIMMELSLEITER

MATERIAL:

- Äste
- Wolle

TECHNIKEN:

- Wickeln
- Knoten
- Flechten

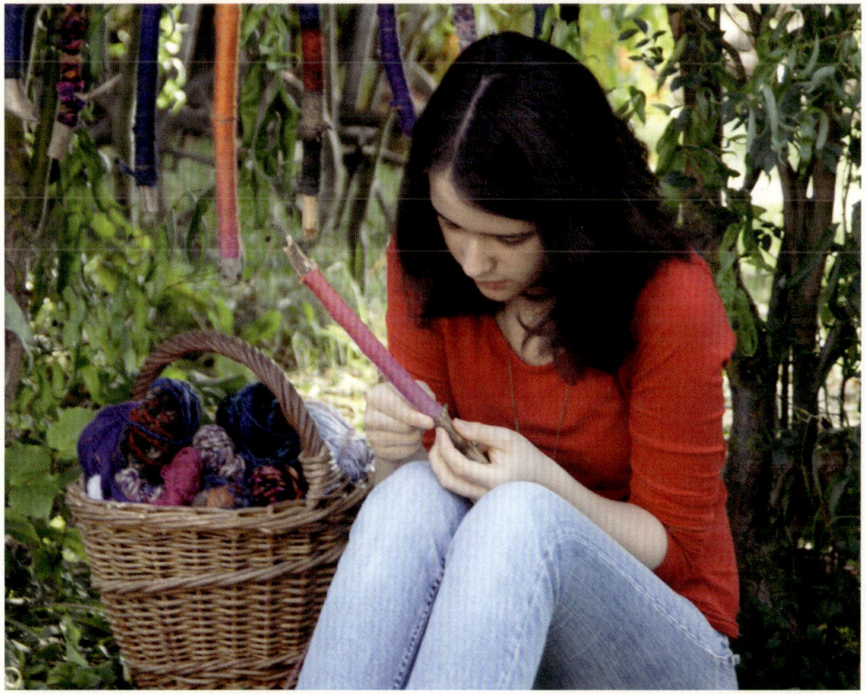

Die Himmelsleiter lädt zum Träumen ein. Wer sie verschenken möchte, kann kleine Päckchen und gute Wünsche daran befestigen.

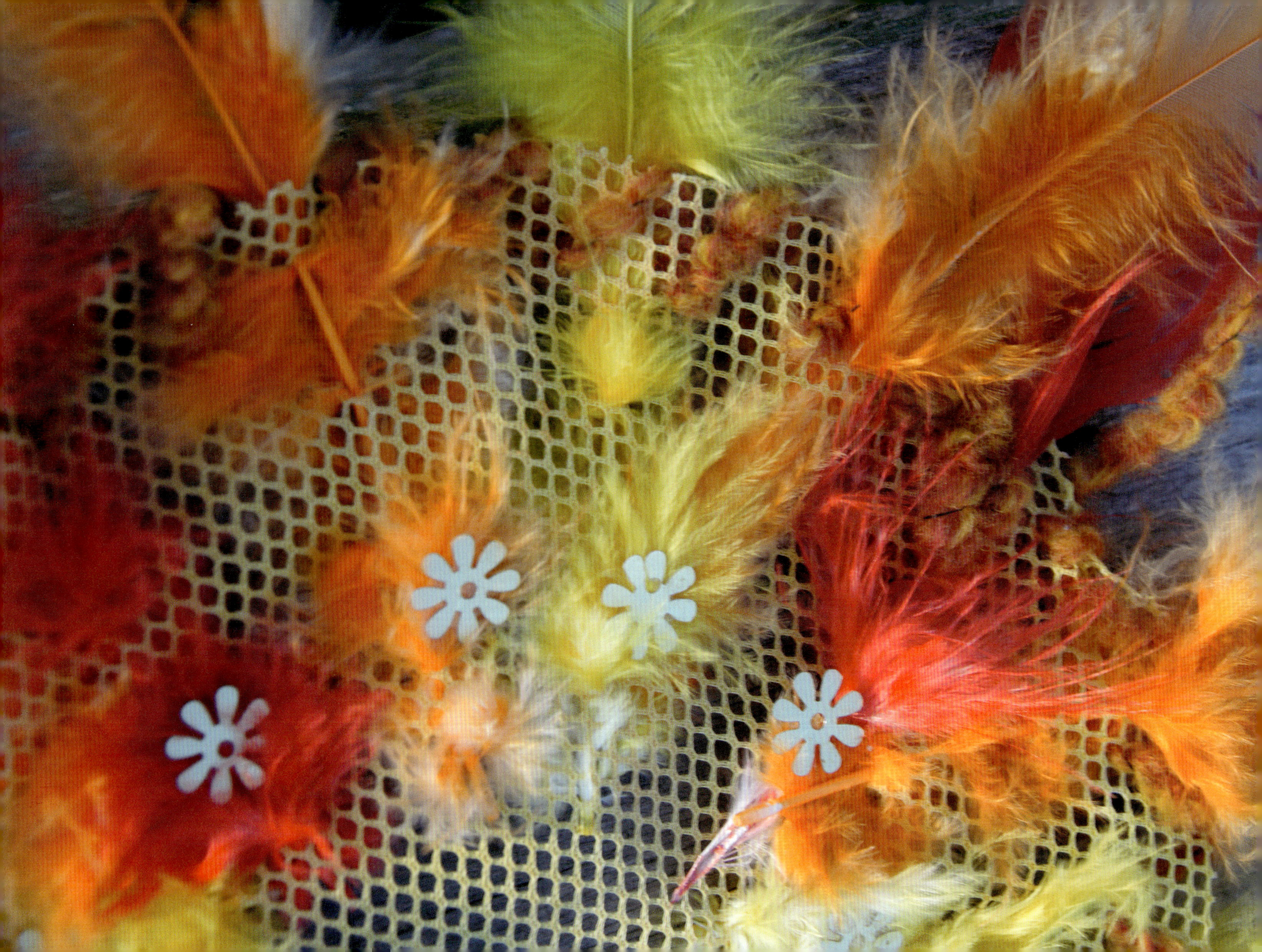

TRAUMFISCHER

MATERIAL:

Netzstoff

Federn

Wolle / Faden

Schmuck-Glitterblumen

Kleber

TECHNIKEN:

Malen

Nähen

Stecken

Kleben

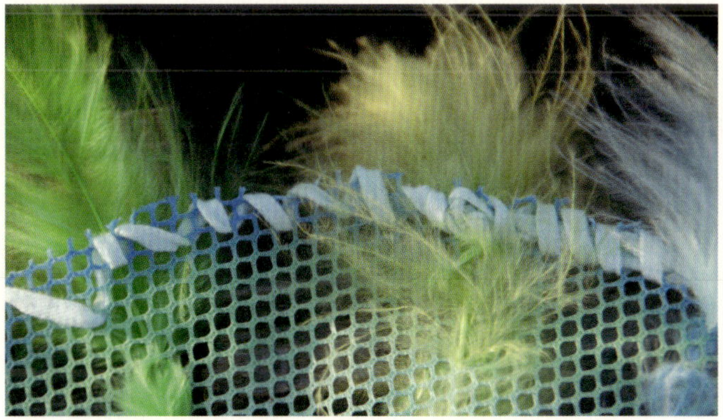

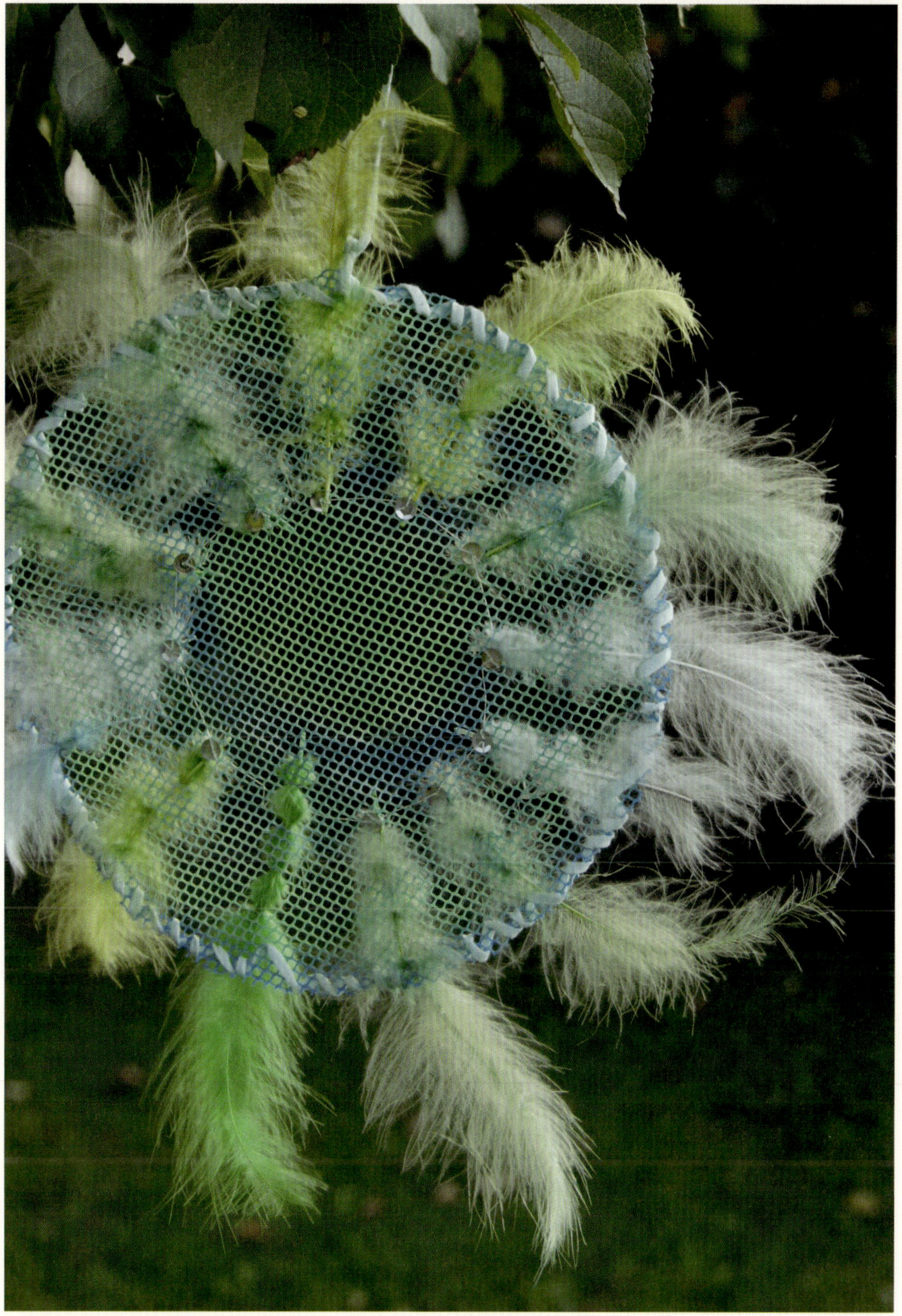

Statt des dicken Netzstoffes tut auch ein metallenes Fliegengitter oder ein ausgedientes Küchensieb gute Dienste.

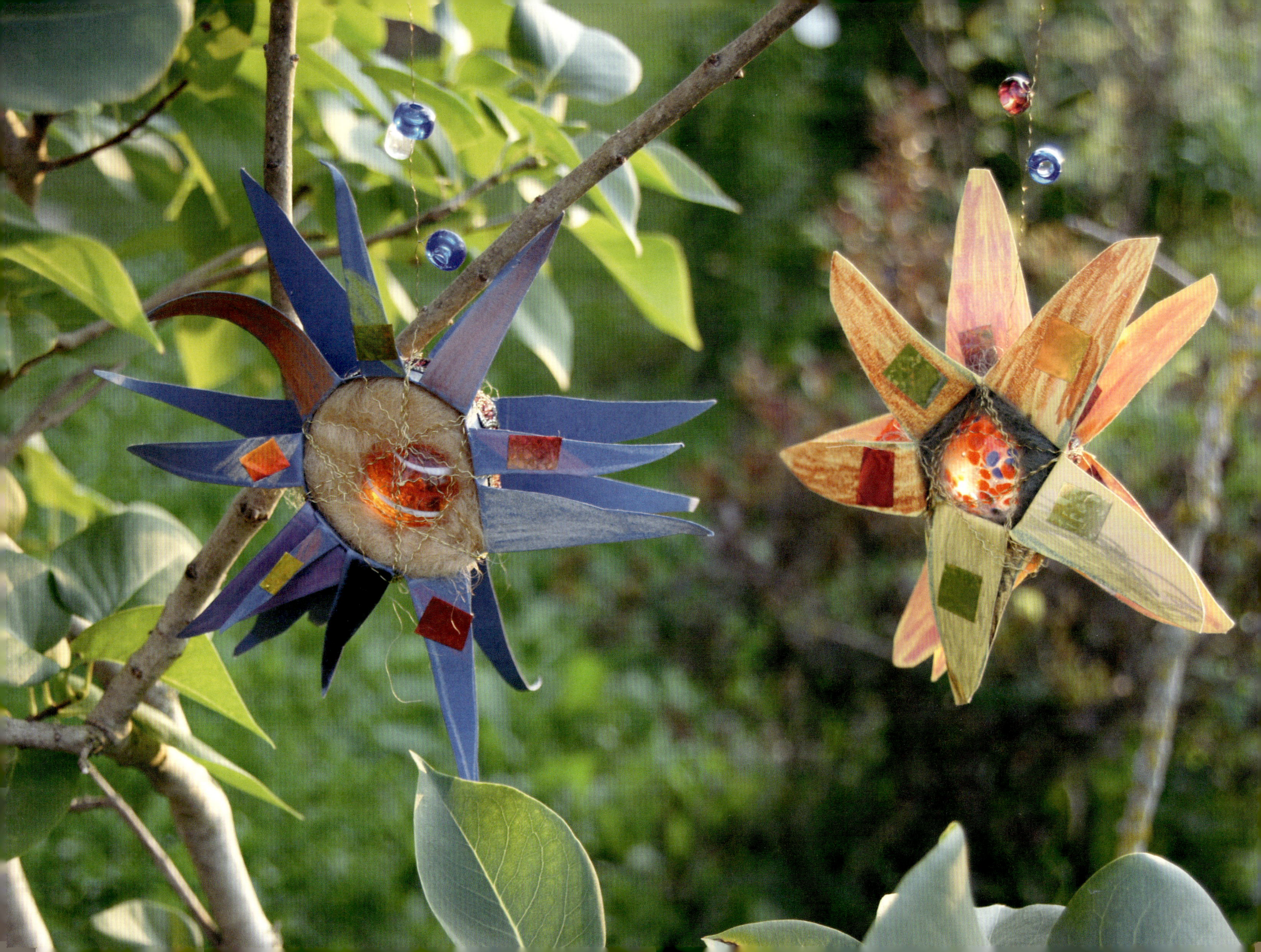

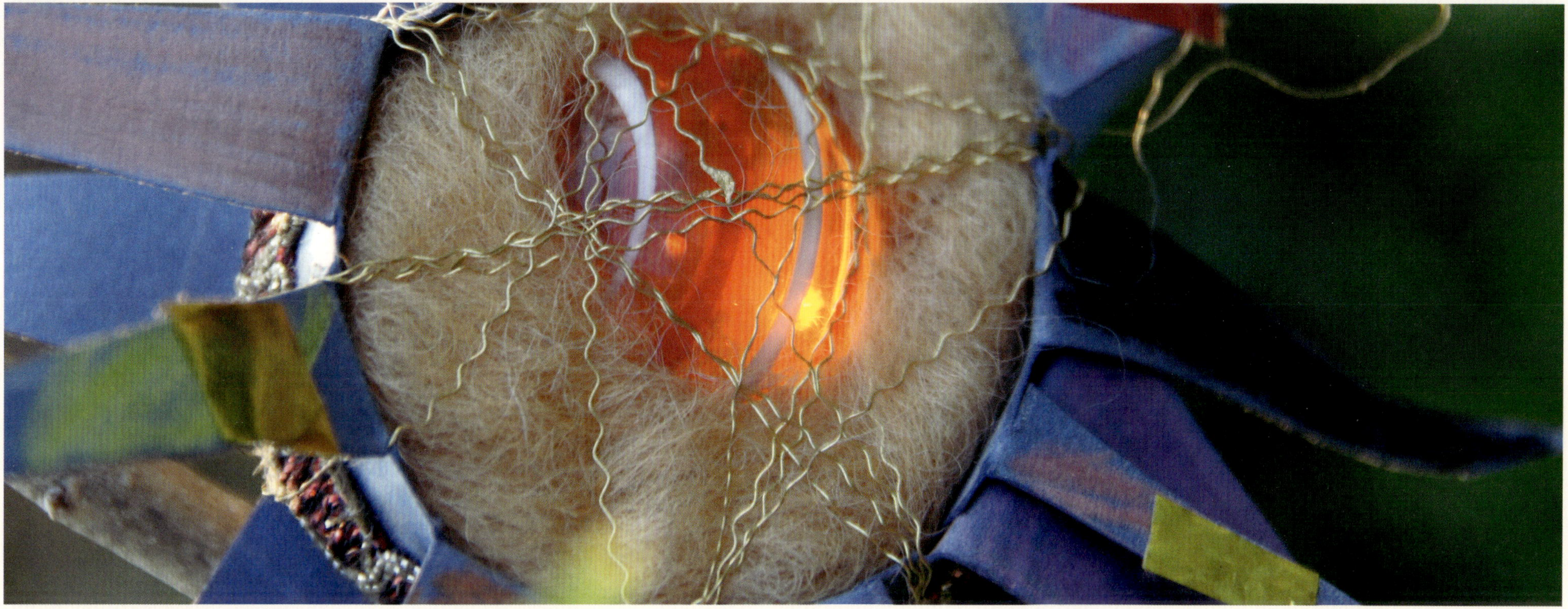

MURMEL-SONNENSTERN

MATERIAL:

- Fotokarton
- Buntstifte
- Glitzerklebefolie
- Kleber
- Murmeln / Glasperlen
- Filzwolle
- Golddraht

TECHNIKEN:

- Zeichnen
- Schneiden
- Malen
- Kleben
- Füllen
- Wickeln

Unten stehende Skizze beliebig groß aufzeichnen, ausschneiden, bemalen und bekleben. Anschließend die Sternzacken nach hinten biegen, den Streifen zur Rolle drehen und fixieren. Mit Filzwolle und Murmel füllen und mit Golddraht umwickeln.

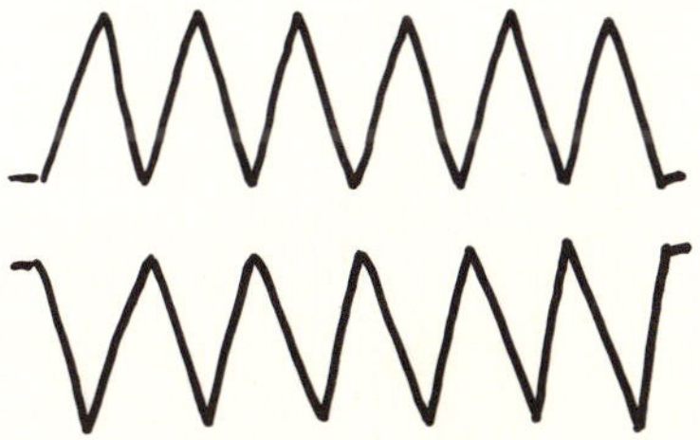

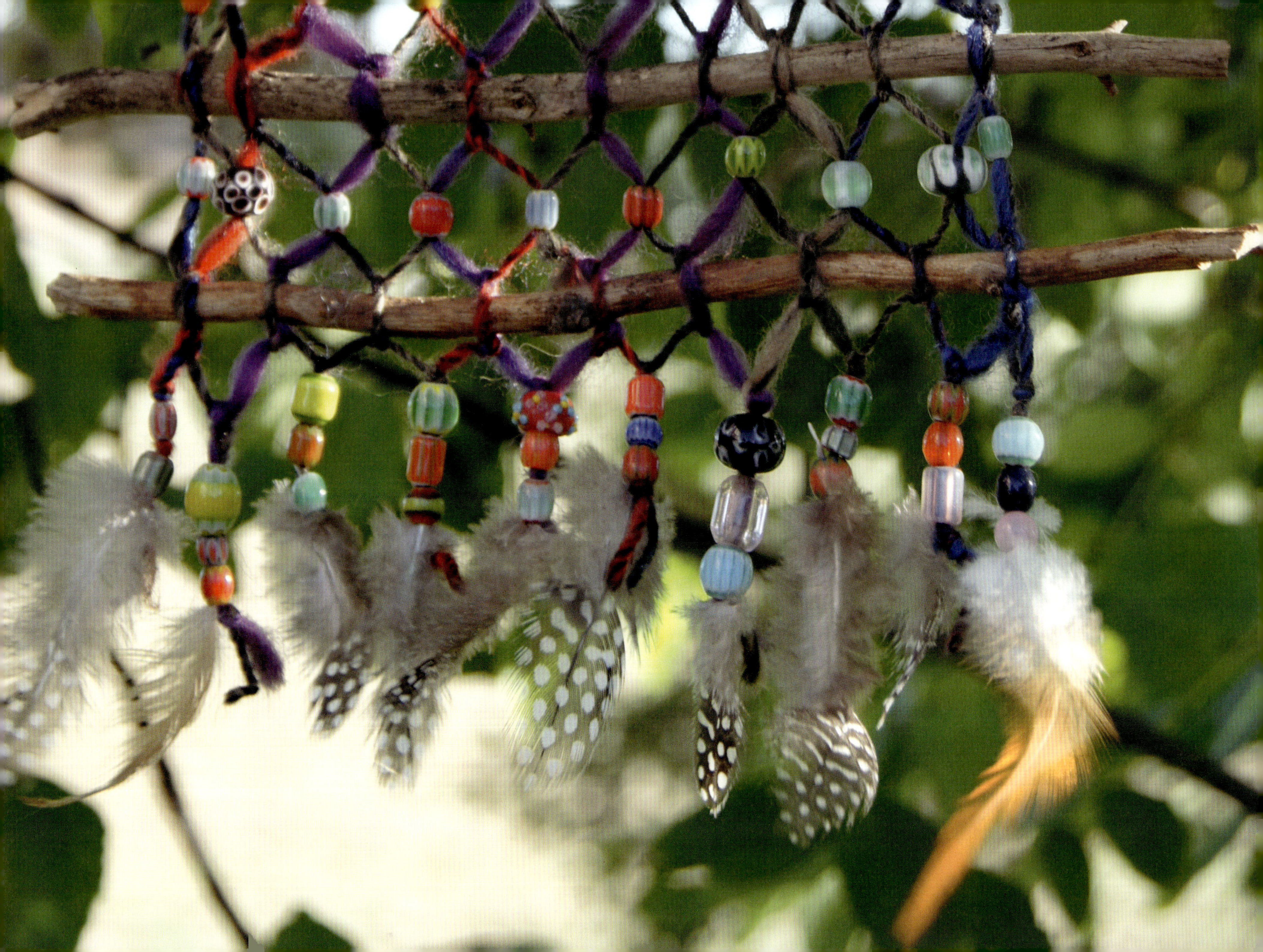

TAUTROPFEN-FÄNGER

MATERIAL:

Dünne Äste

Wolle

Glasperlen

Federn

TECHNIKEN:

Binden

Knoten

Fädeln

Stecken

In der Sonne glitzern die Glasperlen wie Tautropfen am Morgen.

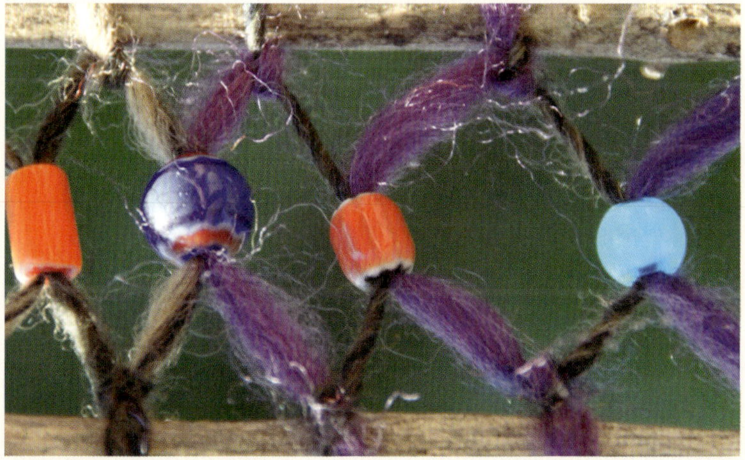

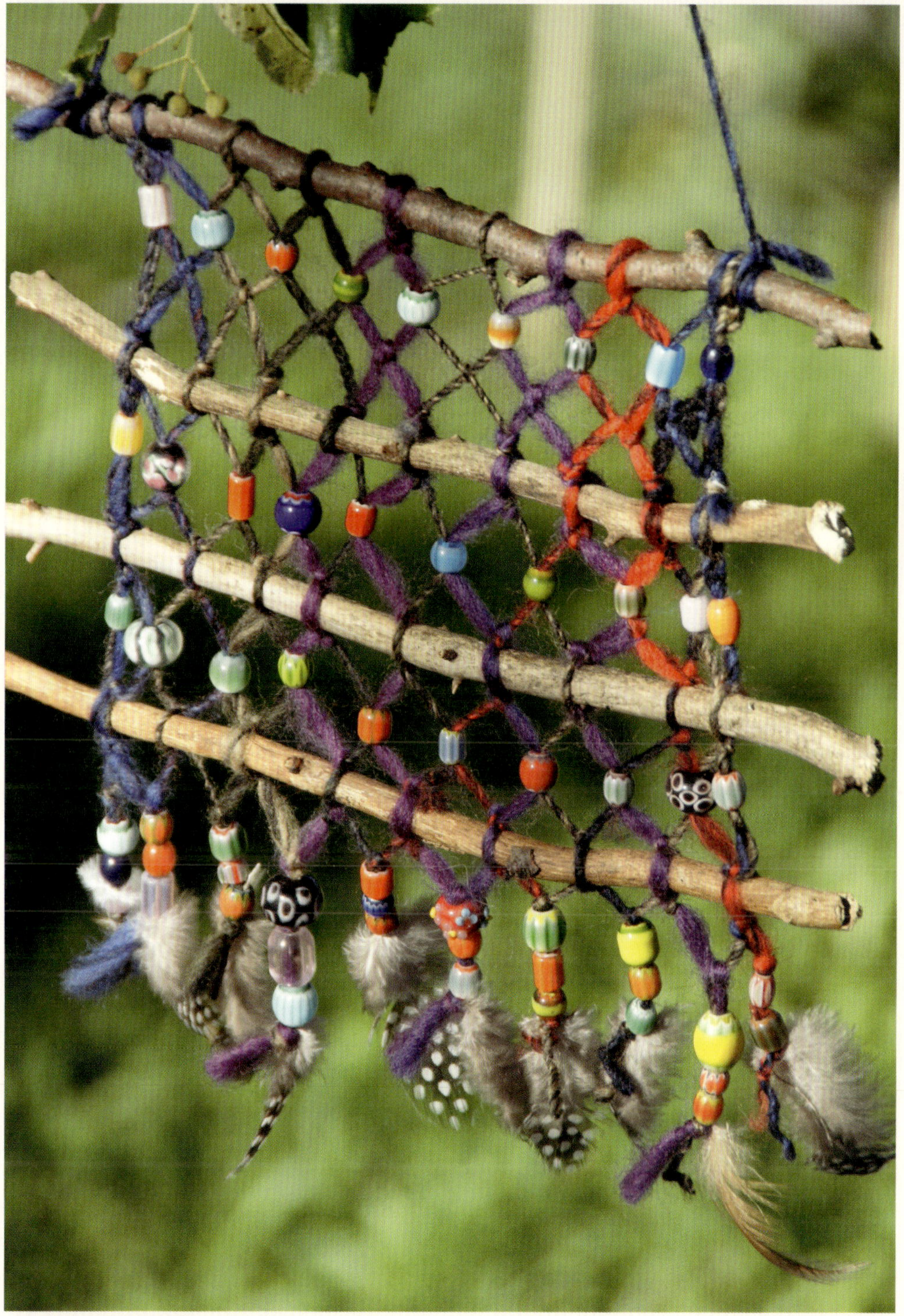

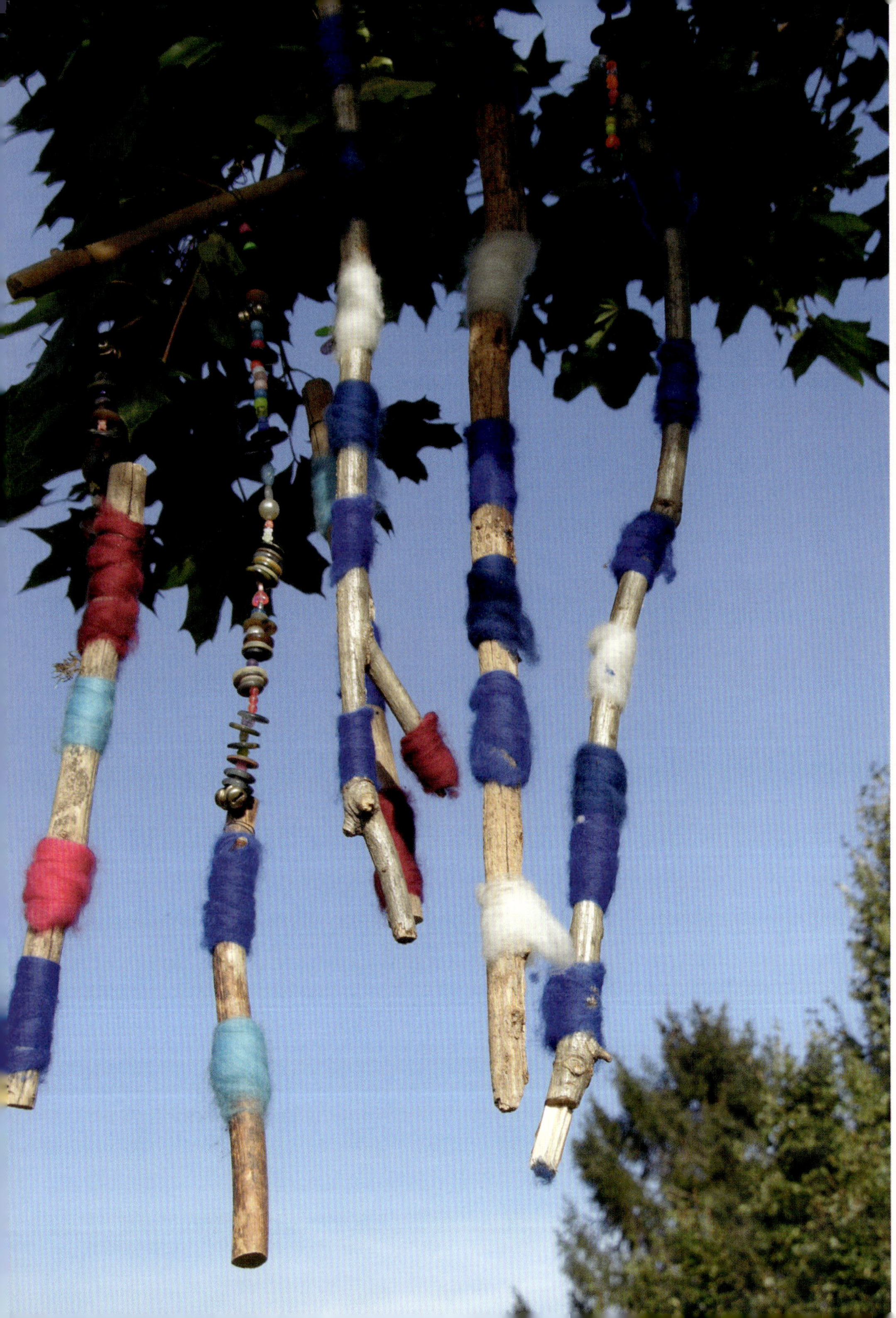
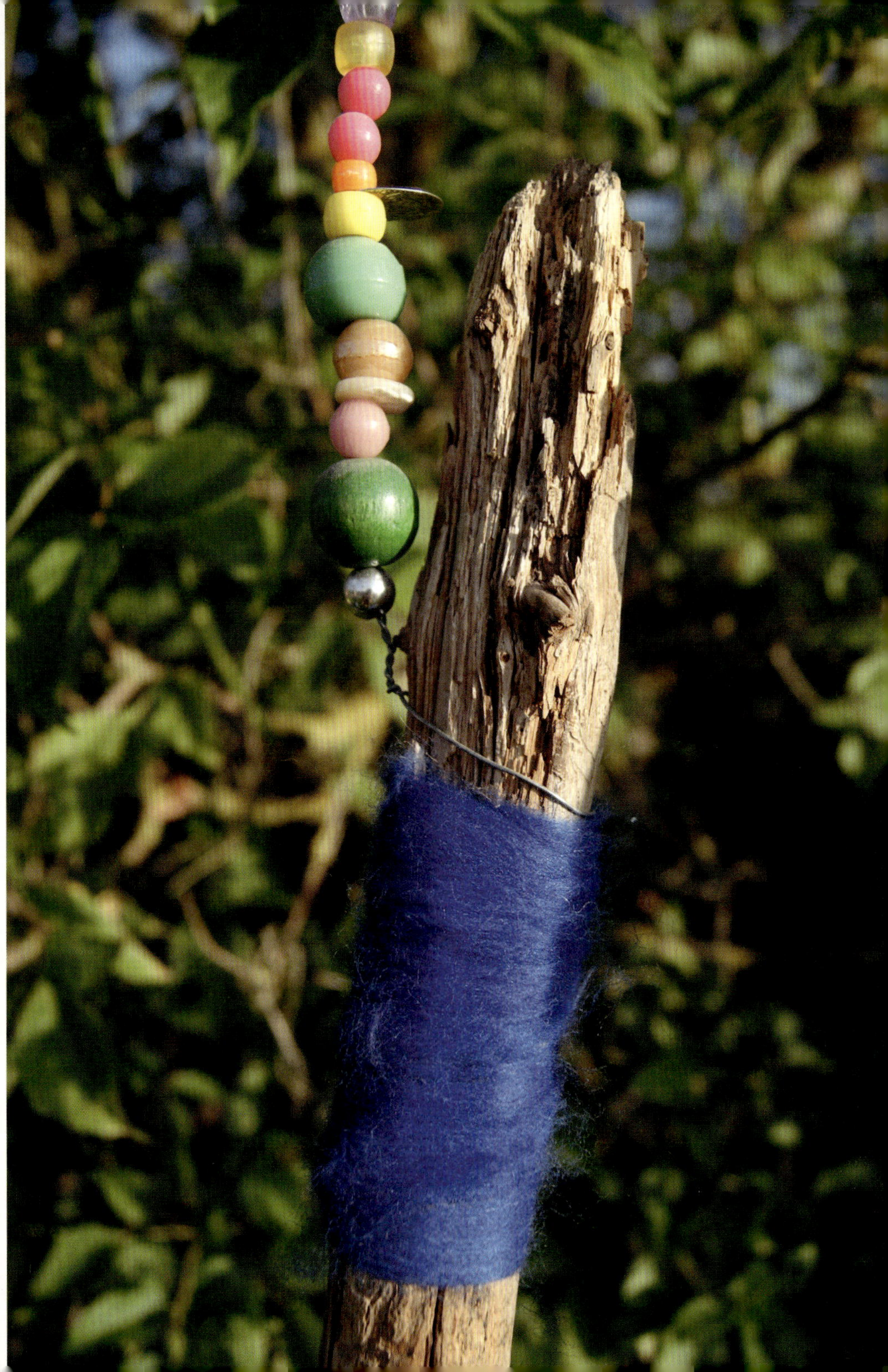

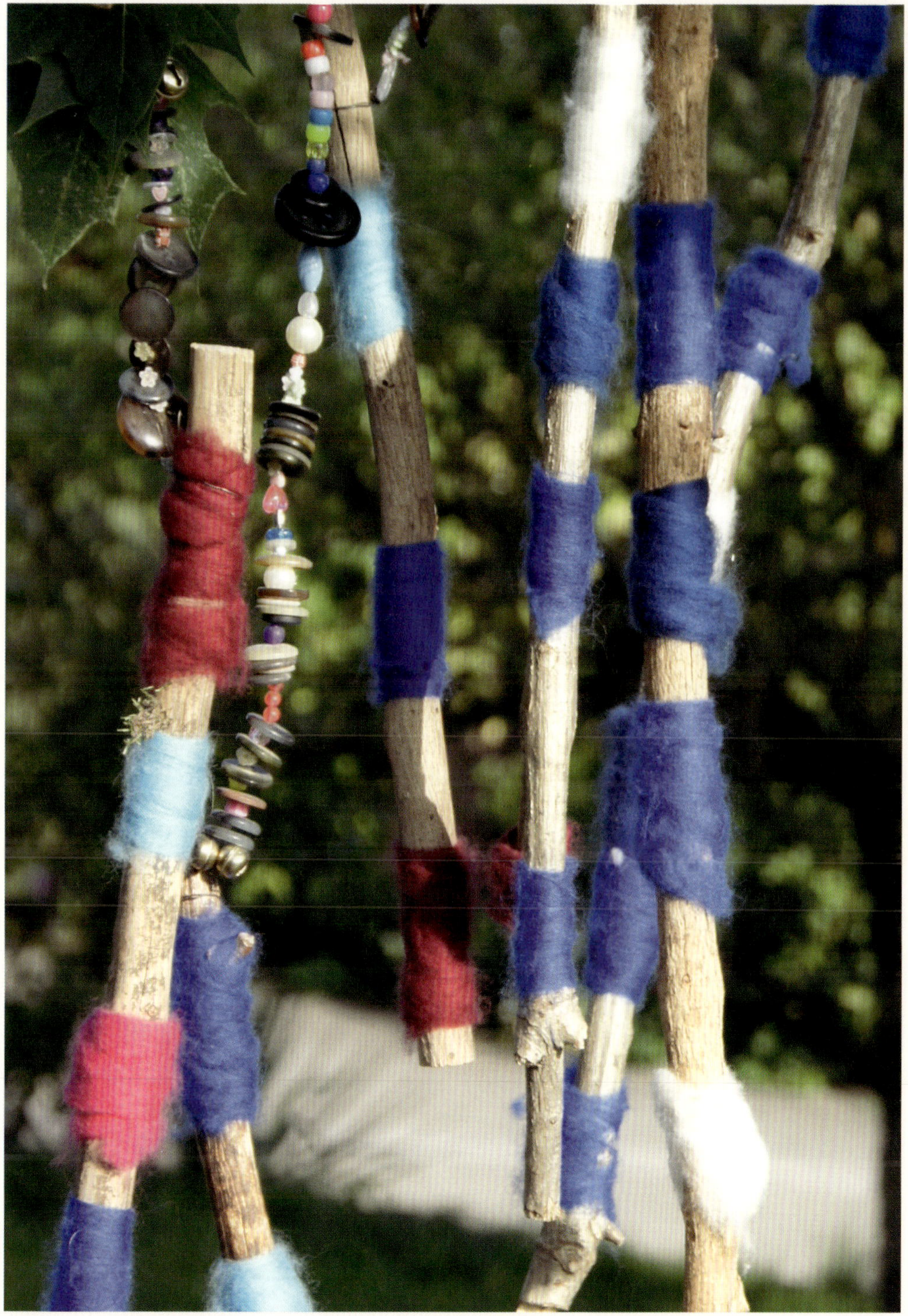

WINDTÄNZER

MATERIAL:

- Äste
- Filzwolle
- Draht
- Perlen
- Knöpfe
- Glöckchen

TECHNIKEN:

- Umwickeln
- Filzen
- Fädeln
- Verdrehen

Die Filzwolle wird mit den Händen fest verdreht und angerieben, damit sie gut hält.

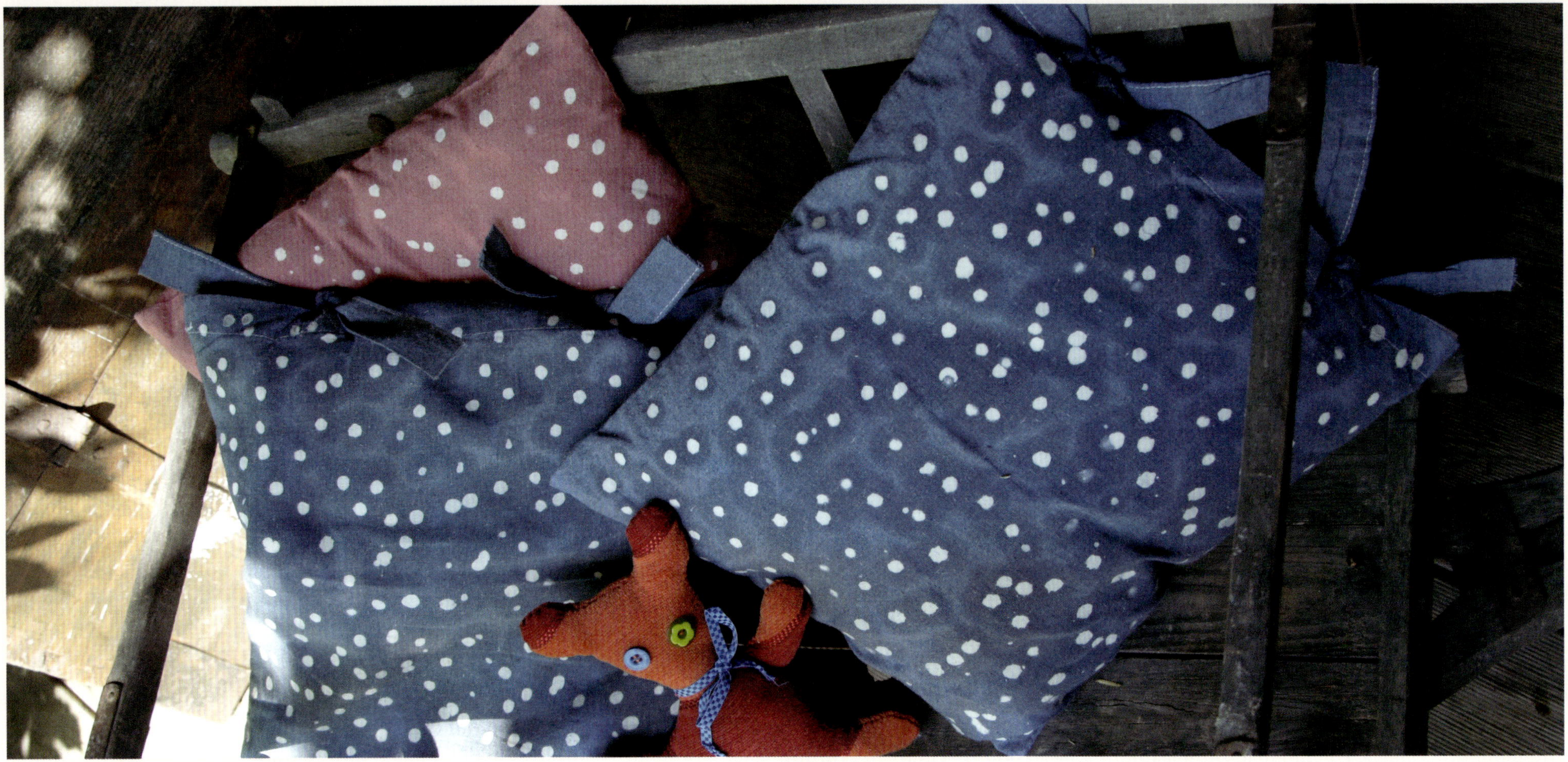

KUSCHELKISSEN

MATERIAL:

- Stofftasche
- Kerze
- Batikfarbe
- Fixierung
- Füllkissen

TECHNIKEN:

- Wachs auftropfen
- Färben
- Bügeln
- Schneiden
- Füllen
- Knoten

Die Henkel der Stofftaschen werden in der Mitte durchgeschnitten und dienen als Kissenverschluss – einfach gegenüberliegend verknoten!

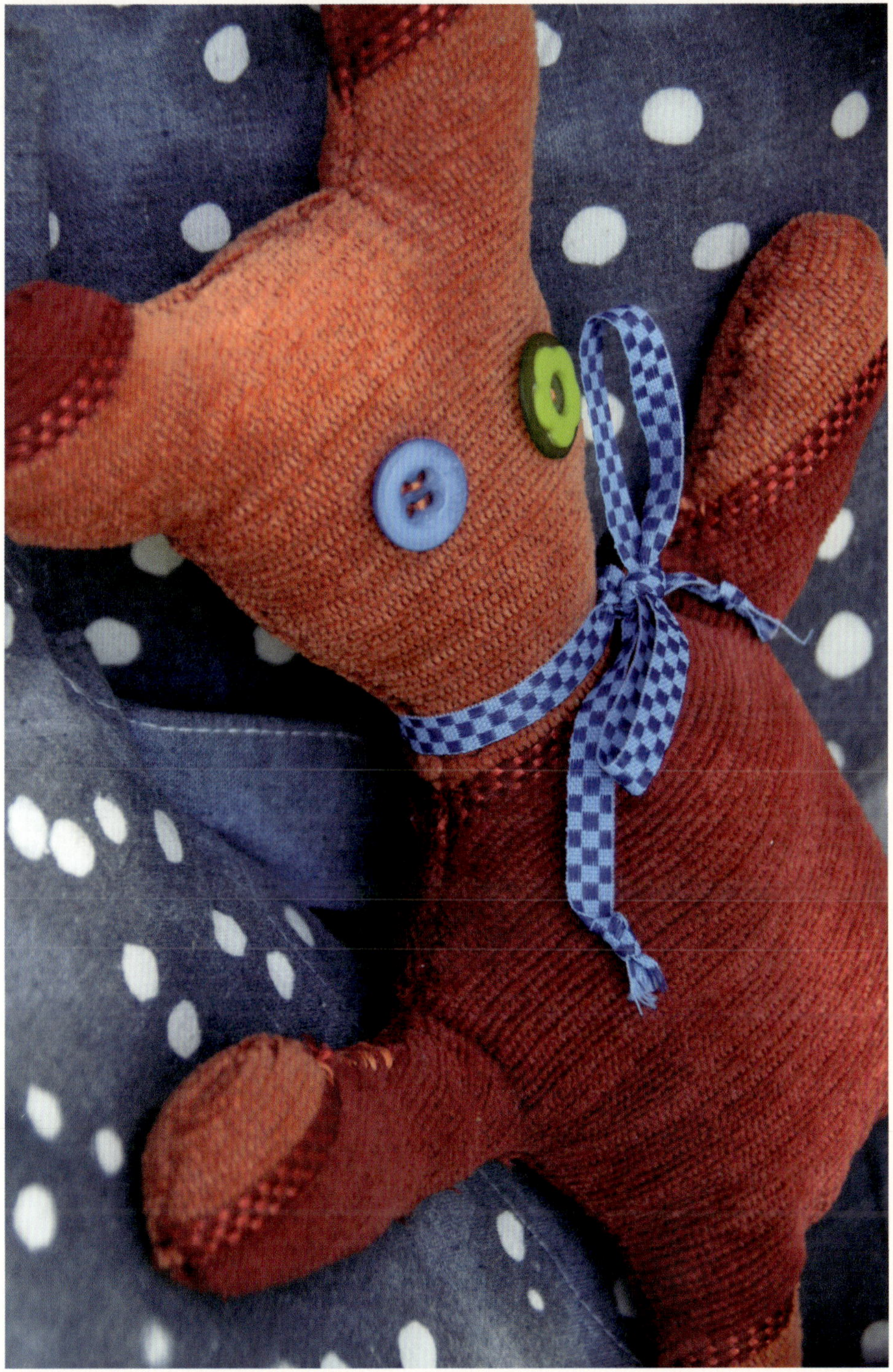

KUSCHELBÄR

MATERIAL:

- Stoffreste
- Faden
- Knöpfe
- Füllwatte
- Bändchen

TECHNIKEN:

- Zeichnen
- Schneiden
- Nähen
- Füllen
- Aufnähen

Mit solch einem süßen Bären kann jeder gut schlafen.

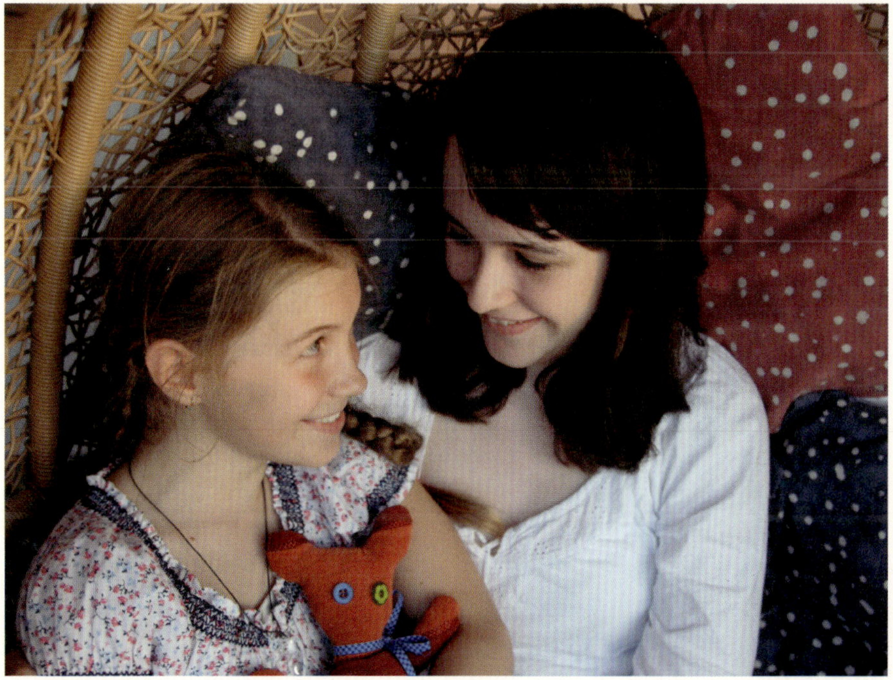

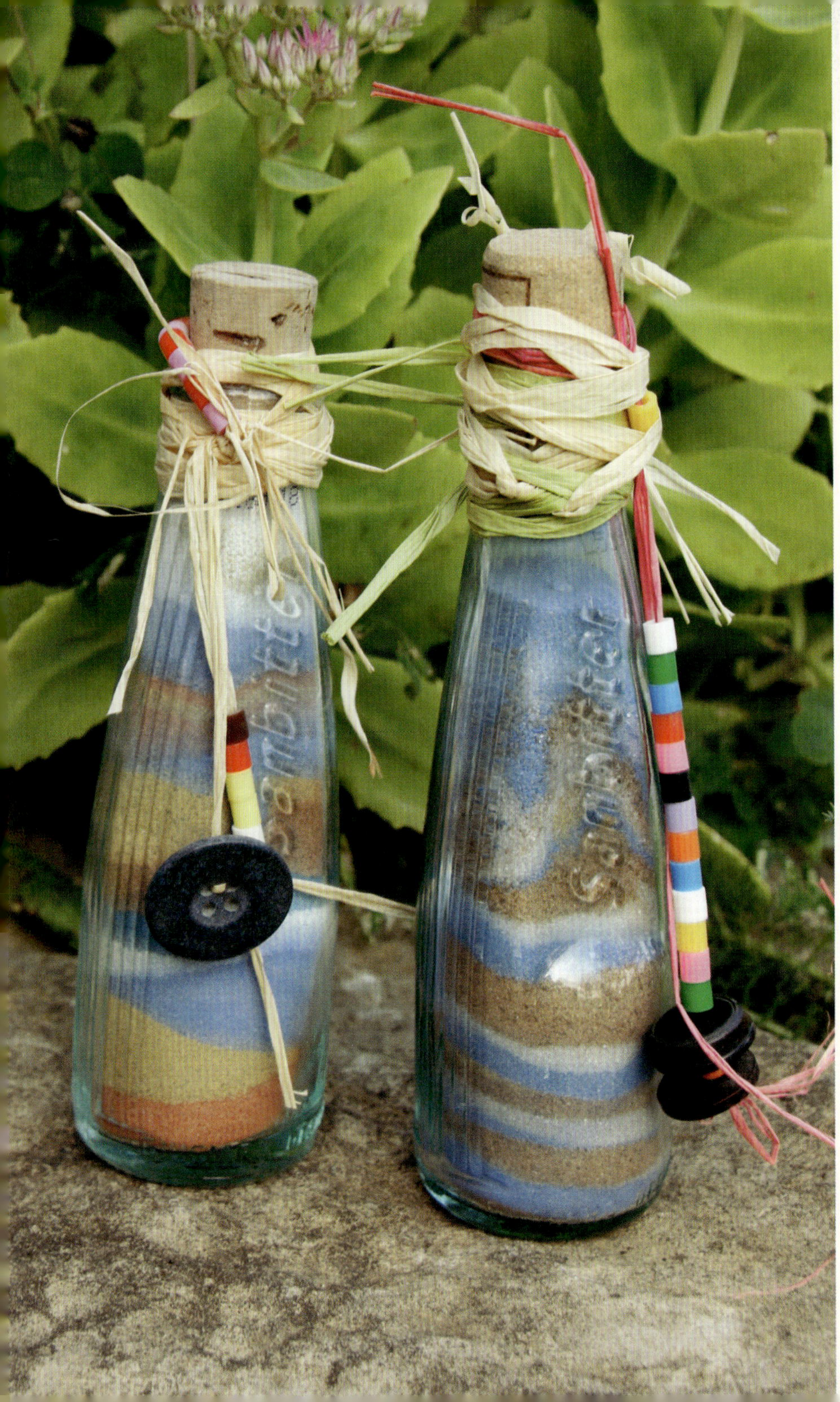

TRAUMSAND-FLÄSCHCHEN

MATERIAL:

Kleine Glasfläschchen

Korken

Sand

Naturfarbpigmente

Bast

Perlen

Knöpfe

TECHNIKEN:

Sand sieben

Sand färben

Füllen

Fädeln

Wickeln

Knoten

Die einzelnen Sandschichten müssen fest angedrückt und die Flasche bis oben gefüllt werden, damit sich nichts vermischen kann!

Verabredungen

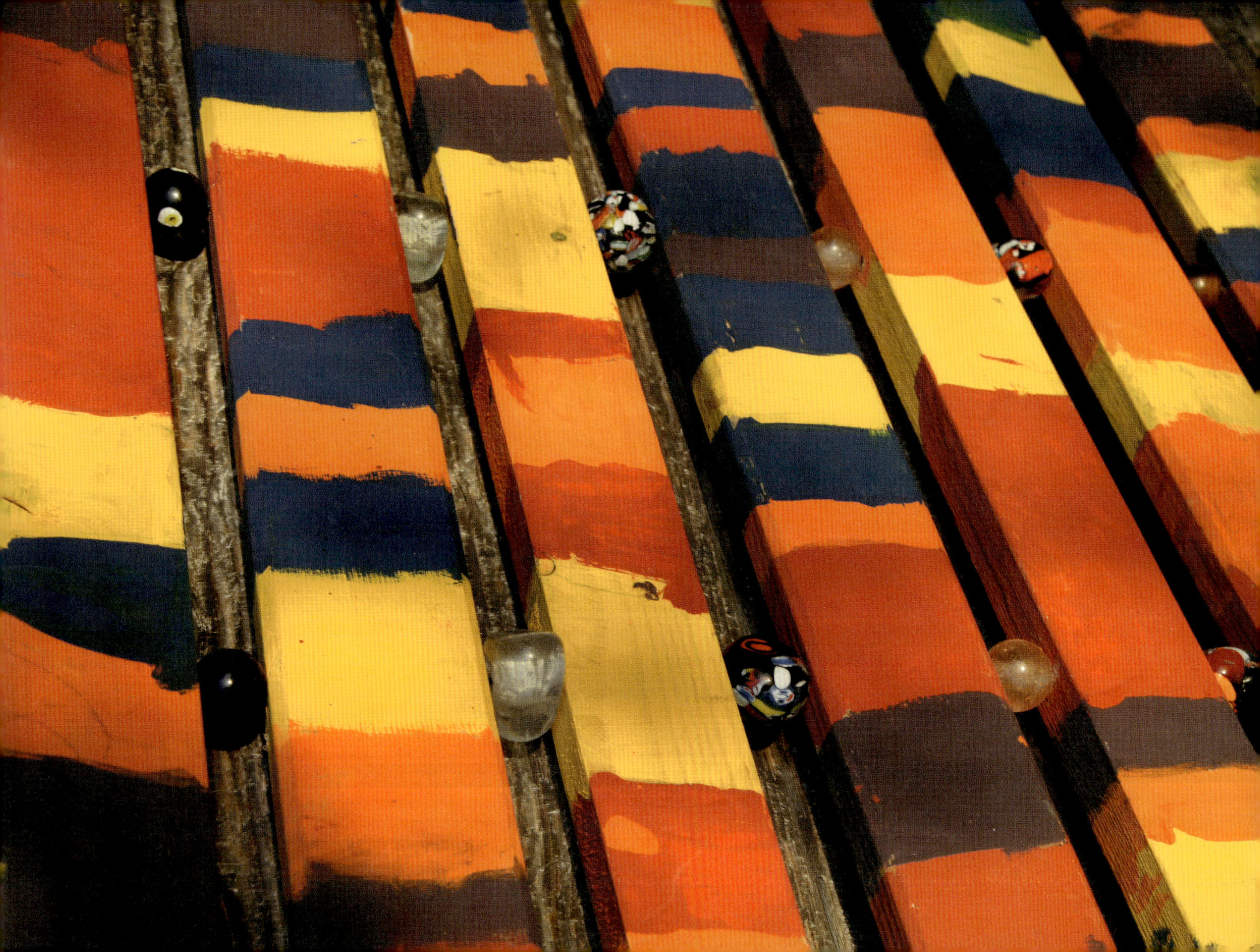

FROHE FARBENREIHE

MATERIAL:

Holzlatten

Sisalschnur

Große Glasperlen

Dispersionsfarben

TECHNIKEN:

Sägen

Schleifen

Bohren

Malen

Fädeln

Knoten

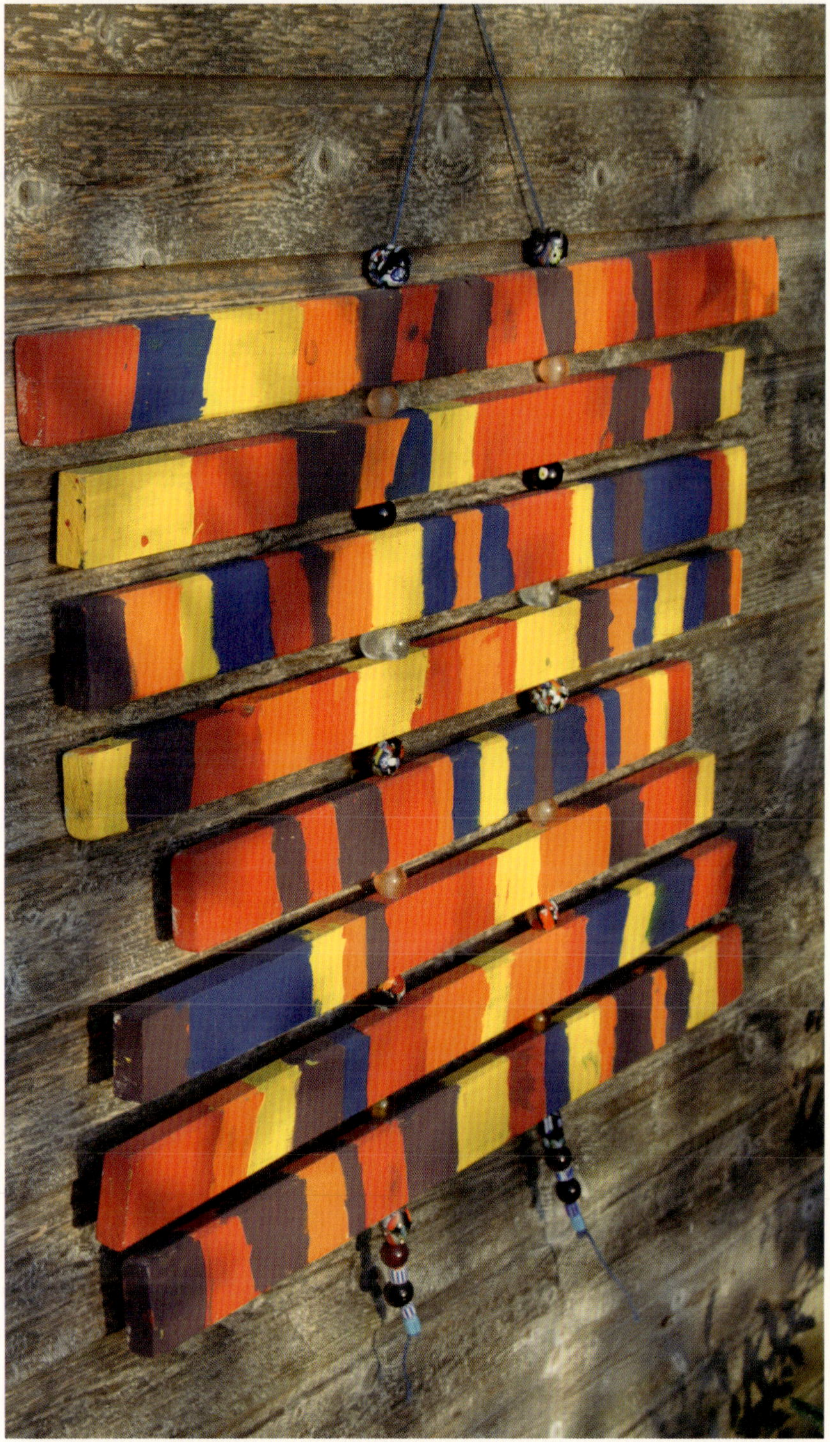

Wer die Holzlatten von allen Seiten bemalt, hat einen wunderschönen Raumteiler oder einen Sichtschutz fürs Fenster.

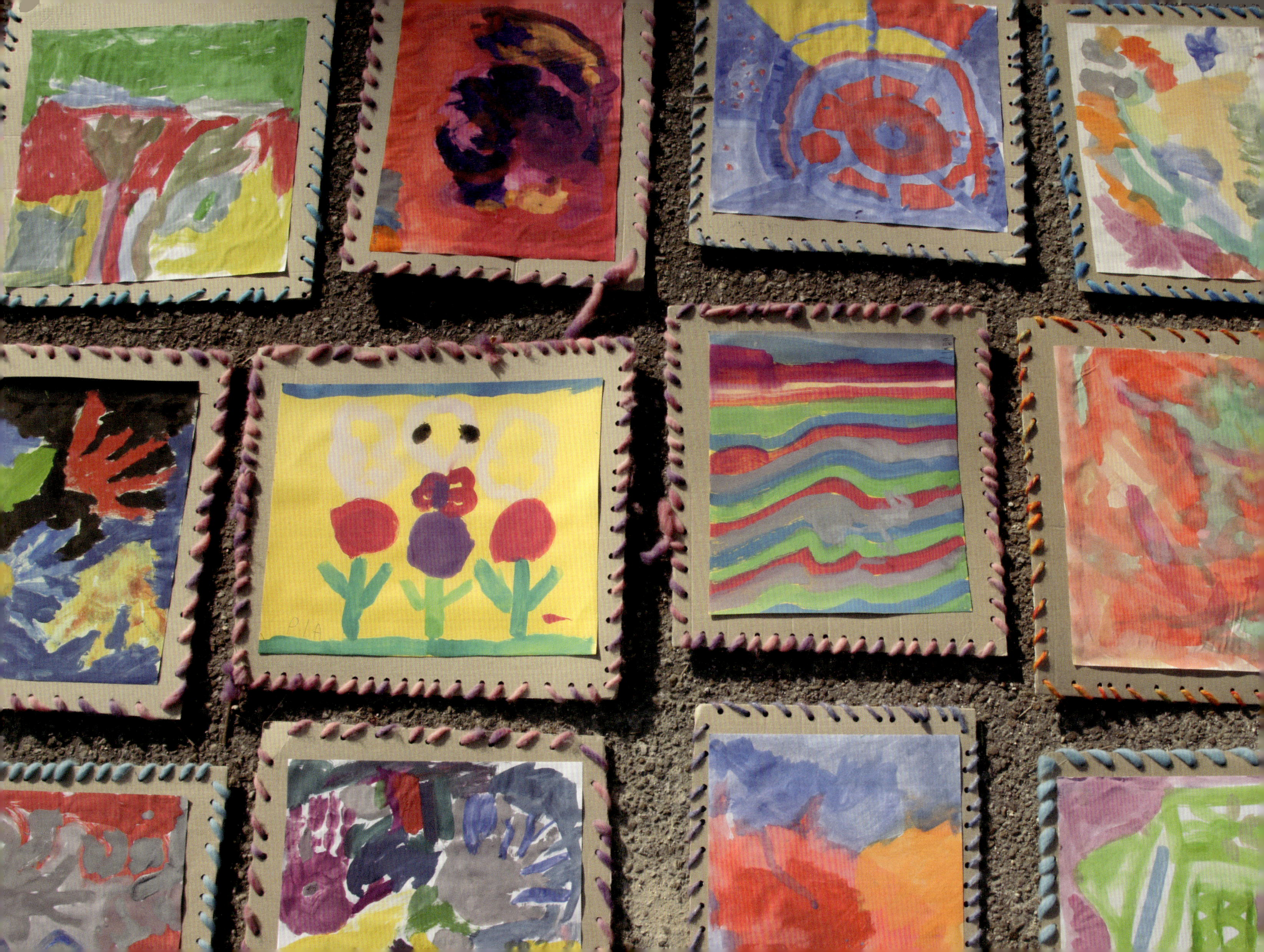
PIA

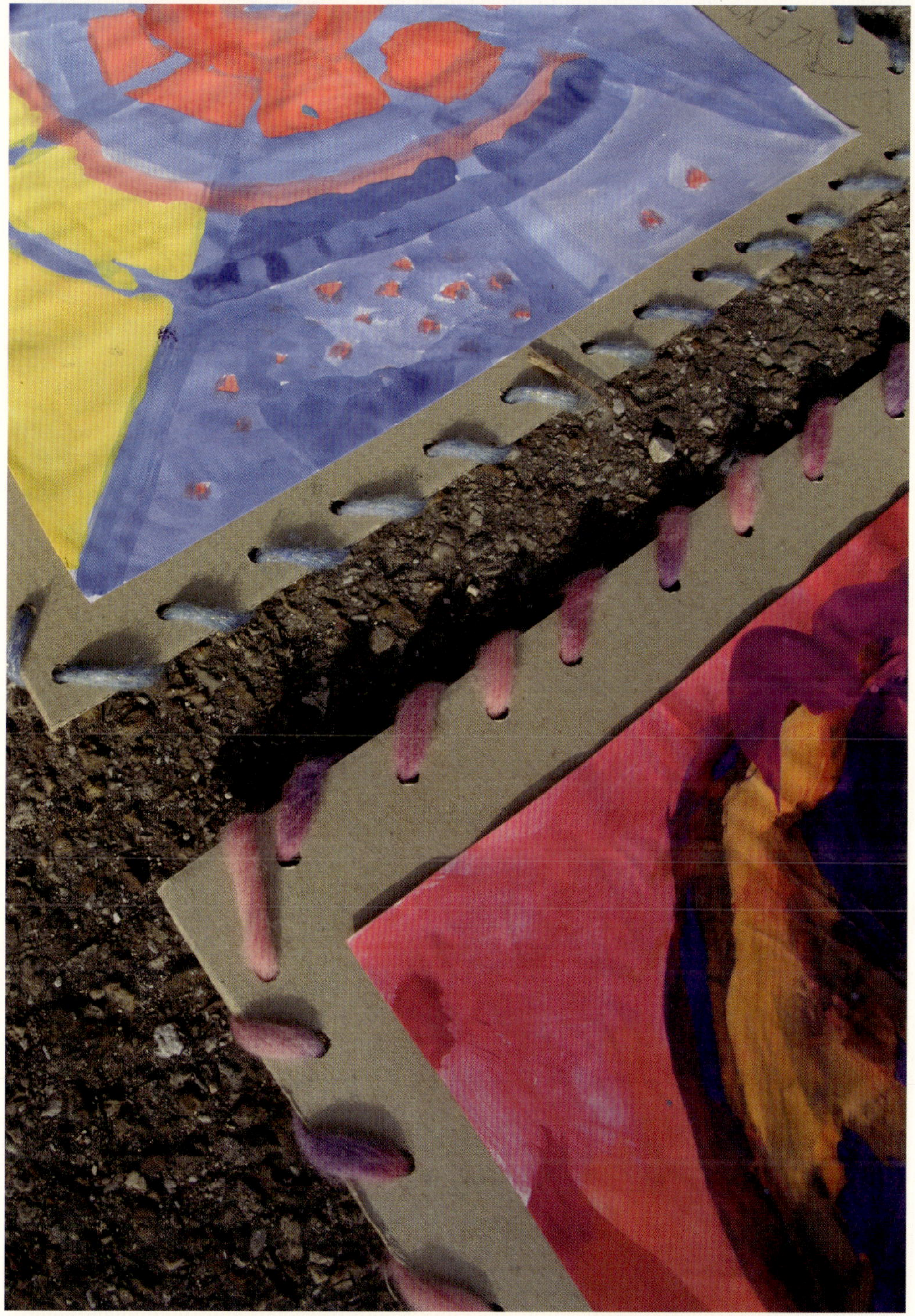

NÄHBILDER-MOSAIK

MATERIAL:

Pappkarton

Papier

Wasserfarben

Dicke Wolle

TECHNIKEN:

Malen

Kleben

Lochen

Nähen

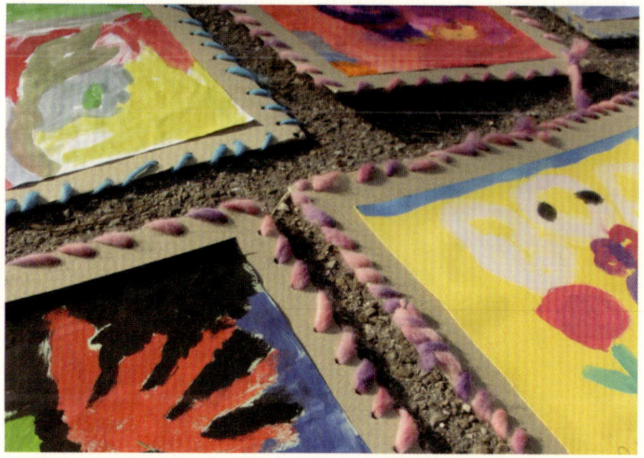

Am besten mit einem großen Locher die Löcher in den Karton stanzen.

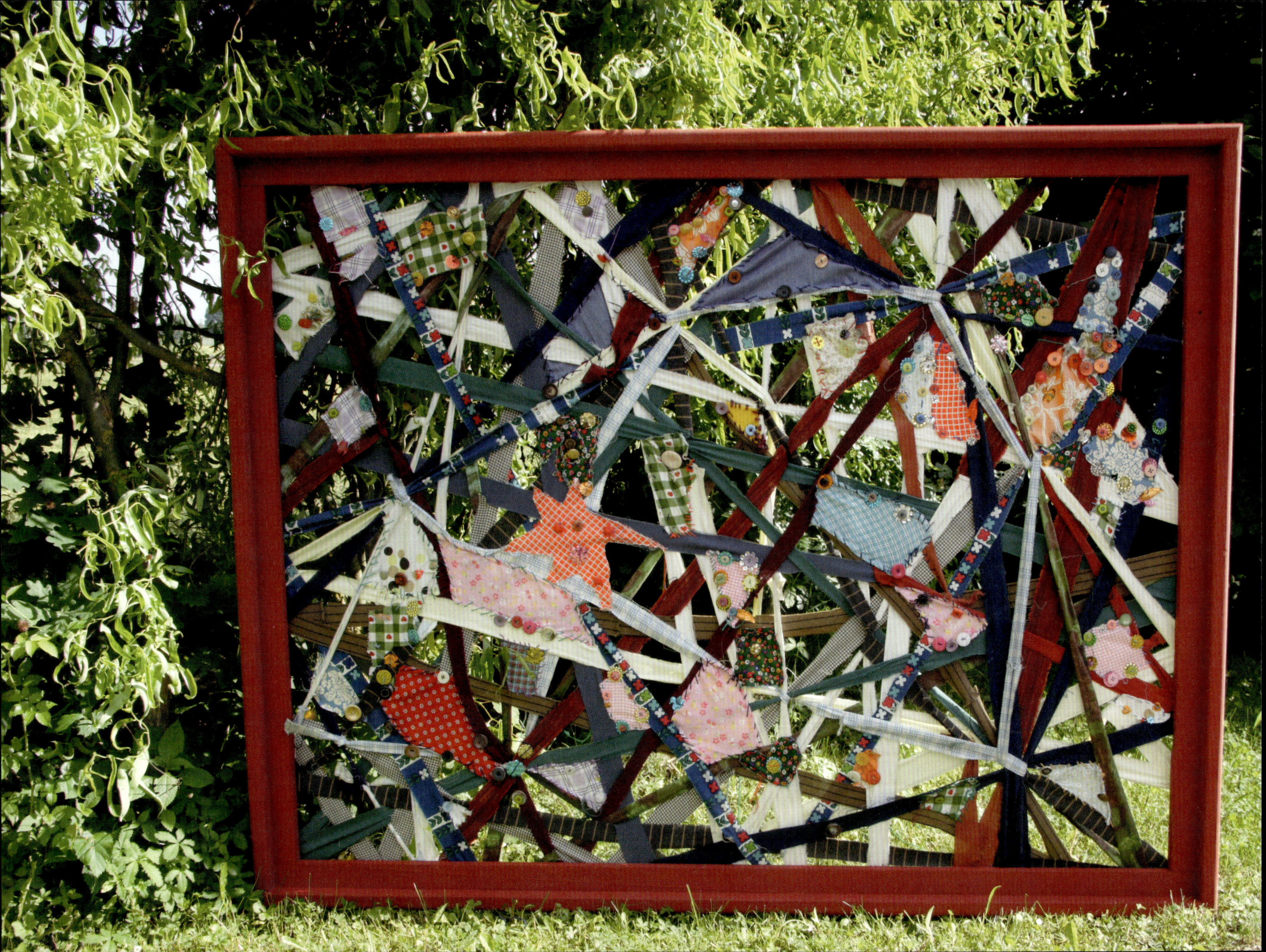

PATCHWORK-BILD

MATERIAL:

Großer Holzrahmen (Holzlatten, Leim)

Dispersionsfarben

Stoffstreifen/-reste

Knöpfe

Fäden

Wolle

Garne

Glitzerstanzteile

TECHNIKEN:

Sägen

Leimen

Hämmern

Malen

Tackern

Spannen

Knoten

Nähen

Sticken

Flechten

Alte Bettwäsche und Vorhänge, in Streifen geschnitten, finden hier einen neuen, würdigen Platz!

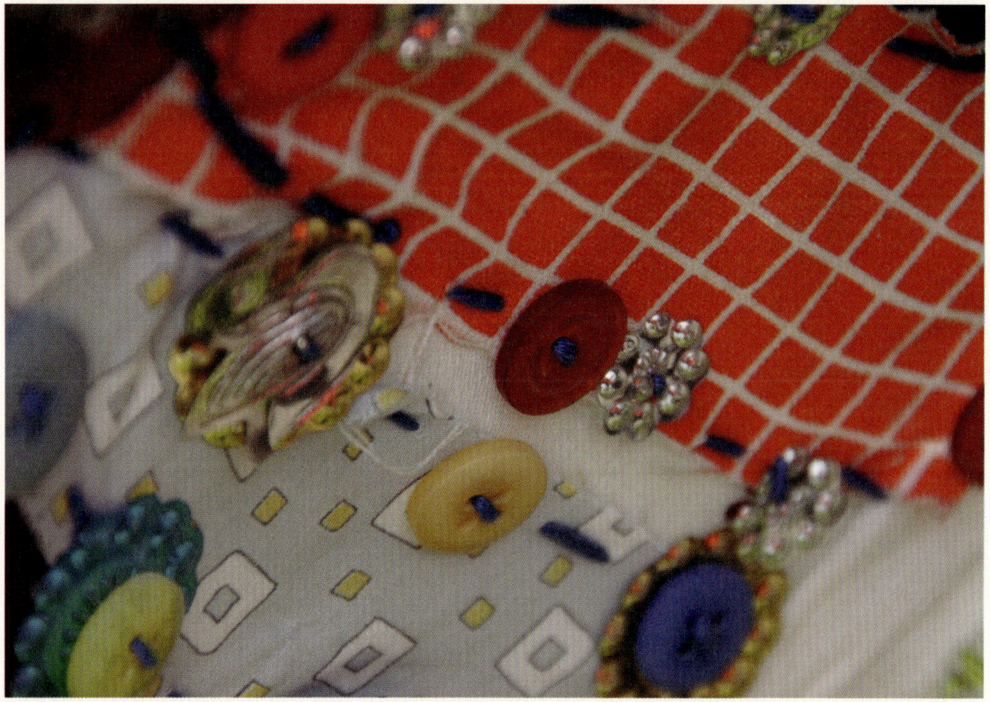

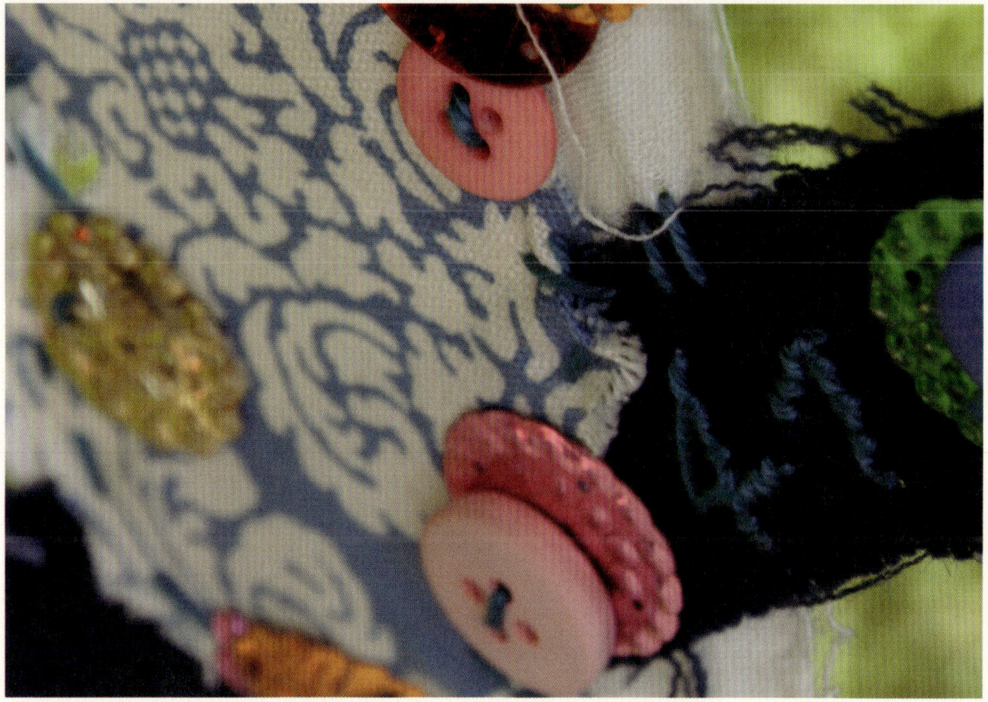

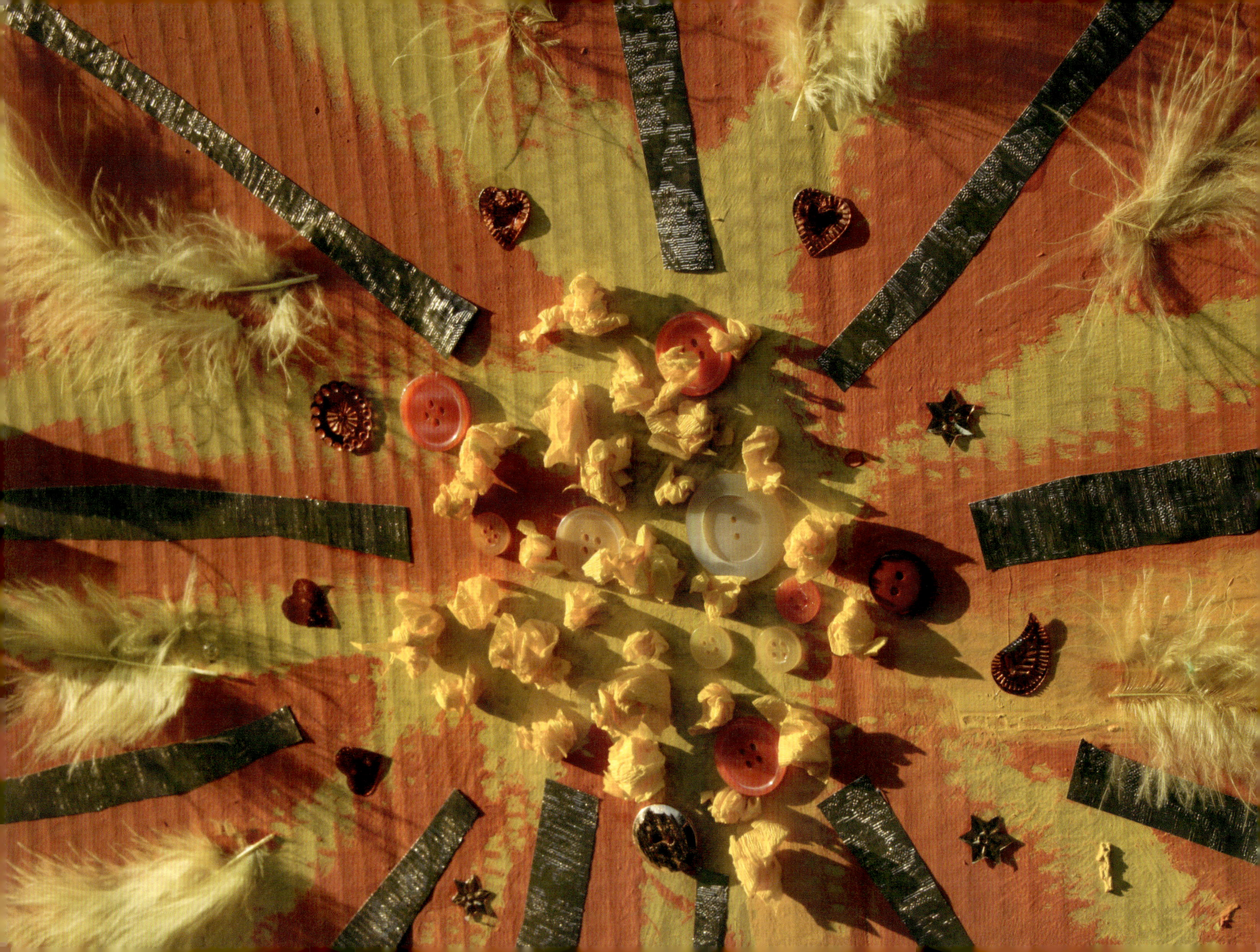

SONNENSTECKEN

MATERIAL:

Dicker Well-Pappkarton

Dispersionsfarben

Krepp-Papier

Knöpfe

Federn

Glitzerpapier

Kleber

Holzstecken

TECHNIKEN:

Schneiden

Malen

Knüllen

Kleben

Schnitzen

Stecken

Die Sonne kann mit den verschiedensten gelben, orangen und roten Dingen beklebt werden. Der Holzstecken wird oben mit dem Messer angespitzt und in den dicken Pappkarton fest eingesteckt.

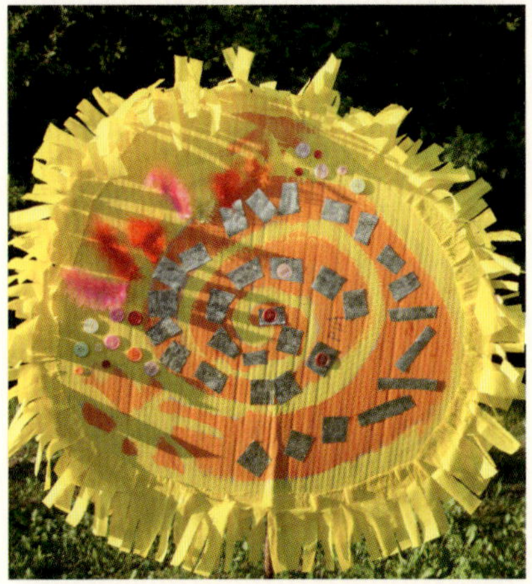

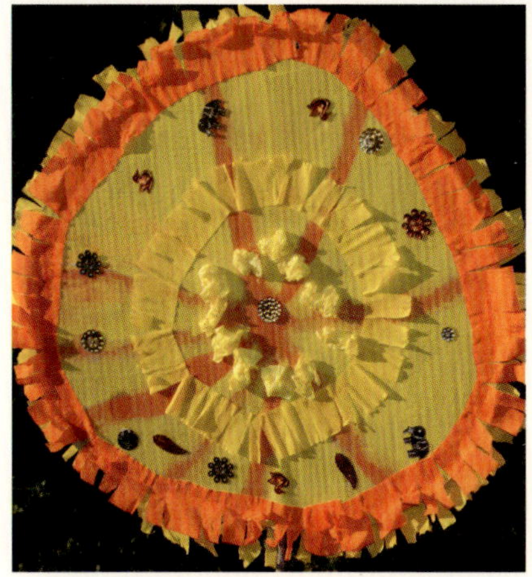

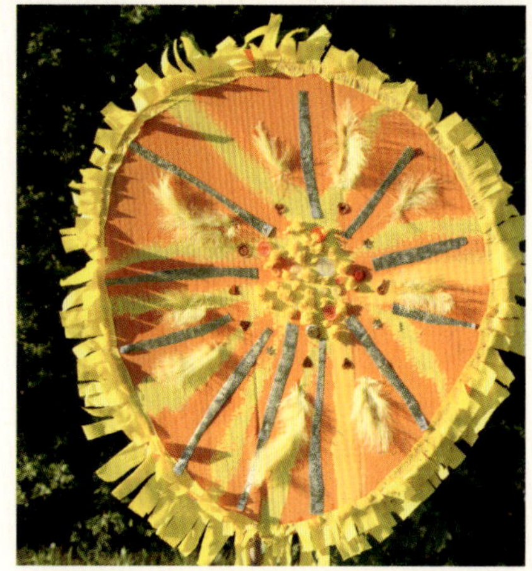

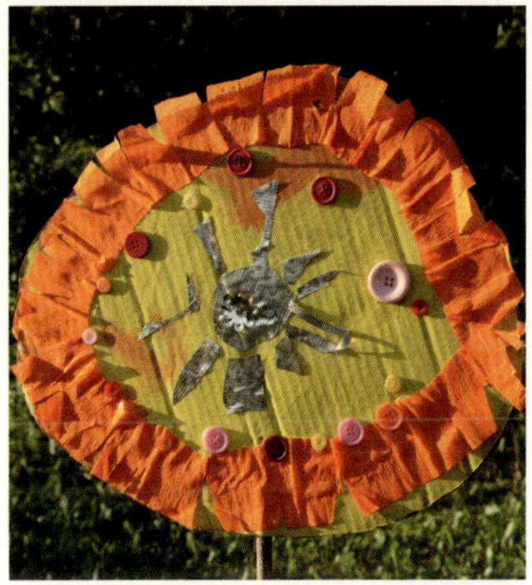

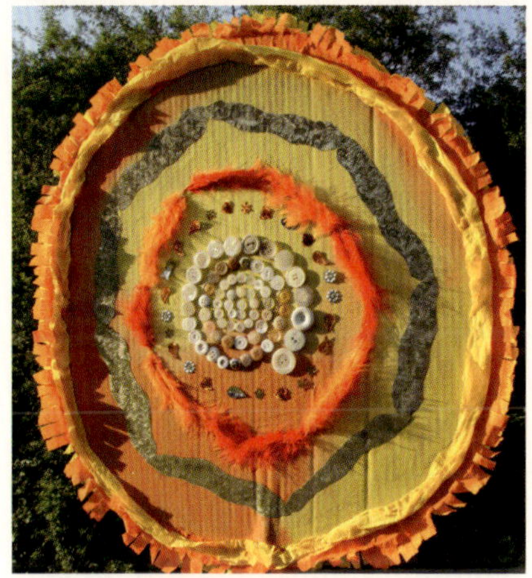

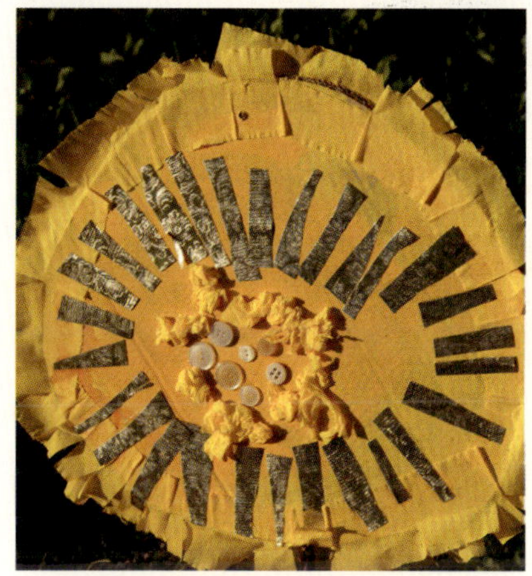

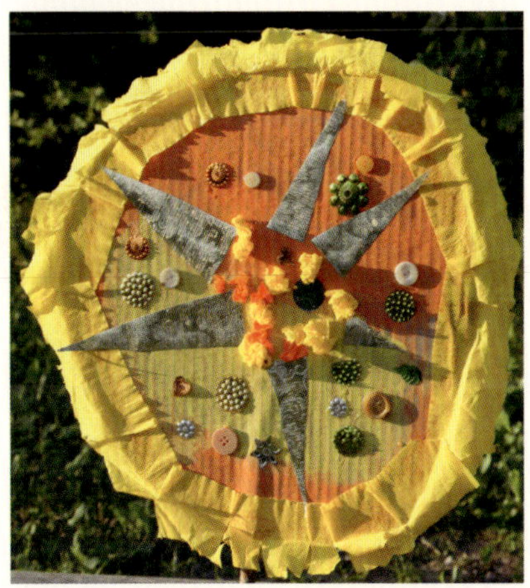

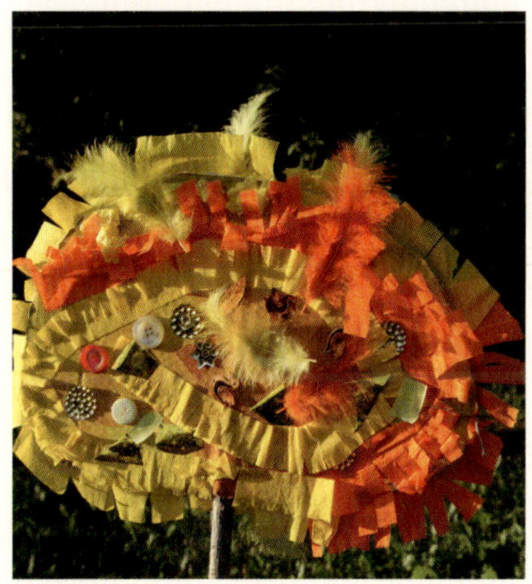

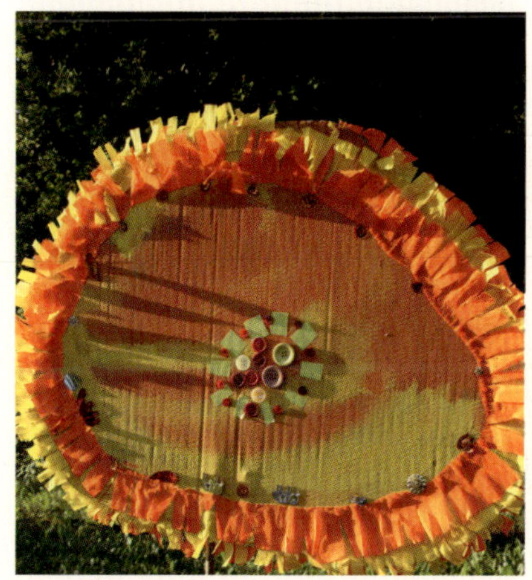

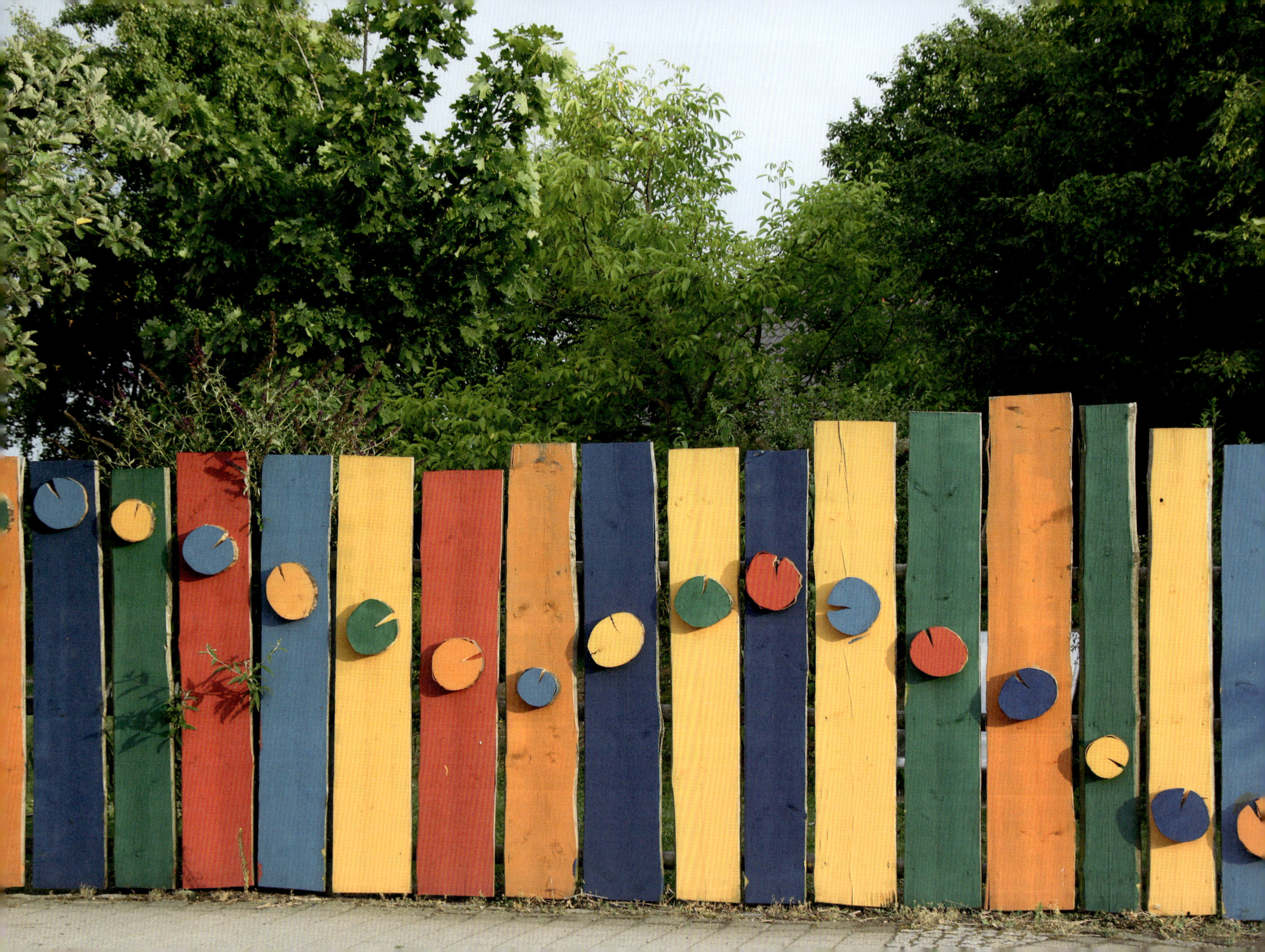

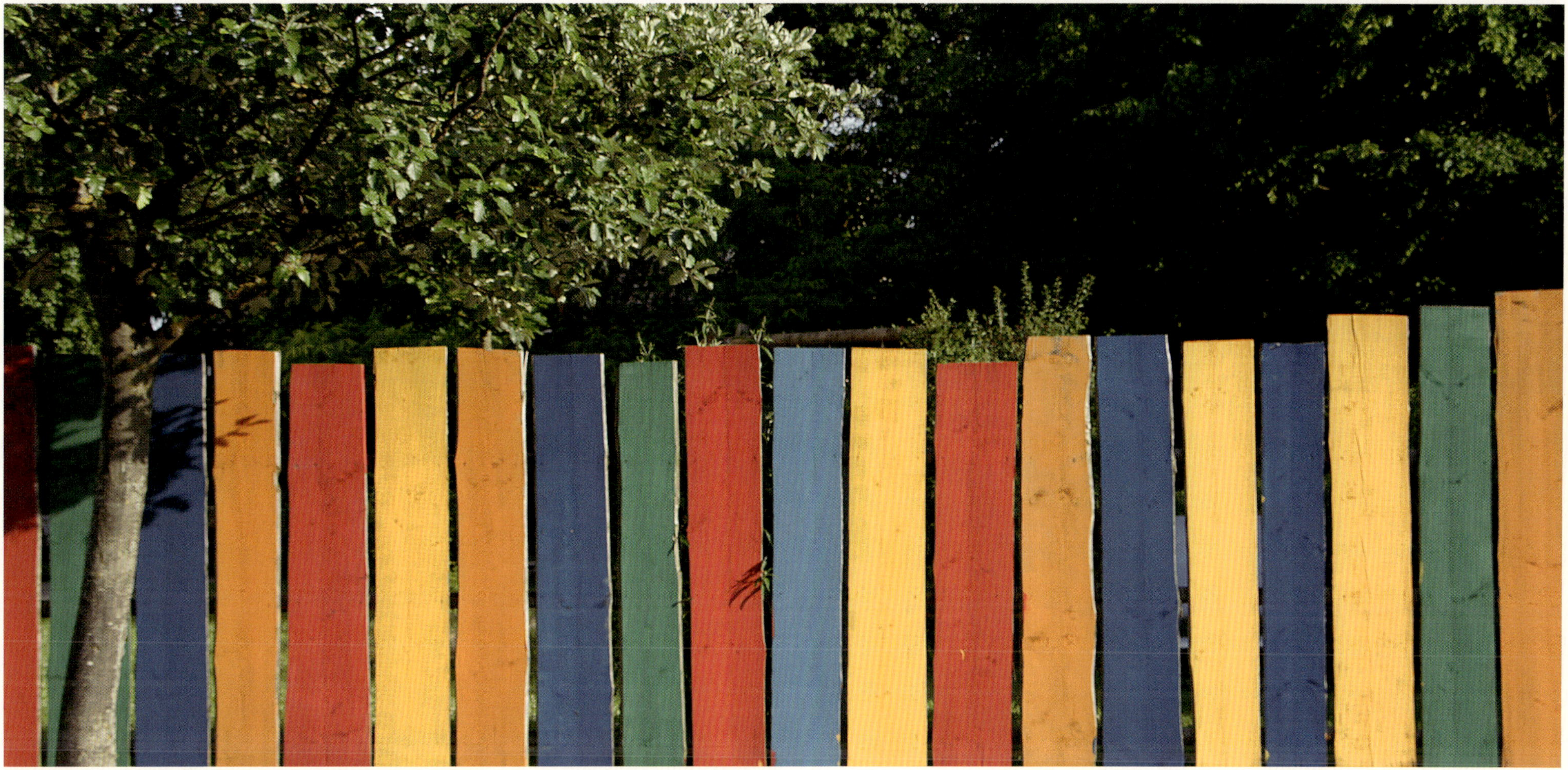

Der Zaun braucht eine stabile Unterkonstruktion, auf die die Holzbretter geschraubt werden!

KÜNSTLERZAUN

MATERIAL:

- Große Holzbretter
- Baumscheiben
- Dispersionsfarben
- Schrauben

TECHNIKEN:

- Sägen
- Malen
- Bohren
- Schrauben

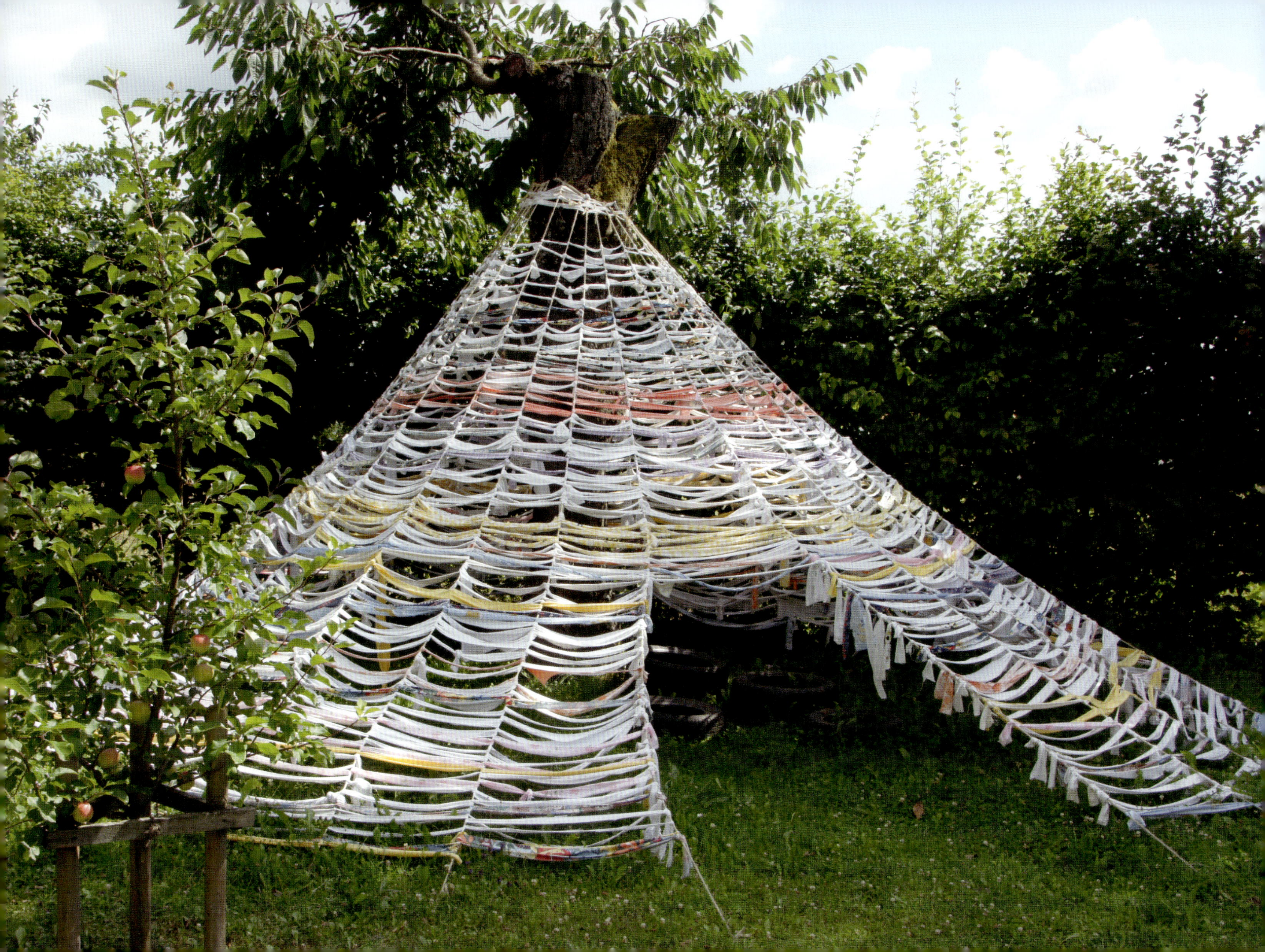

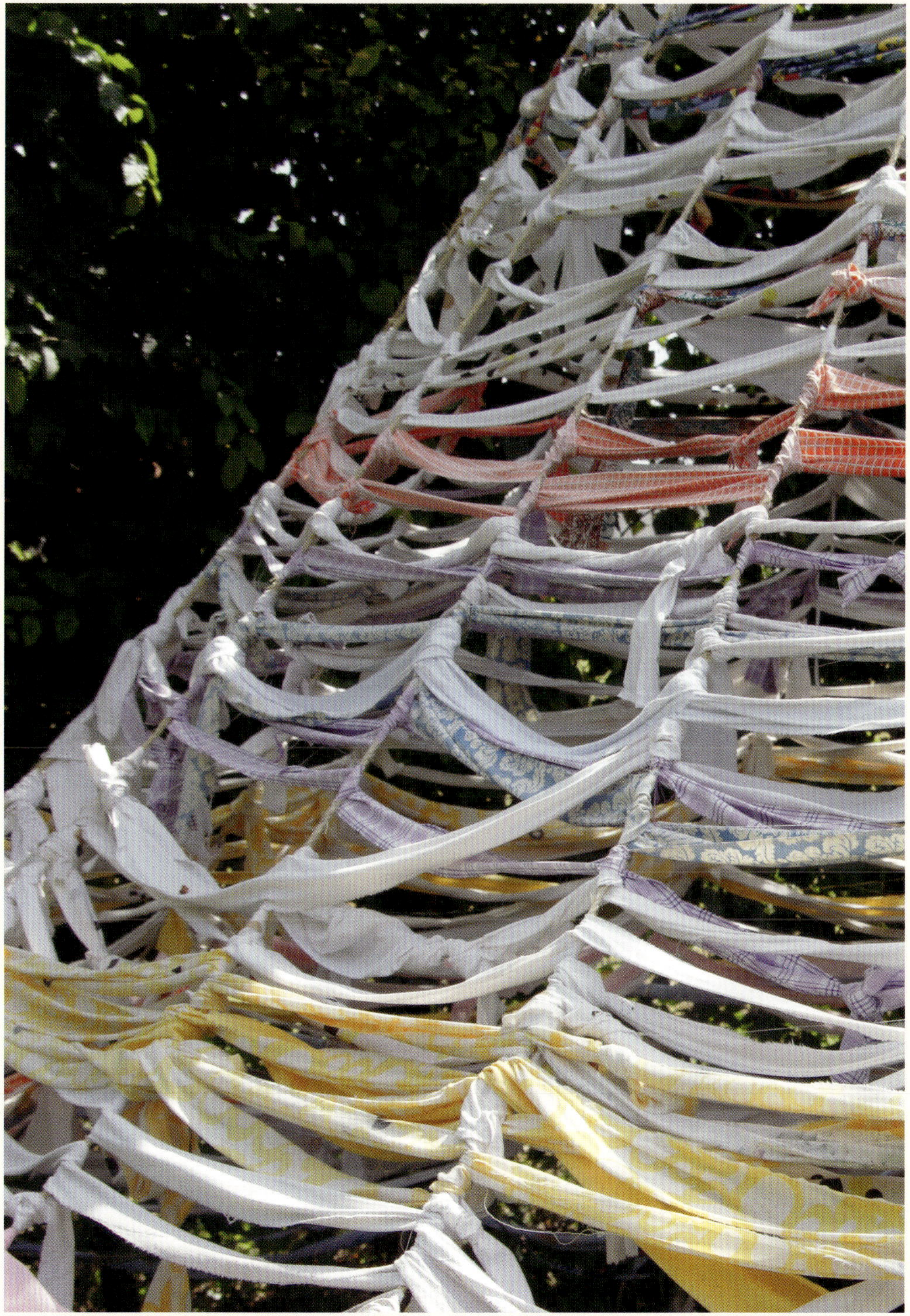

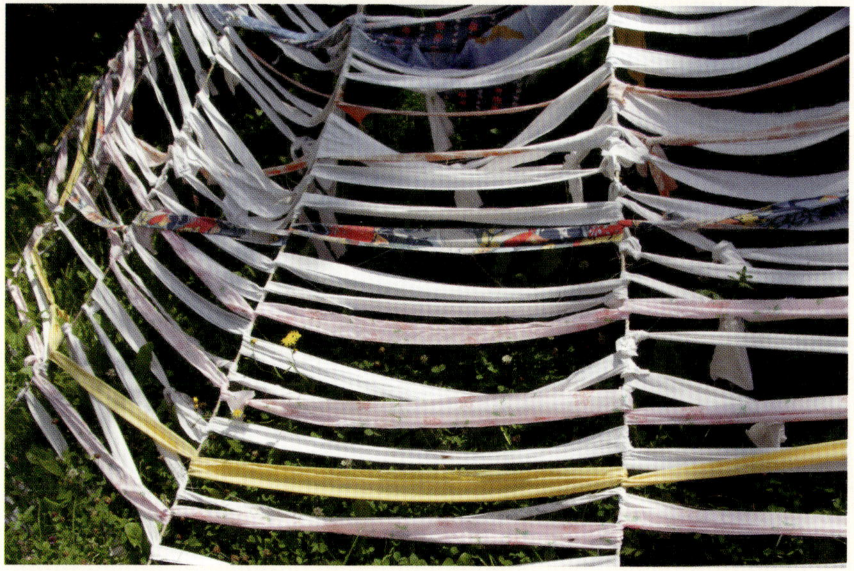

Einem vom Sturm geschädigten Baum wurden hier die großen Äste abgesägt. Nun dient er als Mittelstütze für das Zelt. Wer um einen gesunden Baum sein Zelt baut, muss jährlich das obere Führungsseil kontrollieren, damit der Baum nicht eingeschnürt wird.

BAUMZELT

MATERIAL:

- Großer Baum
- Feste Schnüre
- Zelt-Heringe
- Stoffe

TECHNIKEN:

- Spannen
- Binden
- Reißen
- Wickeln
- Knoten

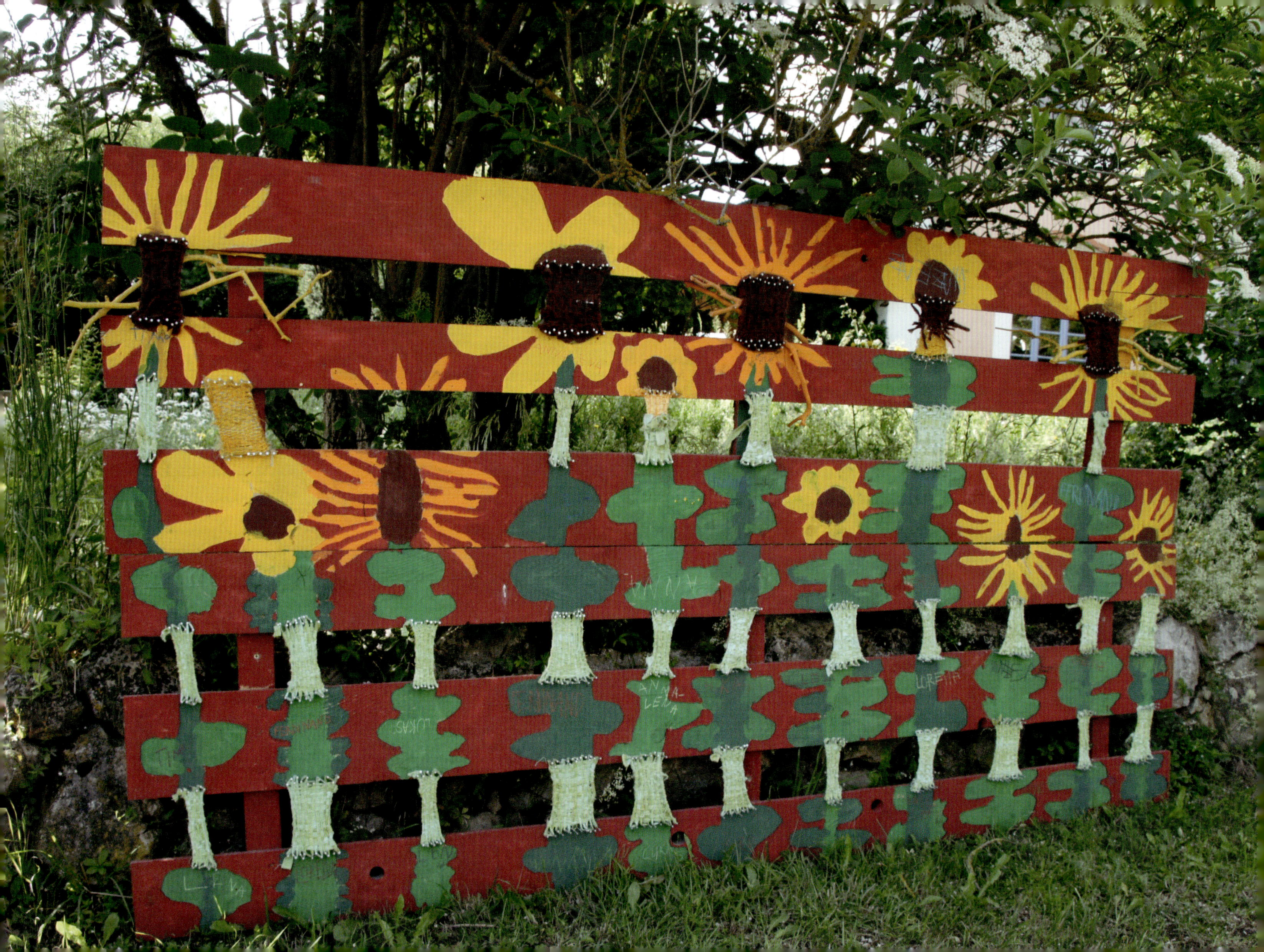

SONNENBLUMENFELD

MATERIAL:

Holzpalette
Dispersionsfarben
Nägel
Hanfschnur
Stoffstreifen
Bast
Äste
Buntstifte

TECHNIKEN:

Malen
Hämmern
Spannen
Weben
Stecken
Schreiben

Holzpaletten gibt´s auf jeder Baustelle – einfach mal nachfragen!

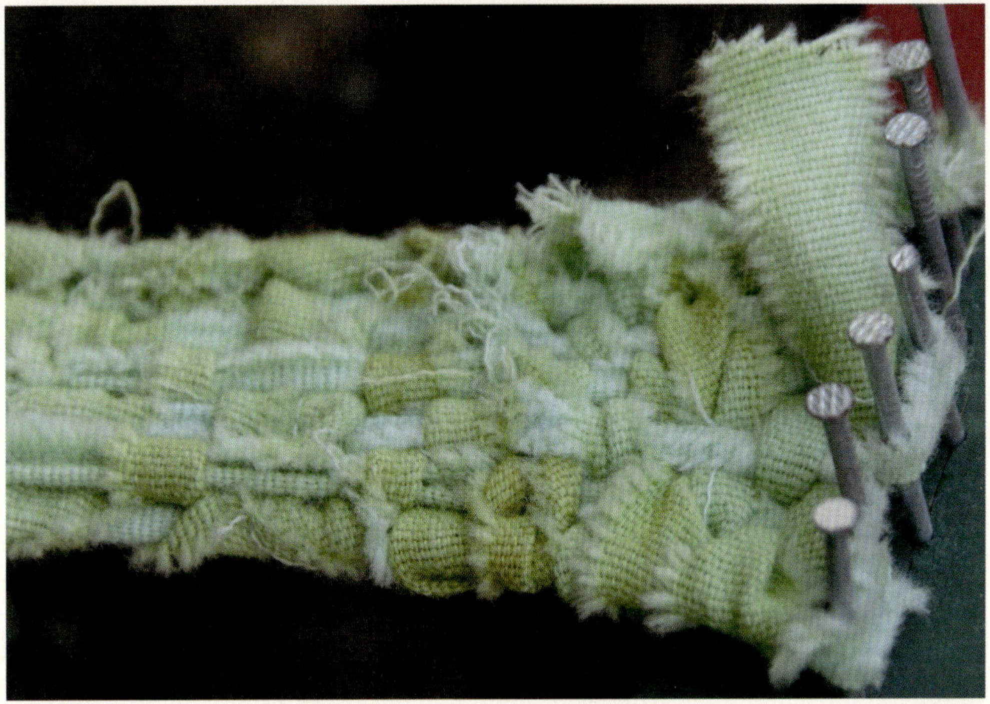

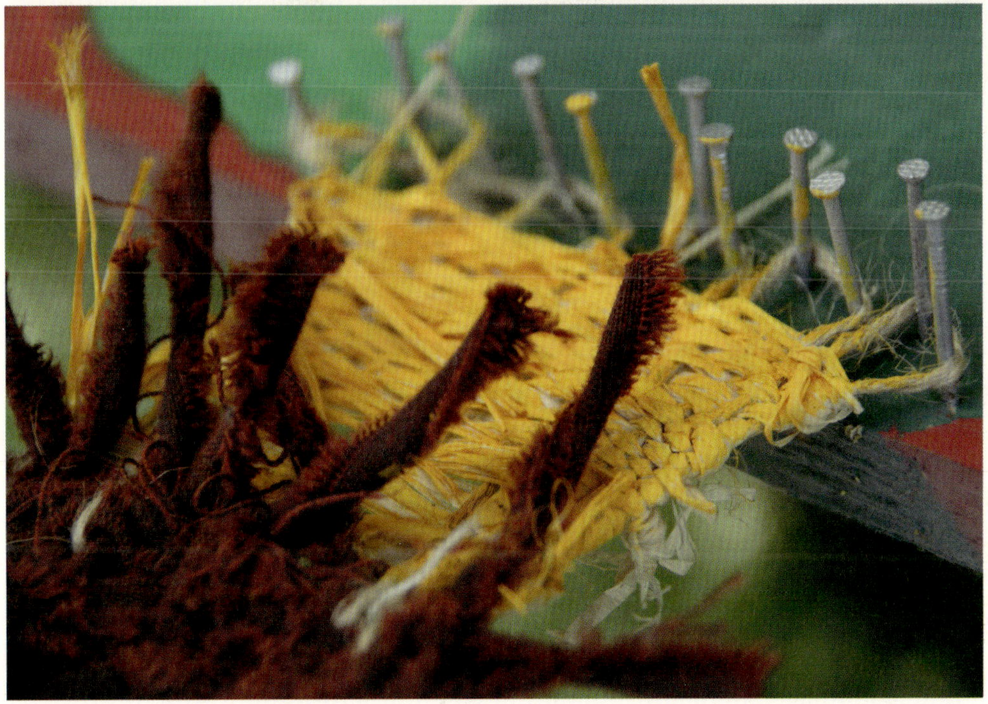

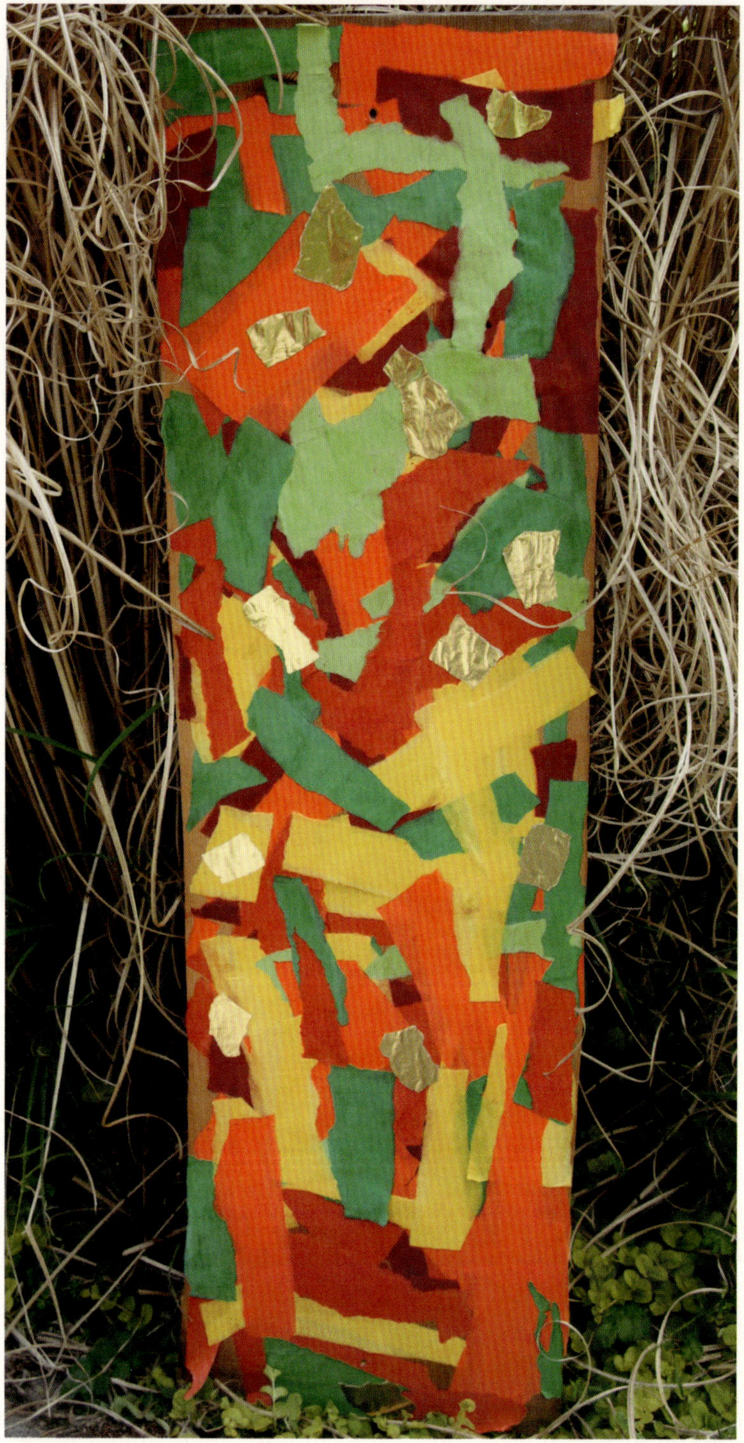

REISSBRETT

MATERIAL:

- Holzbrett
- Tonpapier-Reste
- Goldpapier
- Kleister

TECHNIKEN:

- Reißen
- Kleben

Wenn alle Schnipsel aufgeklebt sind, nochmal mit beiden Händen und Kleister mehrmals überreiben, damit alles gut hält. Wenn viele Hände mitmachen, macht's mehr Spaß!

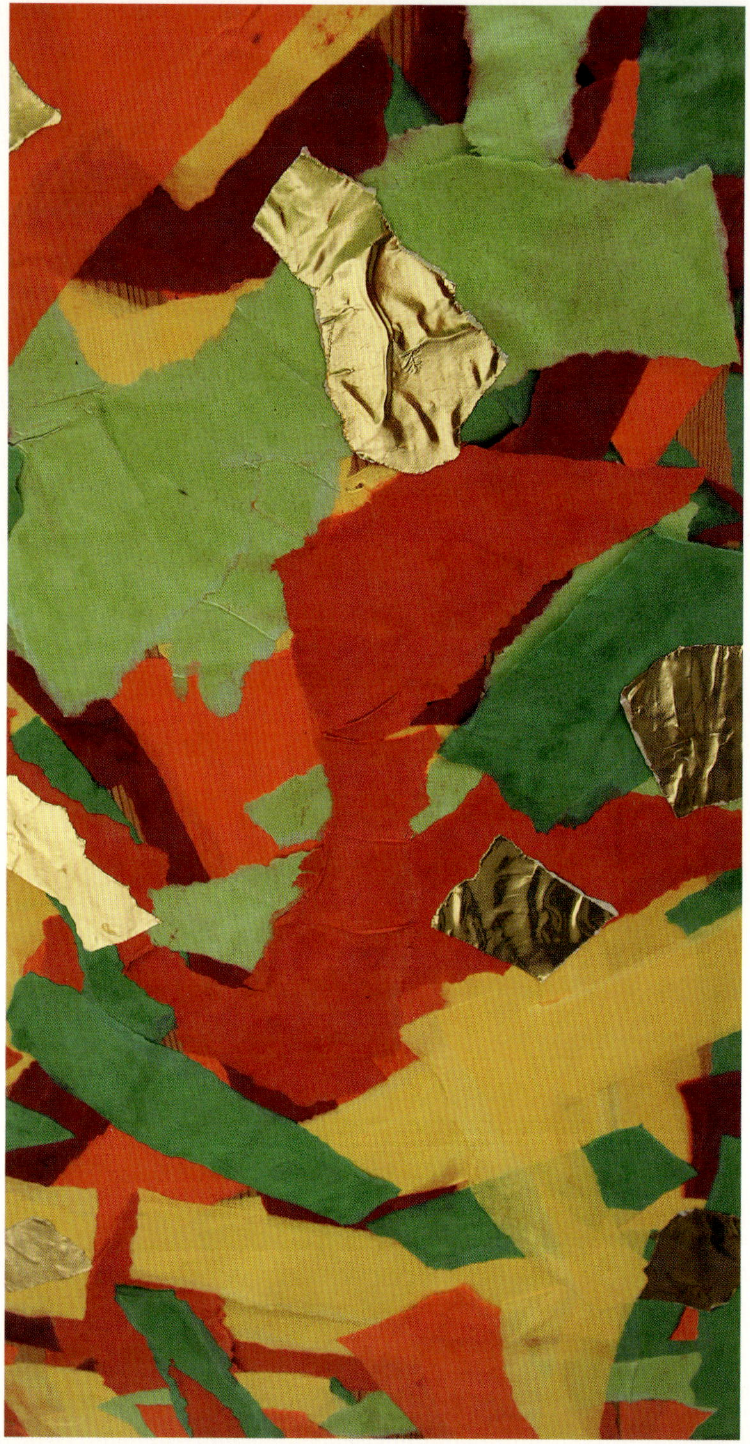